职业教育现代物流管理专业系列教材　物流企业岗位培训系列教材

现代物流管理概论

（第2版）

王海文　宋鹏云　主　编
郑强国　刘子玉　副主编

清华大学出版社
北　京

内 容 简 介

本书根据国际物流产业发展的新特点，结合物流实际业务运营，系统介绍物流概述、物流管理、物流系统、物流主要与辅助作业活动、物流信息、第三方物流、电子商务与物流、现代物流新业态等基本理论知识，并通过实践实训，强化应用技能培养。

本书具有知识系统、案例丰富、注重创新、集理论和实践于一体等特点，因而既可作为应用型大学及高职高专院校物流管理、工商管理等专业课教材，也可用于物流企业员工在职岗位培训，并为广大从业者提供有益的参考和借鉴。

图书在版编目(CIP)数据

现代物流管理概论/王海文，宋鹏云主编．—2版．—北京：清华大学出版社，2021.6
职业教育现代物流管理专业系列教材　物流企业岗位培训系列教材
ISBN 978-7-302-56799-8

Ⅰ．①现…　Ⅱ．①王…　②宋…　Ⅲ．①物流管理—职业教育—教材　Ⅳ．①F252.1

中国版本图书馆 CIP 数据核字(2020)第 217359 号

责任编辑：聂军来
封面设计：傅瑞学
责任校对：袁　芳
责任印制：刘海龙

出版发行：清华大学出版社
网　　址：http://www.tup.com.cn，http://www.wqbook.com
地　　址：北京清华大学学研大厦 A 座　　邮　　编：100084
社 总 机：010-62770175　　邮　　购：010-62786544
投稿与读者服务：010-62776969，c-service@tup.tsinghua.edu.cn
质量反馈：010-62772015，zhiliang@tup.tsinghua.edu.cn
课件下载：http://www.tup.com.cn，010-83470410
印 装 者：三河市少明印务有限公司
经　　销：全国新华书店
开　　本：185mm×260mm　　印　　张：14.75　　字　　数：338 千字
版　　次：2004 年 6 月第 1 版　　2021 年 6 月第 2 版　　印　　次：2021 年 6 月第 1 次印刷
定　　价：45.00 元

产品编号：086860-01

编 委 会

序言

物流是国民经济的重要组成部分，也是我国经济发展新的增长点，加快我国现代物流发展，对于调整经济结构、促进产业升级、优化资源配置、改善投资环境、增强综合国力和企业竞争能力、提高经济运行质量与效益、实现可持续发展战略、推进我国经济体制与经济增长方式的根本性转变，具有非常重要而深远的意义。

为推动我国物流业的健康快速发展，国务院连续下发《物流业调整和振兴规划的通知》（国发〔2009〕8 号）、《关于促进物流业健康发展政策措施的意见》国办发〔2011〕38 号、《关于促进内贸流通健康发展的若干意见》（国办发〔2014〕51 号）等多个文件，制定和完善相关配套政策措施，以有序实施和促进物流企业加大整合、改造、提升、转型的力度，并逐步实现转型发展、集约发展、联动发展、融合发展。通过物流的组织创新、技术创新、服务创新，在保证我国物流总量平稳较快增长的同时，加快供需结构、地区结构、行业结构、人力资源结构、企业组织结构的调整步伐，创新服务模式，提高服务能力，努力满足经济建设与社会发展的需要。

当前国家"一带一路、互联互通"经济建设快速推进，且全球电子商务迅猛发展，不仅有力地促进了我国物流产业的国际化发展，而且使我国迅速融入全球经济一体化的进程，中国市场国际化的特征越发凸显。

物流既涉及国际贸易、国际商务活动等外向型经济领域，也涉及交通运输、仓储配送、通关报检等多个业务环节。当前面对世界经济的迅猛发展和国际市场激烈竞争的压力，加强物流科技知识的推广应用、加速物流专业技能型应用人才的培养，已成为我国经济转型发展亟待解决的问题。

需求促进专业建设，市场驱动人才培养，针对我国高等职业教育院校已沿用多年物流教材陈旧和知识老化而急需更新的问题，为了适应国家经济发展和社会就业急需，满足物流行业规模发展对操作技能型人才的需求，在中国物流技术协会的支持下，我们组织北京物资学院、大连工业大学、北京城市学院、吉林工程技术师范学院、北京财贸职业学院、郑州大学、哈尔滨理工大学、燕山大学、浙江工业大学、河北理工大学、华北水利水电学院、江西财经大学、山东外贸职业学院、吉林财经大学、广东理工学院等院校的物流管理专业的主讲教师和物流企业经理,共同精心编撰了此套教材,旨在迅速提高物流管理专业学生和物流行业从业者的专业技术素质,更好地服务于我国物流产业和物流经济。

本套教材作为普通高等院校物流管理专业的特色教材,融入了物流运营管理的最新实践教学理念,坚持以科学发展观为统领,力求严谨,注重与时俱进。本套教材根据物流业发展的新形势和新特点,依照物流活动的基本过程和规律,以物流效益质量提升为核心,按照物流企业用人的需求模式,结合解决学生就业,加强实践能力训练,注重校企结合、贴近物流行业企业业务实际,注重新设施设备操作技术的掌握,强化实践技能与岗位应用培养训练,并注重教学内容和教材结构的创新。

本套教材根据高等教育院校物流管理专业教学大纲和课程设置内容,各教材的出版对强化物流从业人员教育培训、提高经营管理能力,对帮助学生尽快熟悉物流操作规程与业务管理、毕业后能够顺利走上社会就业具有特殊意义。

中国物流技术协会理事长　牟惟仲

2020 年 9 月

第2版前言

物流是流通的命脉，是国民经济的基础，也是国家经济建设的重要支撑，已成为我国经济发展新的增长点，物流产业化进程在我国国民经济发展中占有重要地位。高效合理的物流管理，对规范经营、完善服务、强化成本控制、充分利用资源、降低成本、减少损失、提高经济效益、提升物流企业竞争力等都具有积极的促进功能，对物流企业经济运行的质量和效益产生重大影响，因而越来越受到我国物流行业主管部门和物流企业的高度重视。

物流管理是物流系统中的重要组成部分，涉及物流运营中的各个环节，物流管理既是物流专业的核心基础课程，也是大学生就业所必须掌握的关键知识技能。物流管理基础在现代物流管理专业的课程体系中起着重要的先导性作用，承担着提高学生对物流基本知识技能的认识水平，培养学生职业兴趣和职业认同的任务。

当前，随着国家“一带一路、互联互通”总体发展的快速推进，面对物流市场国际化的迅速发展与激烈竞争，对从事现代物流管理人员素质的要求越来越高，社会物资流通和物流产业发展急需大量具有国际物流运营与管理扎实理论知识与实际运作技能的复合型专门人才。保障我国全球经济活动和国际物流服务业的顺利运转，加强现代国际物流管理从业者的应用技能培训，强化专业综合业务素质培养，增强企业核心竞争力，加速推进物流产业化进程，提高我国现代化物流管理水平，更好地为我国物流经济和物流管理教学实践服务，这既是物流企业可持续快速发展的战略选择，也是本书出版的真正目的和意义。

本书第一版自出版以来，因为写作质量高、突出应用能力培养、注重职业教育而深受全国各高等职业院校广大师生的欢迎，重印10多次。此次再版，作者审慎地对原教材进行了精心设计，包括结构调整、更换案例、补充知识等相应修改，以使其更贴近现代物流产业发展的实际，更好地为国家物流经济和教学服务。

本书作为高等职业教育物流管理专业的特色教材，坚持科学发展观，以学习者应用能力培养为主线，严格按照国家教育部“加强职业教育、突出实践技能培养”的要求,结合物流行业最新发展动态,根据物流产业发展实际需要,系统介绍物流概述、物流管理、物流系统、物流主要与辅助作业活动、物流信息、第三方物流、电子商务与物流、现代物流新业态等基本理论知识,并通过实践实训强化创新思维与应用技能培养。

本书由李大军筹划并具体组织实施,王海文和宋鹏云为主编,王海文统改全稿,郑强国、刘子玉为副主编,由刘华教授审定。本书编者编写分工如下:牟惟仲编写序言,郑强国编写第一章和第八章,宋鹏云编写第二章和第三章,王海文编写第四章和第六章,孙旭编写第五章和第七章,刘子玉编写第九章;李晓新负责文字和版式修改,并制作教学课件。

在本书的再版过程中,我们参阅了国内外有关现代物流管理基础的最新书刊、网站资料以及国家历年颁布实施的相关物流法规和管理规定,并得到了物流业界专家、教授的具体指导,在此一并致谢。为配合教学,本书特提供配套电子课件,读者可以通过扫描本书封面背面的二维码下载使用。因编者水平有限,书中难免有疏漏和不足之处,恳请同行和广大读者批评、指正。

编　者

2020年6月

目录

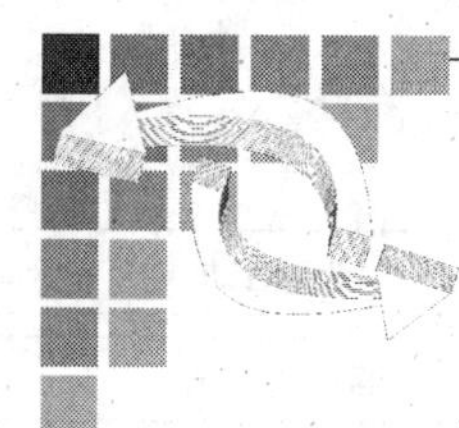

第一章

物流概述

◆ 知识目标 ◆

(1) 理解物流的内涵,明晰商流与物流的关系。

(2) 了解传统物流与现代物流的区别,熟悉物流的分类。

(3) 深刻理解物流发展的主要理论学说,熟悉我国物流发展的历史进程。

◆ 技能要求 ◆

(1) 掌握货物的物流运行线路,并能够做出分析。

(2) 掌握不同企业的物流构成,并分析其特点。

学习导航

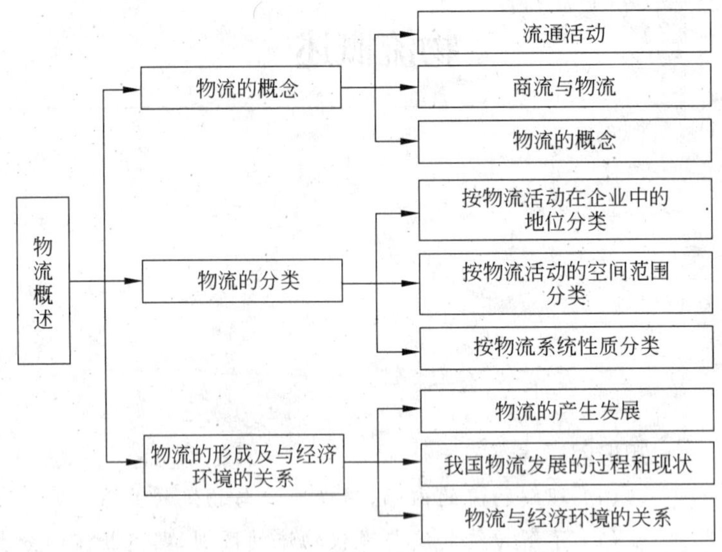

案例引导

物流业的未来：在有人与无人之间协同运作

2018 年以来，关于无人物流的新闻较为密集，既有苏宁的无人驾驶卡车测试，也有京东无人配送站研发成功，还有菜鸟发布无人物流车 G Plus，以及亚马逊、沃尔玛、顺丰等大力开展物流无人机的研发和应用，似乎仓储、运输、配送的无人化运作已成为物流行业技术和模式创新的重要方向。

那么，这些越来越多的无人物流技术和服务，到底会对物流产业的发展带来怎样的影响？众所周知，物流服务总体上是与人打交道的服务活动，既包括运作物流活动本身的人，更涉及接受物流服务的人。"人"本是物流服务中的重要主体，物流离不开人，如今知名物流企业却突然一股脑儿地去做"无人"，应该有其内在道理和深层次原因，而其中的道理和原因，正是影响未来物流业发展的根本所在。

无人物流让自动化、信息化水平很高的机器替代人，这很好地解决了因管理能力的限制而引发的物流成本难控制和效率下降的问题——尤其是在管理幅度变大后。这一点从目前物流企业迈过初步的网络化、规模化门槛后，纷纷进行无人物流的实践就可充分证明。但能否真正做到降本增效，还需要后续无人物流的稳定性和技术经济成本来证明。

从目前物流服务运作环境来看，无人物流运作服务还只在局部小环境中封闭运行；从无人物流技术和装备发展进程来看，即便末端配送实现无人驾驶，无人物流运作也是全链条中的片段和局部，这样势必会出现物流运作的无人环节与有人环节的无缝对接，以及物流全链条的成本、效率问题，甚至还会产生物流服务对接下的物流服务质量问题。

因此，有人环节的物流运作如果不能顺畅地对接无人环节的物流运作，不仅很难控制整个成本、提高全过程物流效率，还可能会带来有人与无人物流运作结合部的信息死角。

如此一来,便会消弭无人物流运行的效率,还可能会造成无人物流运作的成本上升。

资料来源:物流时代周刊资料汇编.

引例分析

有人物流与无人物流的有机结合才是发挥无人物流作用和人的主观能动性的重要方向。再先进的无人物流技术和装备,都是在人的控制下运行的,人营造的企业经营环境最终会决定无人物流的能力和水平。因此,有人物流与无人物流必须进行整体设计,这样才能形成物流全链条的管理、服务技术的进步和模式创新。

第一节　物流的概念

一、流通活动

政治、经济、文化构成了人类社会,经济活动中包括生产、流通和消费三部分,要理解物流,首先要了解流通。社会、经济、流通的关系如图 1-1 所示。

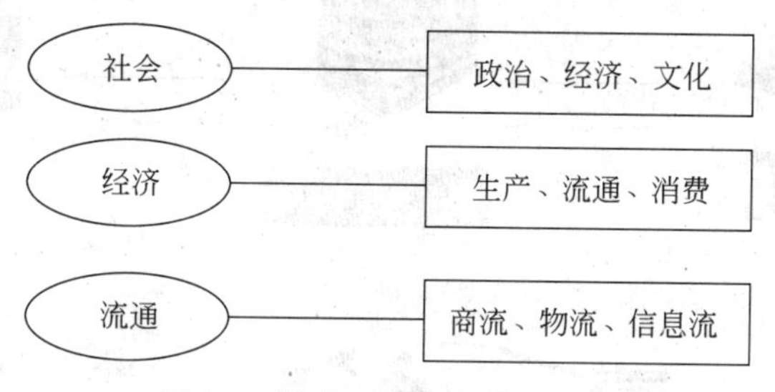

图 1-1　社会、经济、流通的关系

从人类进化的朦胧之时到自给自足的农业社会生产方式,再到大规模生产的工业社会,人类一直存在两种基本活动:生产与消费,而连接生产与消费的纽带就是流通,如图 1-2 所示。

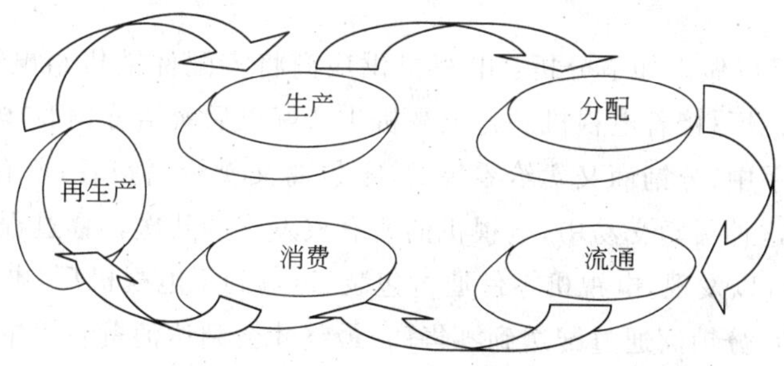

图 1-2　生产、消费与流通的关系

在商品经济初期,由于产品的种类、数量较少,生产与消费间的交换关系以直接方式进行,流通处于初级形态,如人类的流通活动在原始社会表现出的面对面地以物换物。人类出现了三次社会大分工之后,交易更加频繁,货币发明后,人们的交易内容扩展了,能够以货币为媒介,"一手交钱,一手交货"。

随着社会的全面发展,生产方式多样化、分工专业化、生产规模化,尤其是现代经济全球化的发展大幅增加了产品的种类和数量,生产地点与消费地点逐渐分离,流通走向更高级、更复杂的阶段。可见,从原始社会到现代社会,流通活动无处不在。

二、商流与物流

(一) 商流与物流的统一

流通过程要解决两方面的问题:一是产成品从生产者所有转变为用户所有,即物的所有权转移的活动,是解决所有权的更迭问题,我们称为商流;二是实现物的流转过程,即解决对象物从生产地转移到使用地,以实现其使用价值的问题,我们称为物流。

商流与物流共同构成了流通活动的主要内容。下面以电视机的生产、销售为例,讨论它的商流与物流,如图1-3所示。

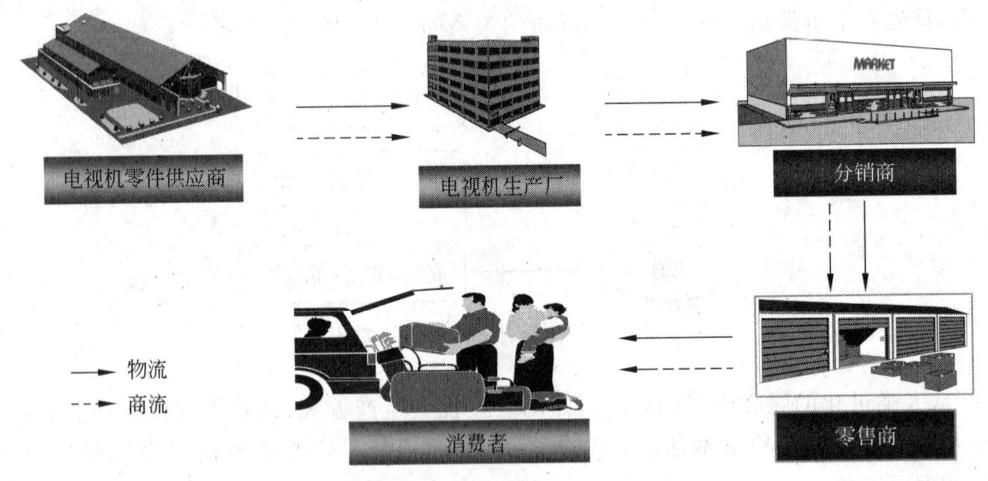

图1-3 商流与物流的统一

结合图1-3可以做出如下分析:电视机供应商将零配件销售给电视机厂,零件的所有权转移到电视机厂;接着电视机厂将电视机生产好以后卖给分销商,电视机的所有权就转移到了分销商手中;分销商又卖给零售商,零售商又卖给消费者,所有权随着电视机的转移而转移。在这种买卖交易中,电视机的所有权发生的几次转移过程即商流。

从图1-3中可以发现,电视机零件通过包装、运输到了电视机厂,电视机经过储存、装卸、运输到分销商,分销商通过配送到零售商,最终才会到达消费者手中,这种实物的转移过程就称为物流。

商流与物流都是流通的组成部分,两者相辅相成、互相补充。一般认为,商流是物流的前提,物流是商流的保证。物流不是先于商流而存在的,相反,只有实现了买卖行为之后才会有物流;同时,在商流确定后,如果没有物流,买卖行为也无法最终实现。

（二）商流与物流的分离

随着商品经济的发展，商流与物流结合在一起的情况虽然仍然存在，但是两者又具有不同的活动内容和规律。物流如果与商流完全一致，则会存在一定的不合理性。例如，商流一般要经过一定的经营环节来进行业务活动，而物流则不受经营环节的限制，它可以根据商品的种类、数量、交货要求、运输条件等，使商品尽可能地由产地通过最少环节，以最短的物流路线，按时保质地送到用户手中。

“商物分离”就是指将商流与物流各自按照自己的规律和渠道独立运动，即物流设施与有关物流的功能从商业流通领域中分离出来，设置物流据点，集中处理若干流通据点的物流业务，如图 1-4 所示。

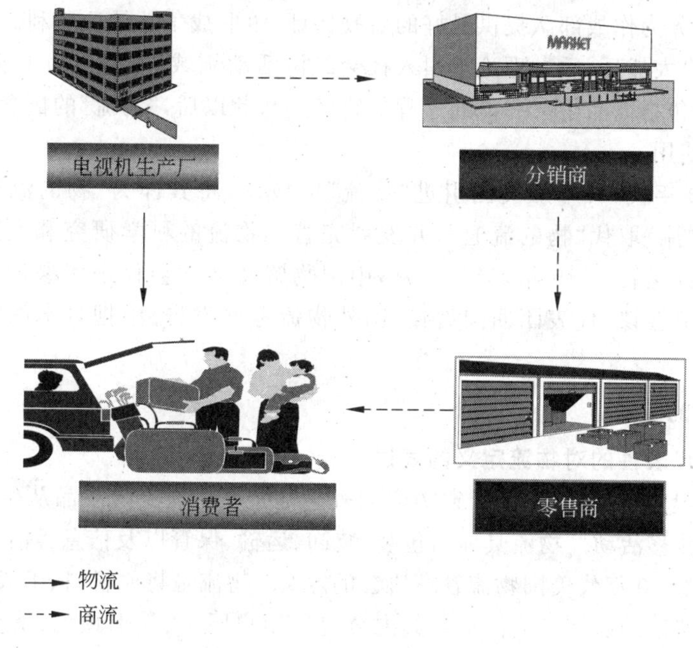

图 1-4 商流与物流的分离

实行“商物分离”的基本原则是降低物流费用、提高物流效率。商流搞“活”了，能加速物流的速度，给物流带来活力，而物流的畅通无阻能使商品源源不断地送到消费者手中。“商物分离”可以充分发挥它们各自的规律性与有效性，从而推动商品流通向更现代化的方向发展。

但是，“商物分离”需具备一定的条件，如商品标准化、合同标准化，保证总公司、工厂、配送中心及批发站之间信息交换协调统一的完善的信息系统等。

三、物流的概念

（一）物流概念溯源

应该说，作为物质资料流通活动组成部分的“物流”，其历史与商品经济的历史一样久远，即从商品经济开始以来就有“物流”了。但是，将物流作为现代企业经营的基本职能之一,对物流活动实施系统化的科学管理则是20世纪50年代前后才开始的。

小贴士

物流的概念最初产生于西方发达国家。1935年,美国销售协会分析了实物分配(physical distribution,PD)的概念,其表述为:"物流是包含于销售之中的物质资料和服务从生产地到消费地流动过程中伴随的种种经济活动。"

在第二次世界大战中,美国根据战争供应的需要,建立了后勤(logistics)理论,运用到战时的物资运输、补给、屯驻等管理活动中。此时的后勤主要是指将战时物资装备的生产、采购、运输、配给等一系列活动作为一个整体进行运作,以保证以最低的费用、最快的速度、最好的服务为作战部队提供最好的后勤保证,争取战争的最后胜利。

第二次世界大战后,后勤理论被引入社会经济活动领域,人们称为工业后勤、商业后勤。这时,后勤包括商品生产和流通过程的物流。从此以后,"物流"的概念在全世界被迅速推广并广为使用。

20世纪50年代,日本从美国引进"物流"的概念,将其译为"物的流通",后日本学者又首次用"物流"取代"物的流通",并发展完善了物流的科学研究和实践。中国最早引进"物流"名词是在1979年,当年6月,中国物资经济学会代表团参加在日本举行的第三届国际物流会议,代表团回国后在《国外物流考察报告》中把日本的"物流"名词引入中国。

(二) 物流的定义

1. 三种有代表性的对物流定义的表述

(1) 20世纪60年代日本通产省物流调查会的定义:物流是制品从生产地到最终消费者的物理性转移活动。物流具体由包装、装卸、运输、保管以及信息等活动组成。

(2) 20世纪80年代美国物流管理协会的定义:物流是将原材料、半成品及产成品由生产地送达消费地的所有流通活动。其内容包括用户服务、需求预测、情报信息联系、物料搬运、订单处理、选址、采购、包装、运输、装卸、废弃物处理及仓储管理。

(3) 20世纪90年代美国物流管理协会的定义:物流是为满足消费者需求而进行的对原材料、半成品、最终产品及相关信息从起始地到消费地的有效流动与存储的计划、实施与控制的过程。

2. 我国对物流定义的表述

2001年8月1日起正式实施的由国家质量技术监督局发布的《中华人民共和国国家质量标准物流术语》中规定:"物流是物品从供应地向接受地的实体流动过程。根据实际需要,将运输、储存、装卸、搬运、包装、加工、配送、信息处理等基本功能实施有机结合。"

3. 对物流定义中有关概念的理解

1) 对物流定义中"物"的理解

物流定义中的"物"指的是所有可以进行物理性位置移动、具有经济意义的物质资料,即商品生产、流通、消费的物质对象。其包括生产过程中的物资,如原材料、零部件、半成品和制成品等;流通过程中的商品;生产和消费过程中的废弃物等。因此,固定的设施等不能成为物流研究的对象。

2）对物流定义中“流”的理解

物流定义中的“流”指的是物理性运动，就是指物质实体的定向移动，既包括其空间移动（位置的变化），又包括其时间延续（移动的时间变化）。这里所说的“流”实际上是一种经济活动，而物流的“流”经常被有些人误解为“流通”。

编者认为，物流定义中的“流”与“流通”是既有联系又有区别的两个概念。二者之间的联系在于，在流通过程中，“物”的物理性移动常常伴随交换而发生，换言之，没有物的物理性移动，流通往往无法实现。二者之间的区别主要表现在涉及的范围不同，物流的“流”不仅涉及流通领域，而且涉及生产、生活领域；而“流通”一般仅涉及销售环节。

3）对物流定义中“流通加工”的理解

从流通加工的性质来看，它应该属于产生物品的形质变化的生产活动的范畴，但是，流通加工的目的是提高物流系统的效率，解决的是商品的功能隔离问题，所以把它看作物流功能的扩大而归入物流活动。

（三）理解物流概念的基本要点

如上所述，对物流概念的理解，由于立场的不同、角度的不同而存在着不同的观点，对物流定义的表述也多种多样。但是，如果认真考察各种观点和表述，可以发现它们之间的共同性是多于特殊性的，而这些特殊性恰恰是全面、准确理解物流概念的基本出发点。

1. 物流是物品物质实体的流动

物流的对象只能是可以移动的物品，即动产，而不可能是不动产；而商流的对象则包括动产和不动产。

2. 物流是物品由提供地向接收地的定向流动

物流不仅是物品物质实体的流动，而且只能是由提供地向接收地的定向流动。例如，汽车零部件由生产地（提供地）向汽车制造厂、修理厂和汽车配件商（接收地）流动，最终向顾客（最终消费者）流动，而绝不可能倒过来流动。即使是废弃物和退货的流动，也是由废弃物的提供者、退货的顾客（在这里他们是物品的提供者）向接收废弃物或退货的地方流动。换言之，物流的方向性是非常明显的，只能是由提供地向接收地流动。

3. 物流是若干活动的有机结合

物流包括包装、装卸、搬运、运输、仓储、保管、流通加工和物流信息处理等基本活动，并且是这些活动的有机构成。物流绝不是单纯的运输活动，也不是装卸、搬运、包装等活动的简单组合，而是这些活动的有机构成。对此，我们可以用一个典型的例子来说明。

汽车是由大大小小的各种各样的零部件组成的，但是并不能把生产汽车零部件的厂商，如轮胎厂等说成是汽车厂，而汽车厂可能什么零部件都不生产，但却是汽车厂，因为它生产汽车。

4. 物流具有普遍性

物流具有普遍性，是指物流存在于各种产品（包括服务）的从生产到消费的全过程，或者说在社会经济生活中的方方面面均存在。

第二节 物流的分类

在社会领域中物流活动是普遍存在的,但是在不同的领域和活动中,物流的表现形态、基本结构、技术特征和运作方式等有诸多差异。要构建有效的物流系统,加强物流管理,必须首先研究物流的构成,通过科学的分类和研究,探讨物流的共同特点和差异。按照物流系统的作用属性及作用的空间范围,可以从不同的角度对物流进行分类。

一、按物流活动在企业中的地位分类

生产企业物流构成如图1-5所示,流通企业物流构成如图1-6所示。

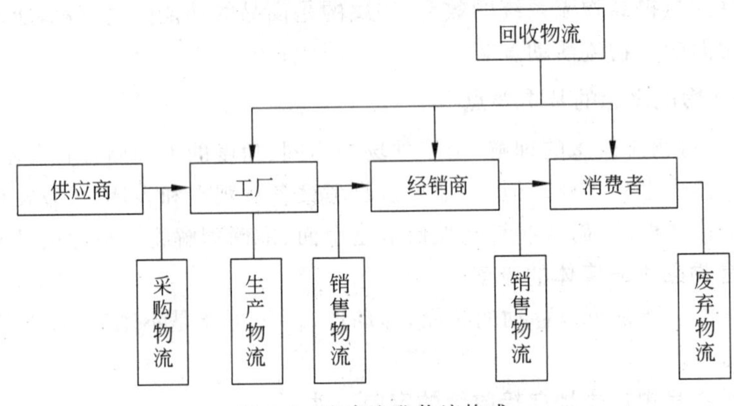

图1-5 生产企业物流构成

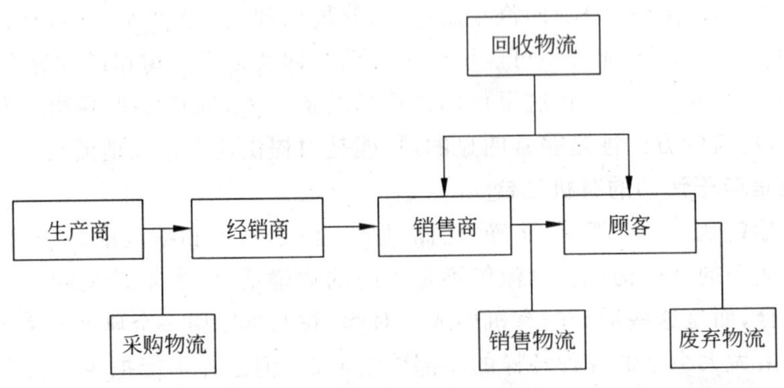

图1-6 流通企业物流构成

(一) 供应物流

提供原材料、零部件或其他物料时所发生的物流活动称为供应物流,即物资生产者、持有者到使用者之间的物流。对于制造企业而言,供应物流是指因生产活动所需要的原材料、燃料、半成品等物资的采购、供应等活动所产生的物流;对于流通企业而言,是指交易活动中，从买方角度出发的交易行为中所发生的物流。

（二）销售物流

企业在出售商品过程中所发生的物流活动称为销售物流，它是指物资的生产者或持有者到用户或消费者之间的物流。对于制造企业而言，销售物流是指售出商品；而对于流通企业而言，是指交易活动中，从卖方角度出发的交易行为中所发生的物流。

（三）生产物流

企业生产过程中发生的涉及原材料、在制品、半成品、产成品等的物流活动称为生产物流。生产物流是制造企业所特有的，它和生产流程同步。原材料、半成品等按照工艺流程在各个加工点不停地移动、流转，从而形成了生产物流。如果生产物流发生中断，生产过程也将随之停顿。

（四）回收和废弃物流

在生产及流通活动中有一些材料是要回收并加以再利用的。例如，作为包装容器的纸箱、塑料框、酒瓶等就属于这一类物质，还有可用杂物的回收分类和再加工。例如，旧报纸、书籍可以通过回收、分类再制成纸浆加以利用；由于金属具有良好的再生性，因此，金属废弃物可以回收重新熔炼成为有用的原材料。回收物流品种繁多，流通渠道也不规则，且多有变化，因此管理和控制的难度较大。

废弃物流是指将经济活动或人民生活中失去原有使用价值的物品，根据实际需要进行收集、分类、加工、包装、搬运、储存等，并分送到专门处理场所的物流活动。例如，开采矿山时产生的土石、炼钢生产中的钢渣、工业废水，以及其他一些无机物垃圾等，这些已没有再利用的价值，但是如果不妥善处理，会造成环境污染，而就地堆放会占用生产用地甚至妨碍企业生产。

小贴士

废弃物流本身没有经济效益，但是具有不可忽视的社会效益。为了减少资金消耗，提高效率，更好地保障生活和生产的正常秩序，对废弃物流合理化的研究也是必要的。

二、按物流活动的空间范围分类

物流按照物流活动的空间范围可以划分为地区物流、国内物流和国际物流等。

（一）地区物流

地区有不同的划分原则，如按省区来划分，可划分为北京、天津等省、自治区、直辖市等；按地理位置划分，可划分为长江三角洲地区、河套地区、环渤海地区、珠江三角洲等。

地区物流系统对于提高该地区企业物流活动的效率，以及保障当地居民的生活福利环境具有不可缺少的作用。研究地区物流应根据地区的特点，从本地区的利益出发组织好物流活动。例如，某城市若建设一个大型物流中心，显然对提高当地物流效率、降低物流成本、稳定物价是很有效的，但是也会引起由于供应点集中、货车来往频繁而产生废气、噪声、交通事故等问题。因此，物流中心的建设不仅是物流问题，还要从城市建设规划、地区开发计划等方面统一考虑,妥善安排。

(二)国内物流

国家或相当于国家的实体是指拥有自己的领土、领海和领空的政治、经济实体。它所制订的各项计划、法令、政策都是为其自身的整体利益服务的。物流作为国民经济的一个重要方面,也应该纳入国家的总体规划。

我国物流业是社会主义现代化事业的重要组成部分,全国物流系统的发展必须从全局着眼,对于因为部门分割、地区分割所造成的物流障碍应该清除。在物流系统的建设投资方面也要从全局考虑,使一些大型物流项目能够尽早建成,为经济建设服务。

(三)国际物流

当前世界的发展主流是国家与国家之间的经济交流越来越频繁,如果一个国家不投身于国际经济大协作的交流之中,那么本国的经济技术也得不到良好的发展。工业生产和服务也走向了社会化和国际化,出现了许多跨国公司,一个企业的经济活动范畴可以遍及各大洲,国家之间、洲际之间的原材料与产品的流通越来越发达。因此,国际物流的研究已成为物流研究的一个重要分支。

三、按物流系统性质分类

物流按照物流系统性质可以分为社会物流、行业物流和企业物流三种。

(一)社会物流

社会物流一般是指流通领域发生的物流,是全社会物流的整体,所以也有人将其称为大物流或宏观物流。社会物流的一个标志是它是伴随商业活动发生的,即其与物流过程和所有权的更迭相关。

就物流学的整体而言,可以认为其研究对象主要是社会物流。社会物流的流通网络是国民经济的命脉,流通网络分布是否合理、渠道是否畅通都是至关重要的。因此,必须对其进行科学管理和有效控制,采用先进的技术手段,保证高效能、低成本运行,这样做可以带来巨大的经济效益和社会效益。

(二)行业物流

同一行业中的企业虽然在市场上是竞争对手,但是在物流领域中却常常可以互相协作,共同促进行业物流系统的合理化。行业物流系统化的结果是使参与的所有企业都得到相应的利益。

(三)企业物流

企业是一种从事商务活动,即为满足顾客需求而提供产品或服务,以营利为目的的经济组织。企业区别于经济领域的其他主体,如政府和居民。一个制造企业,首先要购进原材料,然后经过若干工序的加工,最后形成产品销售出去;一个运输企业要按照客户的要求将货物运送到指定地点。在经营范围内由生产或服务活动所形成的物流系统称为企业物流。企业物流与社会物流的区别如表1-1所示。

表 1-1 企业物流与社会物流的区别

区别	企业物流	社会物流
范围	企业内部	企业之间,遍及整个社会
领域	生产领域	流通领域
规模	微观物流	宏观物流
特征	一般不伴随商流发生	一般伴随商流发生

第三节 物流的形成及与经济环境的关系

一、物流的产生发展

物流概念产生以后,使用的范围不断扩大,其本身也在不断地更新和发展。总体来看,这种更新和发展主要体现在以下两个方面:一方面,从社会层面上说,首先大企业开始重视物流合理化与系统化问题,之后到广大中小企业也开始追求物流效率化,进而到整个国民经济宏观领域也引入物流概念,即物流已经为全社会所重视,成为国民经济发展的一个重要组成部分;另一方面,从物流自身的整合范围来看,物流的整合范围从最初的只限于销售领域扩展到企业生产经营的其他领域,进而扩展到供应链上的所有上下游企业。

物流概念自产生以后,由于立场和角度的不同,以及具体情况的不同,关于物流发展过程的阶段划分也就不同。下面介绍几种有代表性的划分方法。

(一) 欧美国家的三阶段说

欧美国家一般将物流的发展过程划分为三个阶段。

1. 实体分配阶段

20 世纪 50—60 年代,对物流的研究仅局限于销售领域,随着市场由卖方市场变为买方市场,促使生产企业开始把注意力集中到产成品的销售上。这一阶段,物流管理的特征是注重产成品到需求者的物流环节。

2. 综合物流阶段

20 世纪 70—80 年代,国际经济一体化的进程加快,国际竞争加剧,促使企业寻求新的物流管理技术,以在竞争中取胜。在这种情况下,企业逐渐认识到把传统的物流管理与实体分配结合起来进行管理,把物流系统中的各个环节统一为一个连续的过程可以有效地进行运作,大大提高物流的效率。

3. 供应链管理阶段

20 世纪 80 年代末期以后,许多企业特别是大型跨国公司开始把注意力放在物流活动的全过程,即不仅着眼于本企业自身的物流合理化,还把眼光延伸到了上游的原材料供应商和下游的产品分销商的物流活动,从而形成了供应链的概念。

供应链管理是指对物流全过程中的所有有关活动及其信息系统的综合管理。这种方法对于降低成本、压缩订货周期、提高资金利用率和提高服务水平具有极大的潜力。对物流活动全过程的有机整合是这一阶段的特点。

(二)日本井本重信物流咨询公司的四阶段说

日本井本重信物流咨询公司把物流的发展分为四个阶段。

1. 切实保证运输与保管的时代

1965年以前,日本的陆上运输还主要是靠铁路,但铁路已不能适应经济迅速发展的需要。在当时主要还是卖方市场的情况下,企业为了更快更好地把产品销售出去,就必须设法解决好运输、保管、包装等问题。

2. 物流成本管理的时代

1965—1974年,随着经济的继续增长,市场需求不断扩大。这一时期,随着科学技术的发展和管理水平的提高,企业的生产、销售更加科学合理,因而成本降低,同时竞争也更加激烈,企业通过第一、第二利润源获利的空间已相当有限。为了获取更多的利益,企业把目光投向了物流活动,想方设法降低物流费用,以弥补在市场中失去的利益。

3. 建立物流管理系统的时代

1975—1984年,随着对物流研究的深入,物流逐渐发展成为一门学科。此时,物流不再被看成运输、仓储、包装、搬运等个别职能的分散活动,而是运用系统论的理论和观点,把物流作为一个系统来进行研究和运作。一些先进的企业为了更加有效地发挥物流的效率,建立起物流系统。对物流的认识也从单纯地考虑降低成本,发展到从企业整体战略的高度来加以重视。

4. 从战略的高度考虑物流的时代

1985年以后的时代也可以称为物流战略化时代。物流作为包括采购物流、生产物流、配送物流、销售物流等子系统在内的一个大系统,被视为企业经营总体战略的重要组成部分和企业经营的重要内容。

(三)日本日通综合研究所的六阶段说

日本日通综合研究所在其发表的《物流知识(第三版)》中提出了物流发展过程的六阶段说,把物流管理的进程分为以下六个阶段。

1. 物流前期

物流处于从属地位,只是按照生产和销售部门的要求被动地完成运输和保管的工作。在此时期,物流活动处于分散的状况。

2. 个别管理时期

物流成本意识出现,但还只停留在由发货部门、保管部门单独考虑如何降低运输成本和保管成本的层面上。

3. 综合管理时期

企业开始组建物流部门,从经营的需要出发,采取措施综合解决物流功能的优化组合问题。在这一时期,生产和销售的需要是物流活动的前提。

4. 扩大领域时期

物流对生产和销售的影响进一步受到重视。对于生产部门来说,对物流的考虑应该从产品设计阶段就开始,如从包装、运输、柔性化生产、物流效益等方面提出要求;对于销售部门来说，则应从接受订单、交货期限和方式等方面提出要求。这一时期，物流被视为“第三利润源泉”的观点已被普遍接受。

5. 整体体制时期

物流成为生产和销售本身的一项内容，并且进入小批量、多品种发货时代。物流系统得以建立，并成为企业经营的重要组成部分。物流被放到企业经营战略的高度予以重视。

6. 生产、销售、物流一体化时期

以信息技术为核心，把生产、销售、物流整合起来，以实现物流信息的一体化。

（四）我国学者的五阶段说

以上介绍的是外国专家学者关于物流发展进程阶段划分的几种观点，这些观点各有特点，但都局限于对本国物流发展进程的分析，还不能从世界范围内把握物流发展的过程。为了从总体上了解物流发展的过程和趋势，下面重点介绍我国学者翁心刚教授在其所著《物流管理基础》中对物流发展历史阶段的划分情况。

从发达国家企业物流管理发展的历史来看，物理管理的进程可以划分为以下五个阶段，如表 1-2 所示。

表 1-2　物流管理发展阶段（物流概念的演变）

阶　段	特　　征
第一阶段	物流功能个别管理（transportation and warehousing）
第二阶段	物流功能系统化管理（physical distribution management）
第三阶段	管理领域扩大（介于 PD 和 logistics 之间）
第四阶段	企业内物流一体化管理（logistics management）
第五阶段	供应链物流管理（supply chain logistics management）

1. 物流功能个别管理阶段

在该阶段，真正意义上的物流管理意识还没有出现，降低成本不是以降低物流总成本为目标，而是仅设法降低个别环节的成本，如运输成本和保管成本等，所采用的办法和途径局限于要求降低运价或仓储价格。在该阶段，企业对物流的认识程度和物流在企业中的位置都还很低。

2. 物流功能系统化管理阶段

进入这一阶段的主要标志是物流概念开始出现，企业内专门建立了物流部门。通过设立物流管理部门，跨越物流功能个别管理阶段成为可能，物流管理进入系统化管理阶段。

物流管理部门一般设在企业本部，是从企业整体利益的高度上整合企业物流的企划部门。正是由于这个专门机构的设立和运作，各种物流合理化对策开始出现并付诸实施，如作业的机械化、包装材料和运输手段的重新选择、运输路线的变更、提高保管效率等，从而大大提高了物流的效率和合理化程度。

但是，在这一阶段，上述合理化对策只是由物流管理部门在可能的范围内推行，对生产和销售并没有产生实质性的影响。

3. 管理领域扩大阶段

在该阶段,物流部门在企业中的地位有所提高,作用有所加强。物流管理部门可以出于物流合理化的目的向生产和销售部门提出自己的看法,而这些看法会影响生产和销售计划或方式的重新考虑、调整。

该阶段的重要性在于,对于众多的、会影响物流合理化的外部因素,物流部门终于可以站在物流的角度上,以物流合理化理论为依据提出自己认为合适的看法。这一点对于物流合理化会产生深刻的影响。

需要指出的是,在该阶段,物流部门对生产和销售部门提出的合作要求实现起来有一定的难度。比较突出的是在销售竞争非常激烈的情况下,物流服务一旦被当作竞争手段,仅以物流合理化的观点要求销售部门提供协助往往不被对方所接受。这是因为在这种情况下,企业考虑问题的先后顺序首先是销售,其次才是物流。

4. 企业内物流一体化管理阶段

企业内物流管理一体化的特征,简单地说就是为了实现"不生产、不采购、不移动尚没有确定销售对象的商品",或者说,就是为了实现"只生产、采购、移动在市场上能够销售出去的商品"的目标。显而易见的是,如果实现了企业内物流一体化管理,企业物流就会向着缩小的方向变化。

企业内物流一体化之所以被提上日程,并受到越来越广泛的关注,从根本上说是由于市场需求的变化和竞争的激烈。由于消费者需求的个性化和多样化,企业把握消费者需求动向的企图越来越难以实现,即企业越来越感到市场的不明确性。

在这种情况下,企业往往采用推出新产品的办法来适应市场的变化,从而导致市场的多品种化。如此一来就会出现两种后果:一种是企业生产的产品适销对路,形成热销,供不应求,出现市场缺货;另一种恰恰相反,产品销售状况低于预期销售量,供大于求,造成产品积压。而这两种情况都是企业不愿意看到的,因为它们都会造成企业绝对收益的下降。

解决这一问题的关键是要尽可能准确地把握市场销售动向,尽可能按照销售动向来安排生产和采购,改变原来按照预测进行生产和采购的方法。

5. 供应链物流管理阶段

企业内物流管理一体化系统实现的前提条件是准确把握市场需求的动向。然而,做到这一点是十分困难的,企业很难真正准确地了解市场需求的动向。从途径和方法上来说,企业一般只能根据批发商的订货品种和数量的变化来了解、把握市场的动向(并非所有的批发商的订货都是真实的),而很难从零售商、消费者那里了解到真实的需求变化。对于这样的问题,企业物流是无法解决的,这是因为企业物流的范围仅限于个别企业的内部。

在这种情况下,尽管各个企业都确立了物流体制,但如果是以虚假需求为依据,物流也不可能真正发挥作用。要想解决上述问题,就必然要涉及外部企业,即供应链上的其他企业。

供应链物流系统是一个将交易关联企业整合在一起的系统,即将从制造商到零售商所有供应链上的关联企业作为一个整体去对待的系统结构。物流系统到了这个阶段就进入了最为完整的阶段。

上述对物流管理阶段的划分，既可以清晰地反映出物流管理的发展进程，也为判断企业物流的先进性提供了一个标准。

（五）物流发展的主要理论学说

1. 物流的"黑大陆"学说

1962 年，管理学家彼得·德鲁克在《财富》杂志上发表了题为《经济的黑色大陆》一文，他将物流比作"一块未开垦的处女地"，强调应高度重视流通及流通过程中的物流管理。德鲁克泛指的是流通，但由于流通领域中物流活动的模糊性特别突出，它是流通领域中人们认识不清的领域，因此"黑大陆"学说主要是针对物流而言。"黑大陆"学说也是对物流本身的正确评价，即该领域未知的东西还有很多，理论与实践皆不成熟。

2. 物流的"冰山"说

物流成本冰山理论是由日本早稻田大学的西泽修教授提出的，是指当人们读财务报表时只注意到企业公布的财务统计数据中的物流费用，而这只能反映物流成本的一部分，因此有相当数量的物流费用是不可见的。

物流成本正如浮在水面上的冰山，人们所能看见的向外支付的物流费用就好比冰山的一角，而大量的费用是人们所看不到的、沉在水下的企业内部消耗的物流费用。当水下的物流内耗越深，露出水面的冰山反而越小，从而将各种问题掩盖起来。物流成本冰山如图 1-7 所示。

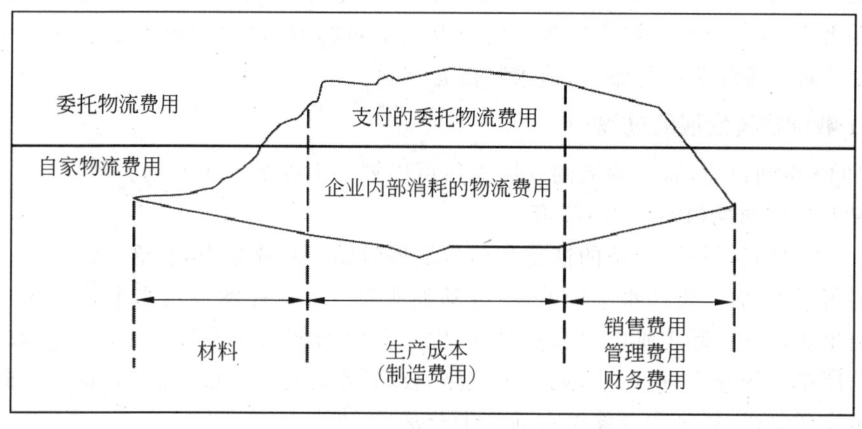

图 1-7 物流成本冰山

3. "第三利润源"说

"第三利润源"的说法也出自日本。"第三利润源"是对物流潜力及效益的描述，认为物流作为"经济领域的黑暗大陆"虽然没有被完全照亮，但经过几十年的实践探索，物流领域绝不会是一个不毛之地，肯定是一片富饶之源，尤其在经历了 1973 年的石油危机之后，物流"第三利润源"的作用已经得到证实，物流在企业管理中的地位得到巩固。

4. “效益背反”说

效益背反是指在物流系统中的功能要素之间存在着损益的矛盾,也即物流系统中的某一个功能要素的优化和利益发生的同时,必然会存在系统中的另一个或另几个功能要素的利益损失,这是一种此长彼消、此盈彼亏的现象。

“效益背反”说有许多实证予以支持,如在物流成本中,库存成本会随着每次订货量的增加而增加,但运输成本则会随着平均每次订货量的增加而减少,所以如果希望降低其中的一项成本,就意味着要增加另一项成本的开支,呈现此消彼长的关系。

5. “服务中心”说

“服务中心”说代表了美国和欧洲等一些国家学者对物流的认识。他们认为,物流活动最大的作用并不在于为企业节约了消耗,降低了成本或增加了利润,而是在于提高了企业对用户的服务水平,进而提高了企业的竞争能力。因此,他们在使用描述物流的词汇上选择了“后勤”一词。该理论特别强调其服务保障的职能,通过物流的服务保障,企业以其整体能力来压缩成本和增加利润。

二、我国物流发展的过程和现状

与世界发达国家相比,我国物流的发展处于相对落后的状态,但发展较快。一方面,物流的概念和理念在我国出现得比较晚,20世纪80年代初,一批学者开始学习引进日本和欧美的物流理论,物流,特别是现代物流的概念和理论才开始在我国逐渐被重视起来。

另一方面,随着改革开放的不断深入,中外合资、合作企业、外商投资企业纷纷建立,他们给我们带来了先进的物流理念和作业方法。与此同时,我国的对外贸易不断扩大,参与到国际物流当中,所有这些都使我国的企业逐渐对物流、现代物流有了了解,一些企业开始从内部对物流环节进行整合,追求物流合理化。

(一) 我国物流发展的过程

从1949年到目前,我国物流的发展大体可以划分为以下三个时期。

1. 初步发展时期(1949—1977年)

这个时期是我国国民经济的恢复和初步发展时期。总体来看,在这一时期,我国的经济还相当落后,工农业生产水平较低,经济基础薄弱。与这样的经济水平相适应,我国的物资流通事业也处在起步阶段,只是在一些生产和流通部门开始建立了一些少数的储运公司和功能单一的仓库;运输业,无论是铁路、公路、水路运输,还是航空运输等,都处在恢复和初步发展阶段,搬运和仓储等方面都十分落后。

由于产品匮乏,物资部门的工作更多的是对有限物资的计划分配,不可能考虑物资流通的合理化问题,因此真正意义上的物流概念在我国还没有出现。

2. 较快发展时期(1978—1990年)

1978年以后,我国进入了改革开放的新时期,国民经济以前所未有的速度向前发展,物流业也开始走上快速发展的道路。在这一时期,物流概念,特别是先进的物流理论开始引进我国;物流基础设施建设,尤其是公路、铁路、港口、码头、机场的建设有了很大的发展;物流的技术装备水平也有了很大提高,如水泥、粮食的散装运输、集装箱运输、立体化自动仓库等。

3. 高速发展时期(1991 年至今)

这一时期是我国经济高速发展的时期,也是我国物流高速发展的时期。与高速发展的国民经济的要求相适应,物流的理论研究和实践都有了跨越式的发展,国家为发展物流业采取了一系列重要措施。概言之,如今物流已成为国民经济的重要组成部分;物流也为越来越多的企业所重视,成为企业经营战略的内容之一;物流科学研究、物流教育和人才培养也都有了很大发展。

(二) 我国物流发展的现状

物流管理和物流活动的水平是与一个国家的国民经济整体发展水平相对应的。改革开放以来,我国的经济飞速发展,取得了举世瞩目的成就。与此同时,我国的物流管理和物流活动的水平也在不断提高,主要表现在以下五个方面。

1. 物流理论研究水平显著提高

自 20 世纪 80 年代初期开始,我国就有一批学者开始学习引进日本和欧美的物流理论,并且注意从我国的具体国情出发,结合我国物流的实际开展研究。他们陆续发表了大量研究论文,先后出版了一批物流理论著作,大大提高了我国物流理论的研究水平,他们的工作使物流理念在我国迅速推广;同时,我国的许多大专院校纷纷开设物流专业课程,设立物流专业,培养出一大批物流专业人才;此外,还有一批在国外接受过系统物流教育的专家、学者回国,成为我国物流理论研究的骨干。

2. 企业的物流意识逐步增强

我国的物流研究起步虽然较晚,但至今也有了 20 多年的历史。经过专家学者的理论宣传,特别是经过近几年的努力,物流概念已经得到相当程度的普及,物流日益得到企业的重视。越来越多的企业,特别是一些大型企业,如海尔集团等,已经把建立企业物流系统、强化物流管理作为降低物流成本、提高企业效益和竞争能力的重要手段。

3. 出现了一批具有现代物流特征的物流企业

中国物资储运、宝供、中海物流等一批物流企业在经营中摆脱了传统物流的运作模式,以货主为中心,运用以信息技术为核心的高新技术作为整合手段,将物流服务融入企业的物流系统中,作为供应链的一个功能环节展开物流业务。它们的出现,对于促进物流社会化,提高物流业整体水平起到了示范作用。

4. 物流技术和设施、装备水平不断提高

改革开放以来,我国的综合国力得到了极大的提升,在物流基础设施的建设上取得了巨大的成就。我国的道路通车总里程、铁路总长度和路网密度均居世界前列,运输网络建设不断完善,港口、车站、空港以及货运枢纽、物流中心等节点设施建设发展迅速,使物流服务的供给能力大大加强。

现代化的物流技术和装备,如立体自动化仓库、货物分拣系统、流通加工设备,以及各种专业化运输工具等在物流活动中被采用,车辆、船只等运输手段向大型化、专用化、高速化方向发展。

5. 宏观物流管理得到加强

政府经济管理部门作为宏观物流管理的主体,在物流规划、物流政策制订等方面发挥着积极作用。2001 年 3 月,当时的国家经贸委、交通运输部、铁道部、民航总局、外经部、信息产业部六家行业主管部门联合发布了《关于发展现代物流业的若干意见》,这是我国第一次由涉及物流的多个部门联合制定的促进物流发展的政策性指导文件,显示出政府主管部门对现代物流的重视和加快物流发展的意向。

总的来说,在20世纪80年代初期之前,我国还没有真正意义上的物流概念,更谈不上现代的物流管理和物流活动。但是,在此以后,我国的物流从引进、借鉴开始,很快走上了一条快速发展的道路。

拓展阅读

中国物流与采购联合会和京东集团联合调查的2020年1月中国电商物流运行指数为108.8点,比前一个月回落3.4个点。从九个分项指数看,除电商物流总业务量有所上升外,物流时效指数、履约率指数、满意率指数、成本指数、农村业务量指数、库存周转指数、人员指数、实载率指数都有所回落。

电商物流总需求有所上升。1月,总业务量指数为131.3点,比前一个月上升1.5个点。分地区来看,东部、西部和东北部地区总业务量指数环比上升,其中,东部地区总业务量略高于全国水平,西部地区与全国水平接近,中部和东北部地区与全国平均水平存在一定差距。其中,中部地区总业务量指数回落5.8个点,回落幅度较大。

农村电商需求小幅回落。1月,电商物流农村业务量指数为124.3点,比前一个月回落2.3个点。分地区看,中部和西部地区回落幅度较大,分别比前一个月回落8.4和4.5个点;东部和东北部指数变化不大,比前一个月微涨0.8和0.1个点。除中部地区外,其他地区农村业务量指数仍高于全国平均水平。

物流时效指数、履约率指数、满意率指数、成本指数、库存周转指数、人员指数、实载率指数都有所回落,其中,物流时效指数和人员指数回落幅度较大,降幅超过5个点;实载率指数和库存周转指数分别回落2.5和1.4个点,是继2019年12月下降后的再次下降;履约率指数、满意率指数和成本指数由升转降,分别比上月回落3~4个点。

1月,全国电商物流需求总体表现为需求结构急速变化、物流时效明显降低、基础保障作用凸显的基本特征。

一是需求及结构急速变化,上半月总业务量指数保持回升,下半月冲高后急速回落,全月来看中部地区总业务量指数回落明显。农村电商物流需求受到冲击相对较重,中部和西部地区回落幅度较大。与此同时,物流需求结构向卫生健康用品、主副食品大幅转移。部分企业反映,粮油米面需求量同比增长10倍以上,日用百货类物流订单量增长超过两倍。

二是物流时效明显降低,各地针对新型冠状病毒肺炎疫情采取措施,跨省干线、城乡之间物流受到影响,城市社区末端配送问题更趋突出,1月物流时效指数、履约率指数和满意度指数均回落到100点以下。

三是基础保障作用凸显,从居民生活来看,京东、苏宁、天猫、物美多点等电商平台企业充分发挥自有供应链网络优势,从前端采购、干线运输、末端配送、质量控制等方面全力提高商品满足率,安全高质量地保障居民生活需要。从应急物流来看,各电商物流企业积极开通应急热线、特别通道，调配资源，备足运力优先运送救援物资。

后期，建议高度重视疫情变化对网购和实体需求的关联分析，预测电商物流需求和结构变化，充分预估疫情管制、人员限流对城市配送的影响，探索零接触物流中转模式，进一步激发电商平台活力。

资料来源：中国物流与采购联合会统计数据.

三、物流与经济环境的关系

（一）影响物流需求的环境因素

在世界经济一体化的大背景下，物流作为一个体现新的思维模式和管理方式的现代概念，已经受到越来越多的国家的重视，其自身也有了很大的发展。在发达国家，如欧美国家和日本，物流已发展到供应链物流管理阶段。

在我国，物流概念也日益普及，现代化的物流管理理论无论在微观层面、中观层面，还是在宏观层面都被高度重视。但是，不可否认的是，我国的物流水平与发达国家相比还处在较低水平，这主要是由我国的总体经济水平所决定的。影响物流需求变化的主要因素有以下七个方面。

1. 产业结构的变化

随着科学技术的进步和社会经济的发展，产业结构也在发生着变化。从总体上来看，第一产业的比例逐渐降低，第二、第三产业的比例不断提高的趋势十分明显。在第二产业中，电子工业和加工组装工业的发展最快，所占的比例越来越大。电子工业和加工业组装业生产的产品具有较高的附加价值，物流费用的承受能力就比较高，当然对物流服务质量的要求也比较高。

产业结构的分类

产业结构有很多分类方法，我国采用的是三次产业分法：第一产业为农业，第二产业为工业和建筑业，第三产业为除第一、第二产业以外的其他行业。

20 世纪 90 年代中期以后，我国铁路连续四年出现大幅亏损的局面，这里当然有许多原因，也包括管理不合理等人为原因。但是，不可否认的是，速度慢、到达时间不准确和不可预测是其中的主要原因，这种情况引发了我国铁路连续几次的大提速。

2. 消费者需求的多样化、个性化

经济的发展必然带来国民收入水平的提高，在满足了基本的生活需求之后，人们就会追求更高水平的物质产品需求。高水平的物质产品需求不仅是对商品质量的要求，更多的是对商品的多样化和个性化的需求。消费者对商品的花色品种、规格型号、内在质量（包括生鲜食品的新鲜程度）及售后服务等都提出了越来越高的要求。这种情况对采购、进货方式、商品配送等产生着深刻的影响，导致订货周期越来越短，配送的时间性要求越来越强，而这些都需要系统化、合理化的物流服务提供支持和保证。

3. 企业经营合理化的趋势

随着经济的发展,市场由卖方市场转变为买方市场,企业为适应市场需求的变化,改变原来的单一品种大批量生产和销售的体制,建立多品种小批量以及按需要生产的弹性化生产经营机制。为适应这一变化,物流方式也就要发生相应的变革。

4. 物资采购环境的变化

市场经济体制的建立和发展,彻底改变了长期以来计划经济体制下物资按计划分配的做法,作为市场经营主体的企业在获得了充分的经营自主权的同时,也必须自行承担经营的风险。在物资市场上,供给充足,价格灵活,物资供应方的服务越来越贴近用户的需要等,都使物资采购环境发生了根本性的变化。为了适应种种变化,企业开始改变采购物流管理,努力降低库存水平,从而有效地降低物流成本,使物流真正成为“第三利润源泉”。

5. 企业市场营销政策的影响

激烈的市场竞争迫使企业努力采取不同于其他企业的差别化营销政策,其中开发的新产品便成为竞争的焦点。企业对新产品的开发,不仅要在质量和功能上与众不同,还要在形状和包装上与众不同,具有从内到外的新鲜特点,从而巩固或提高市场占有率。这样的营销政策导致物流朝着多品种、小批量的方向发展,同时不可避免地增加了物流管理和物流作业的难度,也增加了物流的费用。

6. 流通结构的变化

改革开放以来,随着国民收入的增加,人们的购买力日益提高,消费者不仅需要花色品种多样、高质量的商品,对购物环境也提出了更高的要求。为了适应这种要求,自20世纪90年代初期以来,我国的零售业业态也发生了巨大的变化,超级市场、连锁商店、连锁便利店等发达国家流行的新型零售业大批出现。

从根本上说,零售企业追求规模效益,满足消费者的多样化需求是新型零售业发展的原因,而高效率的物流则是新型零售业发展的重要基础之一。

7. 电子商务的影响

电子商务是应用计算机和现代信息技术完成商品交易的活动,一般是指基于因特网的商流活动。电子商务不受时间和空间的限制,极大地扩大了交易的范围,提高了商流的效率,使流通方式发生了革命性的变革,并且在很大程度上影响了企业的运作模式。

但是,电子商务解决的只是商流问题,对于有形商品的物流环节还必须依靠现实的方式才能实现空间位移。这样就出现了迅速快捷、范围广大的商流与物流之间的适应问题,即电子商务对物流提出了新要求,要求物流能够适应商流电子化,提高反应速度,扩大服务范围。而物流只有通过电子化才能做到这一点。

(二)物流必须与经济总量相适应

以上介绍了影响物流需求的七个主要环境因素,事实上无论对一个企业或一个地区,还是一个国家来说,在考虑物流规划、建立物流系统时,都必须从自身的实际出发。

1. 我国社会经济发展现状

我国经济发展取得了举世瞩目的成就。一大批举足轻重的基本建设项目相继建成并投入使用,国际贸易进出口总额每年都以两位数的速度增长,这些都使我国综合国力大大增强,经济的发展具有了更加强劲的保障。

但是,我国地域广大,自然条件多样,人口众多,地区社会经济发展不平衡。在东部地区,尤其是东南部沿海地区的经济发展水平远远超过中部,特别是西部地区。我国是一个发展中国家,处在由传统社会向现代化社会转型的历史时期。城市化水平以及农业生产现代化水平还很低,广大农村地区,尤其是中西部的农村地区,道路稀少,交通设施落后,运输条件很差。

2. 我国社会经济发展现状对物流的影响

我国社会经济的高速发展对物流的需求日益增强,物流也获得了空前的发展机遇。

首先,经济的高速发展必然带动物流需求的增加。第二产业创造的各种产品的销售,以及国内贸易和国际贸易的迅速发展,使货物量快速增长,社会物流需求同时高速发展。

其次,正是由于地区之间自然条件的不同和经济发展的不平衡,一方面,造成了东部沿海发达地区的生产企业的产品,除了出口外销外,大量的产品要运到中西部地区的城市和农村;另一方面,东部地区生产、生活所需的原材料和能源也要从西部地区运来,这些都需要物流的保证。

我国社会经济发展的不平衡性决定了不同地区应该根据具体情况,规划设计差异化的物流系统,适应地区的经济状况,发展适合的物流。

社会经济发展不平衡,各地区的经济总量也就不同,对物流的需求当然也就存在着差别。同时,由于各地的自然条件不同,处于交通枢纽地位的地区,其道路交通设施比较发达,拥有发展现代物流业的条件,这样的地区就可以利用区位优势,把物流业的发展置于显著的地位;而有的地区地处偏僻,既没有发展物流的自然条件,又没有原材料和能源优势,地区经济水平较低,物流需求也就处在较低水平,当然也就没有必要急于大力发展物流业。总而言之,物流的发展程度取决于经济发展的程度。

一、填空题

1. 物流是物品从供应地向接受地的实体流动过程。根据实际需要,将________、________、________、________、________、________、________等基本功能实施有机结合。

2. 我国物流发展大致分为________、________、________、________。

3. 商流是物流的________,物流是商流的________。

4. 生产企业物流包括________、________、________、________。

5. 物流按照物流活动的空间范围可以划分为________、________、________等。

二、简答题

1. 物流与商流的关系是什么?

2. 对物流的概念该如何理解?

3. 什么是物流成本"冰山"说?

4. 简述物流与经济环境的关系。

三、论述题

1. 举例说明“商物分离”的原因。

2. 论述我国物流发展的过程和现状。

延伸阅读

2017年后我国物流业的战略走向

一、当前我国物流产业的特征及地位

(一) 在提出高质量发展转变的大背景下物流的基本特征

基于互联网、大数据、云计算的网络化物流发展模式促进了创新发展，网络化物流发展模式进一步为规模化发展创造了条件。可规模化经营是资本金的方向，物流和产业联动又形成了需求，而信息化技术又支撑了这种规模化的发展，总体构成了当前和未来一段时间物流业发展的一个基本特征。该基本特征就是提升物流效率，提高服务质量，这是一个大方向，是不可能扭转的。

(二) 物流业发展的战略定位

物流产业是我国战略性、先导性产业，赋予了物流业最高的发展地位。物流向规模化运行过程当向产业融合发展，因为智能化平台构建，会为其他产业的转型升级提供一个非常好的路径。电商和依托电商发展的快递业已经给其他行业提供了非常好的范例。物流供应链的资源整合和产业衔接能力提高了物流业在经济产业转型升级中的地位。物流业的规模化发展和运营、创新发展使物流成为降本增效的核心动能。

二、现代化经济体系建设任务与物流产业转型要求

2017年以后我国经济转型发展的基本战略和方向：我国经济由高速增长转向高质量增长，转变发展方式、优化经济结构、转换增长动力成为重要任务。必须坚持质量第一、效益优先，以供给侧结构性改革为主线，推动经济发展质量变革、效率变革、动力变革，提高全要素生产率，着力加快建设实体经济、科技创新、现代金融、人力资源协同发展的产业体系，着力构建市场机制有效、微观主体有活力、宏观调控有度的经济体制，不断增强我国的经济创新力和竞争力。

在微观层面需要有三个大的变化：一是企业运行方式变化，要挖掘新价值促进企业合作；二是行业运行模式变化，找到增量后要有增量的运作方式操作；三是产业发展生态变化，税收理念及操作制度需重大变革。动力革命，首先要抓住需求结构变化的重大机遇，当前以外需为主导的经济发展逐步向以内需为主导转变。其次要抓住产业结构变化，以产业链和产业集群来满足对物流产业的需求。最后要抓住要素投入结构变化。

三个变革决定了现代化经济体系下物流业自身要转型，同时要扮演一个重要的角色。这么一种发展关系的逻辑是什么？就是以信息化为核心的物流企业的转型，来构建完善的物流供应链系统，来支撑引领现代产业链，最终使中国产业占据全球价值链中高端。为实现这一目标，对物流业而言，就是要高质量发展品质经济，这里包括品质制造、品质物流、品质流通、品质消费，所谓品质物流，是以智慧化为核心的智慧物流。

三、物流产业转型升级迈向中高端的战略方向及路径

（一）物流产业战略转型任务

物流产业的战略转型有三大任务。第一是物流产业自身转型升级，可规模化、可网络化运营经营。第二是物流基于供应链引领关联产业转型升级。第三是物流产业创新和产业融合模式创新。这样我们就有可能由新模式构建关联产业转型升级的生态，生态最后反过来以需求方的身份推动物流业转型升级，这是供求关系的大调整，也是国家供给侧结构性改革的核心要义。

（二）物流产业战略转型升级的方向

按照这三大任务，物流产业战略转型升级的方向是什么？技术、业态、模式三个创新相互有机融合，最终从更好发挥物流产业对经济产业转型升级支撑引领作用的层面，加快推进物流产业转型升级。

资料来源：中物联公路货运分会资料汇编.

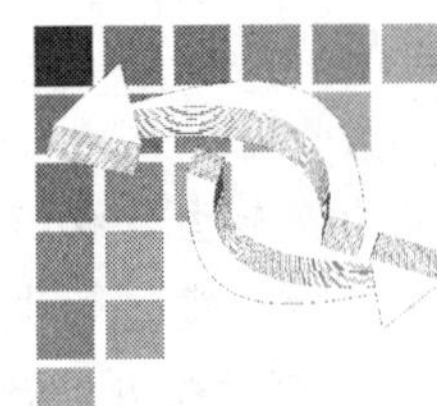

第二章

物流管理

◆ 知识目标 ◆

(1) 理解现代物流管理的特点及其作用。

(2) 了解物流服务的重要性,掌握物流成本控制的基本方法。

(3) 熟悉物流标准化的意义及作用,掌握物流标准化的特点。

◆ 技能要求 ◆

(1) 掌握提高物流服务的途径。

(2) 掌握物流的基础模数并能够实际应用。

学习导航

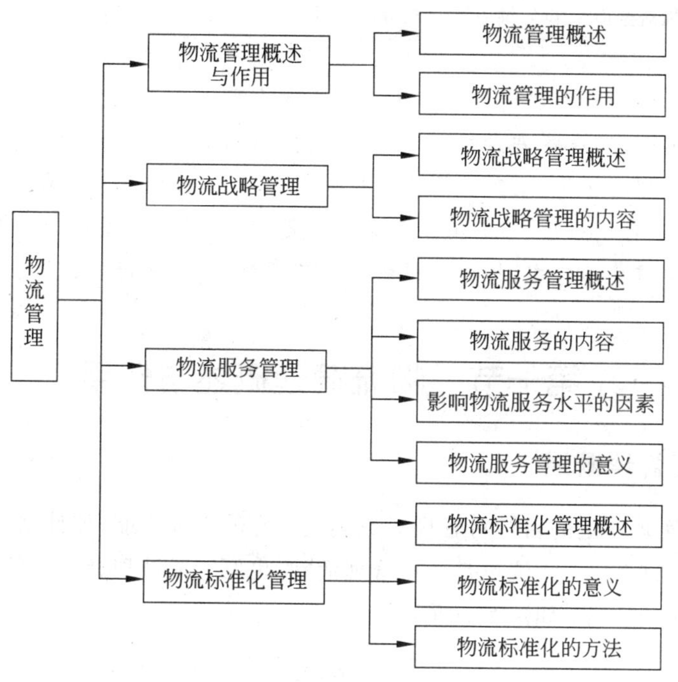

案例引导

格力公司的供应链物流管理

国际制造执行系统协会对制造执行系统(manufacturing execution system,MES)的定义是:"MES能通过信息的传递,对从订单下达开始到产品完成的整个产品生产过程进行优化管理,对工厂发生的实时事件及时作出相应的反应和报告,并用当前准确的数据进行相应的指导和处理。"MES是面向企业生产管理的新一代信息系统,它以提高生产效率、减低生产成本、缩短交货期、改善客户服务为目标,运用计算机网络把各个自动化孤岛连接起来,运用信息化手段管理和优化全局生产流程,实现从产品订单开始,直到产品交付的整个生产管理流程自动化。

格力电器股份有限公司于2008年开始引用MES物流管理系统,到目前为止已有约60%的物料受MES的控制。首先在外协钣金物料、电动机、压缩机等物料上试点采用MES,随后在其他采购物料上展开。但是,还有相当一部分物料和自制物料到目前为止仍属于BAAN6系统管理。两个系统的同时存在容易引起物料使用部门的错误理解,不知道用哪个系统查询自己要用的物料,于是两个系统都会查一遍,这样浪费了不少作业时间。

MES受控物料在BAAN6系统上也还遗留有相应的最后数据,用过大的系统空间也容易造成物料管理的混乱。按照MES的批量管理模式,应该能在很短的时间内找到所需要的物料,但格力的一些个别仓库领料所需要的时间比较长,影响总装车间的物料供应,如在外协钣金和管路采购件仓库等存在的现象比较突出。

资料来源:物流金融采购与供应链专栏资料汇编.

引例分析

格力公司的物流管理现代化程度相对于其他大型家电行企业有了很大提高,其采用了信息化,与原有人工服务方式相比有了很大的改进,减少了资源的损耗。使用MES管理系统从根本上扭转了传统、落后的物流配送人工模式,以信息化手段解决了格力公司物流配送流程混乱、控制松散、效率低下等系列问题,取得了较好的物流管理效果。然而有些欠缺之处不可避免地存在,格力公司的物流管理效率、水平仍有较大改善空间。

第一节 物流管理概述与作用

一、物流管理概述

管理指为实现一定的目标对管理对象实施一定的管理职能,如计划、组织、指挥、协调和控制、考核等的活动。物流也是一项管理活动,也要完成计划、组织、领导、控制职能,也有输入、转换、输出环节,如图2-1所示。

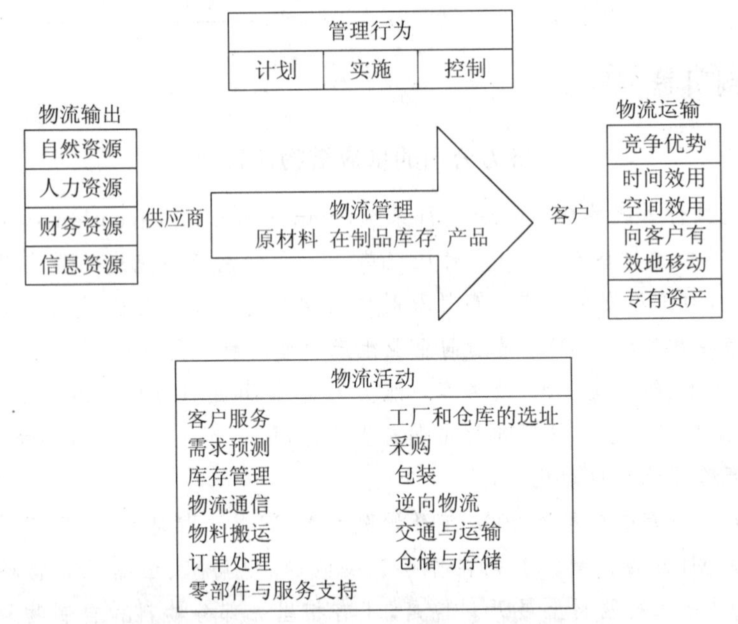

图2-1 物流管理的组成要素

(一) 物流管理的定义

在我国正式颁布实施的中国国家标准《物流术语》(GB/T 18354—2006)中,物流管理的定义如下:为了以最低的物流成本达到用户所满意的服务水平,对物流活动进行的计划、组织、协调与控制。

（二）现代物流管理的特征

1. 现代物流管理以实现顾客满意为第一目标

在现代物流中，顾客服务的设定优先于其他各项活动，并且为了使物流顾客服务能有效开展，在物流体系的基本建设上，要求物流中心、信息系统、作业系统和组织构成等条件应具备与完善。

2. 现代物流管理以企业整体最优为目的

现代物流所追求的费用最省、效益最高，是针对物流系统最优而言的。当今商品市场中，商品生产周期不断缩短，流通地域不断扩大，顾客要求高效而经济地输送物资，在这种状况下，如果企业物流仅追求“部分最优”或“部门最优”，将无法在日益激烈的企业竞争中取胜。从原材料的采购到商品向消费者移动过程中的各种活动，不只是部分和部门的活动，而是将部分和部门有效结合，从而发挥出综合效益。

3. 现代物流管理注重整个流通渠道的商品运动

以往我们认为，物流管理的对象是“销售物流”和“企业内物流”，即从生产阶段到消费者阶段的商品的实体移动；而现代物流的管理范围已经远远超出了这一区域，包括从供应商、制造商、分销商到消费者的供应链之间的物资流及相关的信息流、资金流的管理。

4. 现代物流管理既重视效率，又重视效果

现代物流管理与传统物流管理相比有许多变化。首先，在物流手段上，从原来重视物流的机械、机器、设施等硬件要素转向重视信息等软件要素；在物流领域方面，从以运输、储存为主的活动转向物流部门全体，即包含采购、生产、销售领域或批发、零售领域的物流活动扩展。其次，在物流需求的对应方面，原来强调确保运力、降低成本等企业内需求的对应，现代物流则强调物流服务水准的提高等市场需求的对应，进而更进一步地发展到重视环境、公害、交通、能源等社会需求的对应。

5. 现代物流管理是对商品运动的全过程管理

现代物流是将从供应商开始到最终顾客整个流通阶段所发生的商品运动作为一个整体来看待的，因此这对管理活动本身提出了相当高的要求。

缩短物流时间不仅决定了商品成本的高低，同时决定了顾客的满意程度，但是任何局部管理都无法实现物流时间的最大效率，这就要求物流活动的管理应超越部门和局部的层次，实现高度的统一管理。现代物流强调的就是如何有效实现全过程管理，真正把供应链思想和企业全体观念贯彻到管理行为中。

6. 现代物流管理重视以信息为核心

现代物流通过供应链强化了企业间的关系，供应链管理带来的一个直接效应就是产需的结合在时空上比以前任何时候都紧密，并带来了企业经营方式的改变。在经营管理要素上，信息已成为物流管理的核心，没有高度发达的信息网络和信息技术的支持，如条形码、EDI、GIS、GPS 等，经营是无法实现的。

(三)物流管理的原则

1. 服务性原则

物流业属于服务业,现代物流业必须满足用户多样化的需求。例如,在承担中、长距离运输的同时,还要注意满足用户小批量、多批次、短距离、时间准的要求,甚至要为用户"量身定做"物流方案。

这种情况往往不是企业自备物流机构能做到的,必须有一个精干的物流机构支持,尤其在经济发达地区,都由专业的物流企业承担,他们的服务与用户的需要配合得分毫不差,这充分体现了物流的服务性。

2. 通用性原则

专业物流企业为用户提供个性化服务必然会发生高昂的费用,但是如果能采用通用化的物流设施与设备,提高设施设备的利用率,就能降低物流成本。例如,集装箱、托盘等集装工具的标准化,规定最小的集装单元的尺寸是600mm×400mm等,都是通用性的具体表现。

随着现代物流业全球性的发展,不仅要求设施与设备的通用,而且要求包括商务单证、手续规则的通用等,这些也是现代物流业发展所要研究解决的问题。

3. 合理化原则

物流企业要降低物流成本,就要考虑按最优模式设计它的作业流程,对它的各个作业环节——运输、储存、包装、装卸搬运、流通加工等进行合理组织。

需要注意的是,在物流的作业环节中,存在着相互制约的问题,即背反现象。例如,按小批量进货可以降低存储成本,但要增加采购次数,又会使采购费用增加;简化包装可以降低包装成本,但包装强度降低,又会使破损率上升,维修或赔偿费用增大,甚至损害自己的声誉;等等。因此,物流管理应遵循合理化的原则,进行周密的考察,衡量各方面的利害关系、影响程度等,确定矛盾双方各自应该具有的水平,得到较折中的处理方法,使综合效益最大化。

二、物流管理的作用

物流管理的作用如下。

(1) 保证企业生产经营持续进行的必要条件。任何企业的生产经营活动都表现为物质资料的流入、转化、流出等活动。如果某一环节不能及时地获取所需物资,企业的经营活动将被中断。

(2) 决定着企业的销售情况与市场份额。企业可以以何种价格提供多少品种和数量的物质产品决定了企业满足消费者需要的能力,而采购、运输、仓储、销售等活动在企业内部首尾相接,互相作用,形成一个有机的整体系统。系统的协调性越好,物流管理水平越高,企业就越能从中受益。

(3) 影响企业的经营成本。一方面,物资购销水平决定着企业的原材料成本、采购成本、销售成本的高低;另一方面,运输、仓储、装卸等过程直接影响着企业的期间费用。

第二节　物流战略管理

一、物流战略管理概述

物流管理成功的最主要因素在于要对物流活动进行全面的和整体的规划，制定合理的物流发展战略，合理安排资源配置，从而降低成本，提高对顾客的服务水平。

（一）物流战略的概念

物流战略是指为寻求物流的可持续发展，就物流发展目标以及达到目标的途径与手段而制定的长远性、全局性的规划与谋略。

物流战略并不是孤立地存在于企业物流管理中的，它是企业战略的一个有机组成部分。物流首先决定企业的方向性，其次提出物流战略的选择项，然后按物流系统和成本费用进行选择，这就是物流战略。

有人提出物流战略有三个基本目标：降低成本、减少资本、改进服务。这三个目标对大多数企业都适用。一个好的战略是在对整个物流系统进行综合评价后产生的，在寻求成本最小化时，应保证系统的服务水平。同时应明确，成本最小化的目的是使利润最大化。资本最小化是对物流系统的直接投资最小化的同时，获取最大化的投资回报。

（二）物流战略管理的简介

物流战略管理是物流组织根据已制定的物流战略，付诸实施和控制的过程。

物流战略管理是物流经营者在物流系统过程中，通过物流战略设计、战略实施、战略评价与控制等环节，调节物流资源、组织结构等，最终实现物流系统宗旨和战略目标等一系列动态过程的总和。

马士基从2016年开始执行新的战略，即成为集装箱运输和物流的全球集成商，以高效、简单和可持续的方式实现全球贸易。自新战略宣布以来，马士基一直努力从一个在不同行业拥有独立业务的多元化企业集团转变为引领交通运输业转型的综合性公司。

2018年，马士基在战略方面继续通过业务重组和数字化变革进行转型，同时跟踪转型的进度并保持可持续发展；而在管理方面，马士基所采取的管理举措均是为了实现战略落地，从组织架构、公司治理、人力资源管理等多方面为战略提供支撑和助力。

资料来源：中物联企业案例资料汇编.

物流战略管理的实质就是运用战略进行社会或区域供应链物流管理。物流战略管理不是随意规定一项任务，而是由战略设计、战略目标、战略分析、战略决策、战略实施及战略评价所构成的一个系统，如图2-2所示。

企业物流战略不但要受行业特点、同业竞争、物流企业状况的影响，还会受国家政策、科技进步等多方因素的制约。一个好的企业战略是对市场需求、顾客、竞争对手、技术革

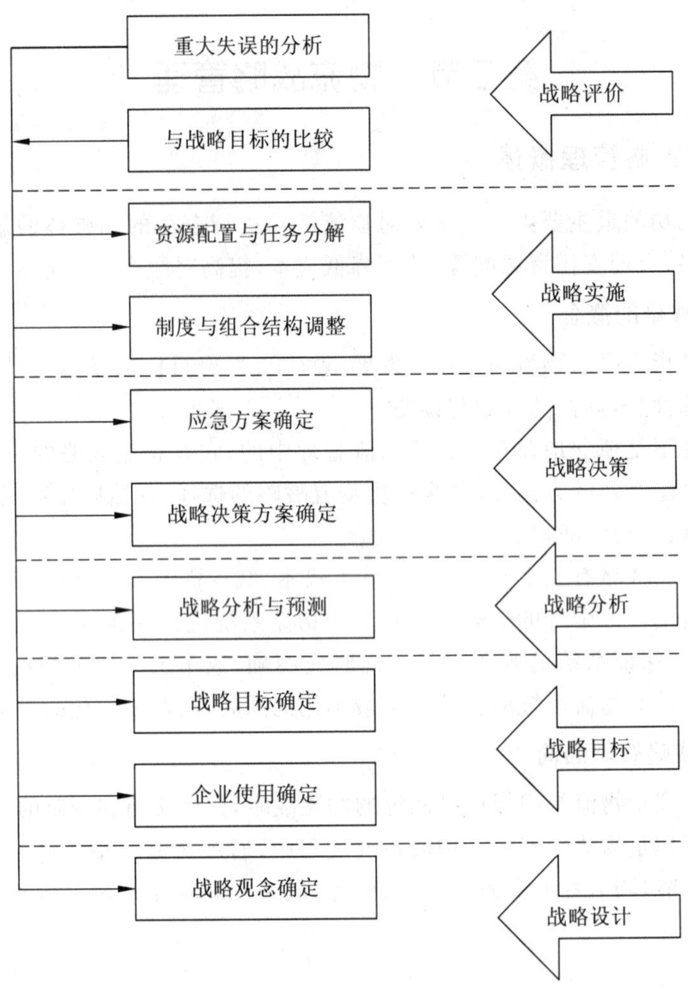

图 2-2　物流战略管理流程

新等外部环境以及成本、经营资源、能力等内部环境综合评价研究后产生的。进行物流战略分析的目的是使企业明确所面对的内外环境状况,在环境变化前做好准备,同时缩短对环境变化做出反应的时间。

二、物流战略管理的内容

(一) 物流战略的类型

当物流战略制定后,战略管理的重点就转向战略实施和战略控制。二者交替进行,在战略实施中进行战略评价和控制,在战略控制中推进战略实施。根据物流企业的不同类型,战略实施的类型有所不同,主要有两种。

1. 系统化物流战略

由专业物流服务商在系统化物流的基础上,利用各种技术对专业性较强的经济领域提供高效快速的系统化物流服务,如利用卫星定位系统对货物进行跟踪,利用扫描识别技术改进货物分拣等,实现功能的高度整合。这种战略由于受货物特性的限制,一般货物无法适应,主要服务于特定目标市场的顾客群。

2. 柔软性物流战略

运输和货物代理商根据物流企业的需求结构,进行货物混载代理服务业务。第三方物流企业既可拥有自己的物流设施,也可租用他人的物流设施。前者向功能整合型企业发展,后者则成为纯粹的代理企业。由于代理企业不需具有整合功能,因此可以灵活实现物流效率。

(二)物流企业的战略层次

一个物流企业的战略通常包括十个关键部分,分别被组织在四个重要层次上,构成物流战略金字塔,如图 2-3 所示,它确立了物流战略的框架。

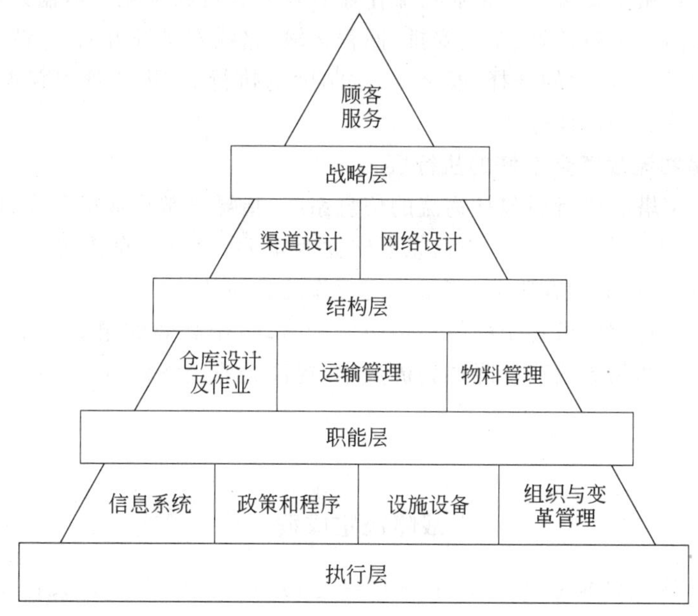

图 2-3　物流企业战略关键部分

1. 第一层通过顾客服务建立战略

顾客服务需求包括制造、营销、物流在内的整个供应链的结构。因此,要清楚顾客的需求,制定能满足顾客期望的顾客服务战略。顾客服务战略的简单与复杂取决于企业产品、市场和顾客服务目标。在开发战略时,物流企业应考虑如何从其物流职能中创造竞争优势来获益。管理者可以采用以下五种方法增强企业的竞争优势。

(1) 低成本。通过提高效率降低成本。低成本在物流密集型行业中十分重要,因为这些行业的产品差别小,且物流费用占产品售价的 15%。

(2) 优良的顾客服务。对顾客服务的衡量标准包括短的订货提前期、库存可得性、订单的准确性、对订货情况的信息知晓程度等。

(3) 增值服务。向顾客提供增强竞争力的服务。

(4) 灵活性。制定服务组合,满足不同顾客群或个别顾客的需求。

(5) 再造。通过彻底改变物流系统,提供真正的价值和竞争优势。

对于上述五种方法,企业至少要在一项或两项上表现突出,顾客服务需求的基本框架和物流战略需求为企业明确自己的目标。

2. 第二层是物流系统的结构部分

企业通过渠道设计和网络设计结构提供了满足顾客服务需求的基础。渠道设计包括确定为达到期望的服务水平而需要执行的活动与职能。网络策略必须与渠道策略以一种给顾客价值最大化的方式进行整合。

一个确定的顾客服务水平可以通过不同的物流方案获得。在设计和执行物流方案时应考虑诸如成本、风险等因素。

3. 第三层是物流战略的职能部分

职能部分的策略主要考虑对企业物流作业管理的分析和优化。运输分析包括承运人的选择、运输合理化、装载计划、车辆安排、回程运输、路线安排等方面,仓储方面考虑设施的布置、货物装卸搬运技术的选择、安全、规章制度的执行等,物料管理着重于预测、库存控制、生产进度、采购的最佳运作等。

4. 第四层是物流战略金字塔的执行层

物流战略金字塔的执行层包括物流的信息系统、指导日常作业的程序、设施设备的配置及维护、组织与人员等问题。其中信息系统尤为重要,没有信息系统,企业就无法有效地管理成本,提供优良的顾客服务,获得物流运作的高绩效。

一体化的物流管理要求各个职能部门协调配合,一个高效的组织是成功的物流绩效的重要保证。成功的物流战略能降低物流成本,提高企业经济效益。

案例提示

战略决定成败

某制造企业物流经理最近遇到了一件头疼的事情。该企业每天的全国运输量为1000m^3,月物流费用为100多万元,80%的货物由自备车辆运输。经过多次的物流改革、组织结构的调整、运输线路的规划、信息系统的改进等措施,企业仍旧效率低下,物流费用很高,到底问题出在哪里?有人给物流经理提出了物流外包的战略。

但是,目前我国实施物流外包的企业中,有超过30%的客户对供应商不满意,主要原因有合作双方沟通不畅、信息反馈滞后、缺乏应急措施;物流供应商的信息技术系统落后,不能对物流活动进行有效地跟踪和监控;缺乏标准化的运作程序,同一客户的不同项目、不同环节的服务水平参差不齐;缺乏持续改进机制;服务功能单一等。

这给物流经理出了一个难题,不知道该如何选择?该企业经过认真分析,认为随着企业的不断发展,自身的管理能力和运输能力已经不能满足企业的需求,而物流外包是一个比较好的选择,虽然外包也会出现一些问题,但可以通过一定的方法解决。自营和外包是一个比较大的战略问题,将会引起比较大的变革。

企业通过进一步对照分析,发现物流外包有以下优势:降低物流成本,扩大公司业务能力,集中精力强化主业的经营,缩短出货和交货时间,增加车辆运营效率,解决淡季车辆富裕和旺季车辆不足的问题。

所以，该企业采取了以下措施：将自备车辆外包给第三方物流公司，人员由第三方择优录用；签订周全的外包协议；确定合理的绩效考核体系。

资料来源：中国物流学会网站资料汇编.

第三节　物流服务管理

一、物流服务管理概述

（一）物流服务的定义

物流服务不仅是指物流活动中某个具体的服务结构和服务内容，而是各种具体服务的综合。任何企业都需要客户，任何客户都需要服务，这种不分产品、不分行业的客户服务经营理念就是物流服务。

物流服务是一种过程，是通过节省成本费用为供应链提供重要的增值利益的过程。企业物流服务可以理解为衡量物流系统为企业生产经营商品或服务创造时间和空间效用的尺度。

物流服务管理是一种了解和创造客户需求，以实现客户满意为目的，企业全员、全过程参与的经营行为和管理方式。它包括营销服务、部门服务和产品服务等绝大多数的服务内容。物流服务管理的核心理念就是企业全部的经营活动都从满足客户的需要出发，以提供满足客户需要的产品或服务作为企业的责任和义务，以客户满意作为企业经营的目的。

（二）物流服务的本质

物流服务的本质是满足顾客的需求，包括有顾客需要的商品（保证有货），可以在顾客需要的时间内送达（保证送到），达到顾客要求的质量（保证质量）。

二、物流服务的内容

物流是实现销售过程的最终环节，但由于其采用不同形式，使一部分特殊服务变得格外重要，因此企业在设计物流服务内容时应反映物流服务的内容。概括起来，物流服务内容可以分为以下两个方面。

（一）传统的物流服务内容

1. 运输服务

无论是自营物流还是由第三方提供物流服务，都必须将消费者的订货送到消费者指定的地点。第三方一般自己拥有或掌握一定规模的运输工具，具有竞争优势的第三方物流经营者的物流设施不仅在一个点上，而是一个覆盖全国或一个大的区域的网络。

第三方物流服务提供商首先要为客户设计最合适的物流系统，选择满足客户需要的运输方式；然后具体组织网络内部的运输作业，在规定的时间内将客户的商品运抵目的地。整个运输过程，包括最后的市内配送都应由第三方物流经营者完成，以尽可能地方便客户。

2. 储存服务

物流中心的主要设施之一就是仓库及附属设备。需要注意的是,物流服务提供商的目的不是要在物流中心的仓库中储存商品,而是要通过仓储保证物流服务业务的开展,同时尽可能降低库存占压的资金,减少储存成本。因此,提供社会化物流服务的公共型物流中心需要配备高效率的分拣、传送、储存、拣选设备,目的是尽量减少实物库存水平,且不降低供货服务水平。

小贴士

提升仓储作业流程效率是每一位管理者提高物流服务水平的核心工作之一,面对复杂的库内情况,管理人员需要通过制定不同方面的流程制度来确保作业的规范性,并以此来提升作业效率。因为库内作业的规范性意味着出错率的降低,出错率的降低势必会提升仓储作业效率以及确保存储服务质量。

3. 装卸搬运服务

无论是传统商务活动还是电子商务活动,都必须具备一定的装卸搬运能力。物流服务提供商应该提供更加专业化的装载、卸载、提升、运送、码垛等装卸搬运机械,以提高装卸搬运作业效率,降低订货周期(order cycle time,OCT),减少作业对商品造成的破损。

4. 包装服务

物流的包装作业目的不是要改变商品的销售包装,而在于通过对销售包装进行组合、拼配、加固,形成适于物流和配送的组合包装单元。

5. 流通加工服务

为方便生产或销售,专业化的物流中心常与固定的制造商或分销商进行长期合作,为制造商或分销商完成一定的加工作业,如贴标签、制作并贴条形码等。

6. 物流信息处理服务

由于现代物流系统运作离不开计算机,因此将各个物流环节的各种物流作业信息进行实时采集、分析、传递,并向货主提供各种作业明细信息及咨询信息是非常重要的。

(二)电子商务下的增值性物流服务

以上是普通商务活动中典型的物流服务内容,电子商务物流除了应该具备这些传统的物流服务外,还需要增值性物流服务。

增值性物流服务包括以下四层含义和内容。

1. 增加便利性的服务

例如,推行一条龙的门到门服务、提供完备的操作或作业提示、省力化设计或安装、代办业务、24小时营业、自动订货、传递信息和转账、物流全过程追踪等都是对电子商务销售有用的增值性服务。

2. 加快反应速度的服务

快速反应已经成为物流发展的动力之一。传统观点和做法将加快反应速度变成单纯对快速运输的一种要求,但在需求方对速度的要求越来越高的情况下,它也变成了一种约束。因此，必须想其他办法来提高速度，如推行增值性物流服务方案，优化电子商务系统的配送中心、物流中心网络，重新设计适合电子商务的流通渠道，以此来减少物流环节，简化物流过程，提高物流系统的快速反应性能。

3. 降低成本的服务

电子商务发展前期，物流成本将会高居不下，有些企业可能会因为无法承受这种高成本而退出电子商务领域，或者是选择性地将电子商务的物流服务外包出去。因此，发展电子商务，一开始就应该寻找能够降低物流成本的物流方案。

企业可以考虑的方案包括采取物流共同化计划，同时，如果具有一定的商务规模，可以通过采用比较适用但投资较少的物流技术和设施设备，或推行物流管理技术，如运筹学中的管理技术、单品管理技术、条形码技术和信息技术等，以提高物流的效率和效益，降低物流成本。

4. 延伸服务

物流服务向上可以延伸到市场调查与预测、采购及订单处理，向下可以延伸到配送、物流咨询、物流方案的选择与规划、库存控制决策建议、货款回收与结算、教育与培训、物流系统设计与规划方案的制作等。

这些延伸服务最具有增值性，但也是最难提供的服务，能否提供此类增值服务现在已成为衡量一个物流企业是否真正具有竞争力的标准。

三、影响物流服务水平的因素

从企业整体的角度来看，物流服务可视为市场战略的一个基本组成部分。市场营销通常描述为四个要素的组合，即产品、价格、地点和促销，其中地点要素最直接地代表了物品的分销运送。影响物流服务水平的因素主要有以下八个。

（一）缺货率

缺货率即对企业产品可供性的衡量尺度，生产商的物流服务战略重要的一点是保证最终顾客能方便及时地了解和购买到所需的商品。对零售环节的关注可使生产商调整订货周期、供货满足率、运输方式等，尽量避免零售环节缺货现象的发生。

对每一次缺货情况要根据具体产品和顾客做完备记录，以便发现潜在的问题。当缺货发生时，企业要为顾客提供合适的替代产品，或尽可能地从其他地方调运，或向顾客承诺一旦有货立即安排运送，目的在于尽可能保持顾客的忠诚度，留住顾客。

（二）订货信息

向顾客快速准确地提供所购商品的库存信息、预计的运送日期。对顾客的购买需求，企业有时难以一次完全满足，这种订单需通过延期订货、分批运送来完成。延期订货发生的次数及相应的订货周期是评估物流系统运作优劣的重要指标。延期订货处理不当则容易造成失销，对此企业要给予高度重视。

（三）信息的准确性

顾客不仅希望快速获得广泛的数据信息，同时也要求这些关于订货和库存的信息是准确无误的。企业对不准确的数据应当注明并尽快更正，对经常发生的信息失真要特别关注并努力改进。

(四) 订货周期的稳定性

订货周期是从顾客下订单到收货为止所跨越的时间。订货周期包括下订单、订单汇总与处理、货物拣选、包装与配送。顾客往往更加关心订货周期的稳定性而非绝对的天数。当然,随着对时间竞争的日益关注,企业也越发重视缩短整个订货周期。

(五) 订货的便利性

订货的便利性是指顾客下订单的便利程度。顾客总是喜欢同便利和友好的卖方打交道。如果单据格式不正规、用语含糊不清,或在电话中等待过久,顾客都有可能产生不满,从而影响顾客与企业的关系。对于这方面可能存在的问题,企业可以通过与顾客的直接交谈来获悉,并要予以详细记录和改进。

(六) 特殊货运

有些订单的送货不能通过常规的运送体系来进行,而要借助特殊的货运方式。例如,有的货物需快速运送或需要特殊的运送条件。企业提供特殊货运的成本会高于正常运送方式,但失去顾客的代价可能更加高昂。

(七) 交叉多点运输

企业为避免失销,有时需要从多个生产点或配送中心向顾客运送货物,这也是应对延期订货的策略之一。

(八) 替代产品

顾客所订购的某种产品暂时缺货时,不同规格的同种产品或者其他品牌的类似产品可能也能够满足顾客的需要,这种情况在现实中时有发生。

如果一种产品当前可供率为70%,该企业还生产一种替代产品,其当前可供率也为70%,则该产品的供应率就可提升至91%;类似地,如果存在两种可被顾客广泛接受的替代产品,则其可供率可达97%。

可见,为顾客提供可接受的替代产品可以大幅提升企业的服务水平。企业在制定产品替代策略时要广泛征求顾客的意见,并及时将有关的政策和信息通知顾客。在有必要向顾客提供替代产品时,应征询顾客的意见并获得其认可。

四、物流服务管理的意义

物流服务是企业物流系统的产出,从顾客角度看到的是企业提供的物流服务而不是抽象的物流管理。物流服务是支撑市场组合的地点要素,更重要的是,良好的物流服务有助于发展和保持顾客的忠诚与持久的满意,物流服务的诸要素在顾客心目中的重要程度甚至高过产品价格、质量及其他有关的要素。

对于市场组合四要素而言,产品和价格较容易被竞争对手模仿,促销的努力也可能被竞争者赶上。提供令顾客满意的服务,或处理顾客抱怨的高明手法则是企业区别于竞争对手、吸引顾客的重要途径。在短期内,企业物流服务不容易被对手模仿。

根据专家的估计,企业65%的销售来自老顾客,而发展一个新顾客的费用平均是保留一个老顾客所需费用的六倍；从财务角度分析，用于物流服务的投资回报率要大大高于投资于促销和其他发展新顾客的活动。

物流在降低成本方面起着重要的作用，而降低物流成本必须在一定服务水平的前提下考虑，从这个意义上来说，物流服务水平是降低物流成本的依据。物流服务起着连接厂家、批发商和零售商的纽带作用。

第四节 物流标准化管理

一、物流标准化管理概述

（一）物流标准化的一般含义

物流标准化是指在运输、配送、包装、装卸、保管、流通加工、资源回收及信息管理等环节中，对重复性事物和概念通过制定、发布和实施各类标准，达到协调统一，以获得最佳秩序和社会效益。物流标准化包括以下三个方面的含义。

（1）从物流系统的整体出发，制定其各子系统的设施、设备、专用工具等的技术标准，以及业务工作标准。

（2）研究各子系统技术标准和业务工作标准的配合性，按配合性要求，统一整个物流系统的标准。

（3）研究物流系统与相关其他系统的配合性，谋求物流大系统的标准统一。

以上三个方面分别从不同的物流层次上考虑将物流实现标准化。要实现物流系统与其他相关系统的沟通和交流，在物流系统和其他系统之间建立通用的标准，首先要在物流系统内部建立物流系统自身的标准，而整个物流系统的标准的建立又必然包括物流各个子系统的标准。因此，物流要实现最终的标准化，必然要实现以上三个方面的标准化。

（二）物流标准化的特点

物流标准化工作复杂、难度大且涉及面广。由于物流系统思想形成晚，各子系统已实现了各自的标准化，因此物流标准化系统属于二次系统，即后标准化系统，它要求更高地体现科学性、民主性和经济性。另外，物流标准化具有非常强的国际性，要求与国际物流标准化体系相一致。物流标准化的具体特点如下。

1. 涉及面更为广泛

与一般标准化系统不同，物流系统的标准化涉及面更为广泛，其对象也不和一般标准化系统那样单一，而是包括了机电、建筑、工具、工作方法等许多种类。虽然物流系统处于一个大系统中，但缺乏共性，从而造成标准种类繁多，标准内容复杂，也给标准的统一及配合带来很大困难。

2. 属于二次系统

物流标准化系统属于二次系统，或称为后标准化系统。这是由于物流及物流管理思想诞生较晚，组成物流大系统的各个分系统在过去没有归入物流系统之前，早已分别实现了本系统的标准化，并经多年的应用、发展和巩固，已很难改变。

在推行物流标准化时，必须以此为依据，个别情况也可以把旧标准推翻，按现代物流系统的要求重新建立标准化体系。总的说来，通常是在各个分系统标准化基础上建立物流标准化系统。这就必然会从适应及协调角度建立新的物流标准化系统，而不可能全部创新。

3. 体现科学性、民主性和经济性

科学性、民主性和经济性是标准的三性，也是物流标准化特殊性所要求的。

科学性是指要体现现代科技成果，以科学实验为基础，在物流中则还要求与物流的现代化相适应，要求能将现代科技成果联结成大系统。

民主性要求标准的制定应采用协商一致的办法，广泛考虑各种现实条件，广泛听取意见，使标准更具有权威，减少阻力，易于贯彻执行。

经济性是物流标准化的主要目的之一，也是标准生命力的决定因素。物流过程增值是有限度的，物流中的多支出必然影响效益。不能片面追求科技水平，从而引起物流成本增加，使标准失去生命力。

4. 物流标准化具有非常强的国际性

我国执行的是开放政策，对外贸易和交流有了大幅度上升，而国际贸易都是靠国际物流来完成的。这就要求各国家间的物流相衔接，力求使本国标准与国际物流标准体系相一致，否则会加大国际交往的难度；更重要的是，其会在很高的国际物流费用的基础上又增加标准化不统一造成的损失，增加国际贸易成本。因此，物流标准化的国际性也是区别于其他产品标准的重要特点。

知识拓展

什么是行业标准?

在国家的某个行业通过并公开发布的标准称为行业标准。在我国，行业标准是指当没有国家标准而又需在全国某个行业范围内统一的下列技术要求，可以指定行业标准(含标准样品的制作)。

(1) 技术术语、符号、代号(含代码)、文件格式、制图方法等通用术语语言。

(2) 工、农业产品的品种、规格、性能参数、质量指标、试验方法以及安全、卫生要求。

(3) 工、农业产品的设计、生产、检验、包装、存储、运输、使用、维修方法以及生产、储存、运输过程中的安全、卫生要求。

(4) 通用零部件的技术要求。

(5) 产品结构要素和互换配合要求。

(6) 工程建设的勘察、规划、设计、施工及验收的技术要求和方法。

(7) 信息、能源、资源、交通运输的技术要求及其管理等要求。

行业标准从实施力度的约束性角度分为强制性标准和推荐性标准。为了保障国家安全，保护人民生命和健康，保障动植物的生命和健康，保护环境，防止欺诈行为，满足国家公共管理的需求，而在全行业内按统一的技术要求制定的标准即为强制性标准；其余为推荐性标准。

行业标准制定项目由行业标准归口的国务院有关行政主管部门统一管理，即编制计划、组织制定、审批、编号、发布。

行业标准发布后，行业标准归口的国务院有关行政主管部门按有关规定，应向国务院标准化行政主管部门备案。行业标准不得与国家标准相抵触；行业标准之间应保持协调、统一，不得重复；同一标准化对象、同一主题内容，不得制定不同行业标准。在公布相应国家标准之后，该项行业标准即行废止。

二、物流标准化的意义

物流标准化是物流管理的重要手段，物流标准化对物流成本、效益有重大决定作用。托盘标准化、集装箱标准化、运输工具标准化等手段对生产、流通都起到了很大作用，能加快流通速度，保证物流质量，减少物流环节，降低物流成本，从而较大地提高经济效益，同时物流标准化对国际物流也是非常重要的保证。

在实施物流管理工作中，物流标准化的意义可以理解为物流标准化是有效的物流运行保证。其主要体现在以下四个方面。

1. 物流标准化是物流管理的重要手段

在进行物流管理时，系统的统一性、一致性、系统内部各环节的有机联系是系统能否生存的首要条件。保证统一性、一致性及各环节的有机联系，除了需要有一个适合的体制形式，有效的指挥、决策、协调的机构领导体制外，还需要许多方法手段，其中标准化就是手段之一。

例如，由于我国目前物资编码尚未实现标准化，各个领域又分别制定了自己领域的统一物资编码，因此不同领域之间的情报不能传递，电子计算机无法联网，妨碍了系统物流管理的实施。

2. 物流标准化对物流成本与效益起决定性的作用

标准化可以带来效益，这在技术领域早已被公认，其在物流领域也是如此。标准化的效益通过以下几个方面可以得到体现：实行了标准化后，贯穿于全系统，可以实行一贯到户物流，加快物流速度，降低中转费用和装卸作业费用，减少中间损失等。

3. 物流标准化是加强物流系统建设的依据

由于物流系统涉及面广、建设物流系统难度较大，因此推行标准化不仅会使物流企业少走弯路，而且是加强物流系统建设的依据，可以加快我国物流系统管理的进程。

例如，我国平板玻璃的集装托盘、集装架的发展初期未能及时推行物流标准化，因此各部门、各企业都发展了自己的集装设备，几十种集装方式使平板玻璃物流系统的建立出现了困难，延缓了发展。

4. 物流标准化创造了与物流相关企业及工序的联结条件

物流本身不是孤立的存在，其上接生产系统，下联消费系统。从生产物流上看，物流和相关工序相联结，彼此有许多交叉点。要使本系统与外系统衔接，通过标准化简化和统一衔接点非常重要。

小贴士

信息化、标准化是推动现代物流的两个“轮子”，而信息化和标准化水平的高低是区别现代物流与传统物流的主要标志。我国当下的物流标准已经远远滞后于经济发展，成为现代物流兴起的瓶颈，其问题突出表现在托盘、包装、信息技术等通用技术设备与标准上。例如，在信息技术方面，由于货物条形码标准不统一，有的物流公司要为每一件进出商品贴上统一条形码标签，造成成本核算以及人力、时间、效率等方面的损失。

随着全球经济一体化进程的加快，标准化工作所涉及的领域越来越广泛，发挥的作用也越来越大，国际标准的采用已经十分普遍，标准化已成为企业竞争的重要手段。而目前，我国物流标准化体系的建设相当不完善，尽管已建立了物流标识标准体系，并制定了一些重要的国家标准，如《商品条码》《储运单元条码》《物流单元条码》等，但这些标准的应用推广还存在着问题。

物流标准化对促进我国物流业发展的作用主要表现在以下三个方面。

1. 物流标准化可以统一国内物流概念

我国的物流发展借鉴了很多国外的经验，但是由于各国在物流的认识上有着众多的学派，因此造成了国内人士对物流的理解存在偏差。物流的发展不单单是学术问题，更重要的是要为国民经济服务，创造更多的实际价值。所以，我们要弄清物流的概念，并对物流涉及的相关内容达成统一的认识，为加快我国物流的发展扫清理论上的障碍。

2. 物流标准化可以规范物流企业

目前我国市场上出现了越来越多的物流企业，其中不乏新生企业和从相关行业转行的企业，层出不穷的物流企业也使物流队伍良莠不齐。物流业整体水平不高，不同程度地存在市场定位不准确、服务产品不合格、内部结构不合理、运作经营不规范等问题，影响了物流业的健康发展。建立与物流业相关的国家标准，对已进入物流市场和即将进入物流市场的企业进行规范化、标准化管理，是确保物流业稳步发展的需要。

3. 物流标准化可以使国内物流与国际接轨

全球经济一体化的浪潮，使世界各国的跨国公司开始把发展目光集中到我国。特别是我国加入世界贸易组织（World Trade Organization，WTO）后，物流业将受到来自国外物流公司的冲击。所以，我国的物流业必须全面与国际接轨，接纳最先进的思想，运用最科学的运作和管理方法，改造和武装我们的物流企业，以提高国际竞争力。从我国目前的情况来看，物流的标准化建设是引导我国物流企业与国际物流接轨的最佳途径。

小贴士

在推行物流标准化时，必须将物流对环境的影响放在标准化的重要位置上，除了有反映设备能力、效率、性质的技术标准外，还要对安全标准、噪声标准、排放标准、车速标准等做出具体的规定，否则，再高的标准化水平因不被社会接受，甚至受到居民及社会的抵制也很难发挥作用。

三、物流标准化的方法

从世界范围来看，对于物流体系的标准化，各个国家都还处于初始阶段。在初始阶段，标准化的重点在于通过制定标准规格尺寸来实现全物流系统的贯通，取得提高物流效率的初步成果。这里介绍标准化的一些初步的规格化的方法及做法。

（一）确定物流的基础模数尺寸

物流基础模数尺寸的作用和建筑模数尺寸的作用大体相同，其考虑的基点主要是简单化。基础模数尺寸一旦确定，设备的制造、设施的建设、物流系统中各环节的配合协调、物流系统与其他系统的配合就有所依据。

目前国际标准化组织（International Organization for Standardization，ISO）中央秘书处及欧洲各国已基本认定 600mm×400mm 为基础模数尺寸。由于物流标准化系统较其他标准化系统建立较晚，因此确定基础模数尺寸时主要考虑了目前对物流系统影响最大而又最难改变的事物，即输送设备，由输送设备的尺寸来推算最佳的基础模数。同时，在确定基础模数尺寸时也考虑到了包装模数和已使用的集装设备。

（二）确定物流模数

物流模数即集装基础模数尺寸。物流标准化的基点应建立在集装的基础上，所以在基础模数尺寸之上，还要确定集装的基础模数尺寸（最小的集装尺寸）。

集装的基础模数尺寸可以从 600mm×400mm 按倍数系列推导出来，也可以在满足 600mm×400mm 的基础模数的前提下，从卡车或大型集装箱的分割系列推导出来。日本在确定物流模数尺寸时，就是采用后一种方法，即以卡车（早已大量生产并实现了标准化）的车厢宽度为确定物流模数的起点，推导出集装基础模数尺寸。

（三）确定物流系列尺寸

物流模数作为物流系统各环节的标准化的核心，是形成系列化的基础。依据物流模数进一步确定有关系列的大小及尺寸，再从中选择全部或部分确定为定型的生产制造尺寸，这就完成了某一环节的标准系列。根据物流模数可以推导出大量的系列尺寸。和其他领域不同，我国物流尚处于起步阶段，还没有形成为全国习惯接受的标准化体系。

一、填空题

1. 战略实施的类型有________、________。

2. 物流管理遵循________原则、________原则和________原则。

3. 传统的物流服务内容包括________、________、________、________、________、________。

4. 物流战略的三个基本目标是________、________、________。

二、简答题

1. 现代物流管理的特征是什么?
2. 简述物流管理的作用。
3. 简述物流标准化的特点。
4. 影响物流服务水平的因素有哪些?
5. 简述实施物流标准化的方法。

三、论述题

1. 结合实际论述物流企业的战略管理层次。
2. 试论实行物流标准化具有什么意义?

延伸阅读

亟须建立国家应急物资采购管理体系和配套制度
——中物联应对疫情工作领导小组工作简报
(2020年2月7日)

为贯彻落实2月3日中共中央政治局常务委员会会议提出的“要针对这次疫情应对中暴露出来的短板和不足,健全国家应急管理体系,提高处理急难险重任务能力”有关要求,2月5日,中国物流与采购联合会(以下简称中物联)通过网络会议形式,组织召开应急物资采购专家研讨会,此次研讨会主要围绕当前疫情防控应急物资采购的基本特征、重大疫情应急物资采购存在的主要问题、应急物资采购的对策建议三大主题展开讨论。

一、应建立应对重大疫情和灾害的应急采购制度

中央财经大学政府管理学院徐焕东教授等专家提出,目前我国《中华人民共和国政府采购法》(以下简称《政府采购法》)适用于社会正常有序运行情况下的采购行为,而不包含重大灾害紧急情况下的采购。重大疫情发生时期的政府采购不能完全靠供应商的良知和自觉性,还必须有法律与制度保障。应建立应对重大疫情和灾害的紧急采购制度,通过良好的制度设计,解决好特殊时期采购的援助性、强制性、市场性及补偿性“四性”兼顾问题。

二、尽快建立全国统一的“抗疫物资公共采购应急预案”

厦门国家会计学院副教授袁政慧等认为,针对在抗击新型冠状病毒疫情、保障抗疫物资的采购过程中出现的新问题、新情况,建议尽快建立全国统一的“抗疫物资公共采购应急预案”或统一规定,详细规定采购的流程(建议简化),以快速响应、保障供应为主。公共采购机构应发挥自身的社会价值,会同医疗卫生、财政、审计等协调简化流程,加快采购资金拨付速度,解决流程合法性;会同工商、质监等部门加大对抗疫物资供应商的监督检查力度,建议在采购合同里面增加一条“约定质量保证金及瑕疵品的罚款”,切实保障抗疫物资的质量;会同交通运输部门协调应急物资的运输、仓储、装卸搬运、配送等问题,建议对应急物资开通绿色通道,减免过路过桥费,保障物流速度。

三、国家应尽快建立应急采购电子化平台

广东财经大学公共采购研究中心主任黄冬如、咸亨国际股份公司供应链管理负责人冯正浩等专家提出,当前在新型冠状病毒感染肺炎疫情攻坚战中,口罩、防护服、护目镜等应急物资非常短缺，国家应及时建立重点医疗物资保障调度平台，加紧重要物资供应保障和调控调度工作。在保障调度平台建设和实施过程中，从治理体系和治理能力现代化角度出发，在发挥政府作用的同时，应注重市场化机制和信息化手段的使用，充分利用现代技术手段，抓紧推进应急采购电子化平台建设。

四、当前应急物资采购可参照战时状态予以采购

南京审计学院副校长裴育教授等认为，目前的新型冠状病毒已经作为国家和各地方一级响应机制对待，军队也参与进来，可以说全民已进入战时状态。在此大背景下，应急物资采购的路径选择均可以作为《政府采购法》和《中华人民共和国招投标法》(以下简称《招投标法》)中的例外予以处理。从法律制度完善角度来看，未来需要细化相关条款规定。根据习近平总书记重要讲话精神，把疫情防控工作作为当前头等大事，各级政府也拿出“一级响应”战时状态，做到“应诊尽诊、应住尽住、应收尽收、应到尽到”，坚决遏制疫情蔓延势头，坚决打赢疫情防控阻击战。为此，应急物资采购可以参照战时状态予以采购。

五、将“互联网＋供应链”上升为应急采购的主要方式

辽宁省政府采购协会会长张天弓、广西壮族自治区政务服务监督管理办原副主任梁戈敏等专家认为，面对重大疫情应急采购，建议将“互联网＋供应链”上升为政府采购的主要方式。危机告诉我们供应链建设非常重要，供应链是采购的生命线，是社会供给的生命线，是打赢突发战斗的生命线。在日常采购工作中，我们的供应商虽然多，但是没有形成稳定的供应链。应充分发挥中物联现有的供应链管理资源和公共采购电子平台资源优势，整合国内其他平台，尤其是医疗药品集中采购平台，为当前抗击疫情的应急采购提供支撑，发挥供应商的积极性，建立供应商资源库。

六、运用法治思维和法治方式开展应急采购和疫情防控

北京市盈科律师事务所律师、高级合伙人张思星提出，应急采购的突发性和特殊性很难适用当前狭义语境下的《政府采购法》和《招投标法》。应急采购要做到有法可依，应完善相关法律依据和规章制度。

七、对重要物资可实行政府统一管理、分配

湖北省政协经济委员会副主任、湖北省公共资源交易监督管理局原局长丁贵桥作为来自疫区的代表，他认为，在重大疫情的医疗物资紧急采购中，建议按照应对公共危机相关法律，对重要物资可考虑实行政府统一管理、分配，果断地发挥政府有形之手的作用。对于医疗物资出台最高限价，防止恶意抬高价格，同时保证重要物资的均等化销售，防止地方、企业、单位囤积物资，针对各单位采购量进行限制。发挥公共交易平台的公开化、透明化优势，给供应商制定奖惩措施。

八、集采机构应该在疫情阻击战中发挥物资采购调配的服务功能

中国人民大学公共资源交易研究中心执行主任王丛虎教授指出，各级各地集采机构应该在疫情阻击战中发挥服务功能。各地各级集采机构虽然暂时关闭了交易平台，但应该主动为各地疫情防控指挥部提供有关采购、物流和配置的咨询服务，尤其是要在做好本单位、本部门疫情防御的前提下，积极为本地区乃至更大范围内的专业采购提供意见和建议，如生产厂商、经销商等供应商生产能力、商业信用等情况，物流企业的能力和商业信誉等。

资料来源：中国物流与采购联合会资料汇编.

第三章

物流系统

◆ 知识目标 ◆

（1）理解物流系统的目标与特征，掌握物流系统的基本模式。

（2）了解物流系统分析的原则、内容与步骤，熟悉物流系统的运行机制。

◆ 技能要求 ◆

（1）学会运用物流系统模式分析企业的物流业务模式。

（2）根据企业物流系统的要求，设计企业的物流运行机制。

学习导航

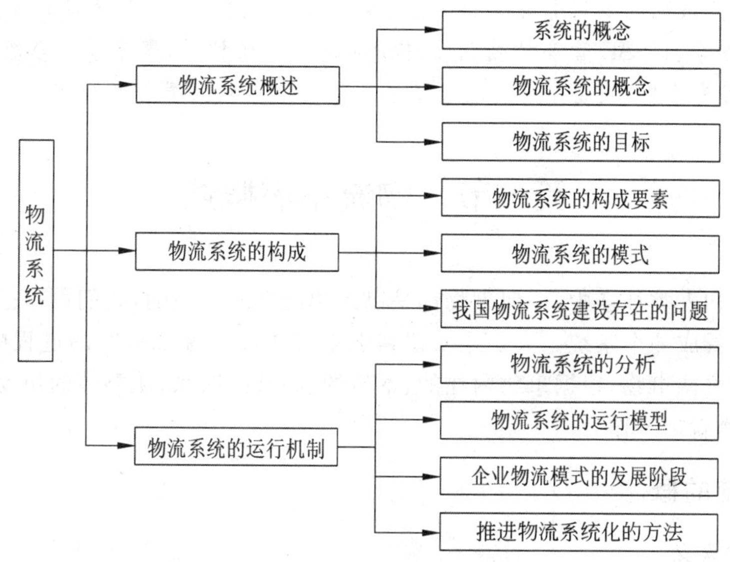

案例引导

神华宁煤集团一体化物流服务系统设计方案

上海金山石化物流有限公司是专业的采购与仓储物流整体服务供应商,是以提供第三方物流服务为主的综合性化工物流企业。公司在考虑了神华宁煤集团"统一管理、集中采购、统一储备、统一结算、分级配送"的长远规划及其他情况后,根据神华宁煤集团基建工程物资、生产物资、产成品仓储及配送管理项目的服务范围和要求,制定了一体化物流服务系统方案。

方案设计充分运用了现代智能化信息手段,以满足本项目物资仓储及配送管理要求为前提,配备了专业的信息技术人员,建立了物流信息一体化管理系统。运用条码和电子标签技术,使仓储、配送服务的全过程因可视化而得到全面控制,达到既节约人工成本又高效率运行的目的。

同时,上海金山石化物流有限公司还派遣富有专业化管理经验、有高度责任心的管理团队,严格履行物资仓储各个管理岗位职责,实施"计划管理、合理配货、经济配送、安全卸货"等专业化的分类管理,按"一类库"标准,做好物资保管保养,优化储存结构,以"低成本、快速度"的管理实效,满足业主生产、检修及应急等方面的物资配送需求;同时,做到对所有交付的资料编制目录清册,确保所有材料和文件资料的可追溯性并满足业主的实时查询。

方案设计严格依据并遵守国家、地方的法律法规、行业技术规范、质量和 HSSE (Health System Security Environment)要求以及神华宁煤集团的各项管理规定,策划了集质量、HSSE、环保、职业健康安全于一体的运行管理保障体系。方案的执行始终处在体系一体化管理严密的监控中,确保仓储管理服务的质量、安全和环保。

资料来源:中国物流学会资料汇编.

引例分析

该方案对神华宁煤集团基建工程物资仓储、生产原料的仓储及产成品的包装、仓储及配送的整体服务系统规划进行了阐述,包括仓储管理执行方案、人员及设备资源配置计划、物资配送方案、HSSE管理计划及应急预案的方案设计等,整个物流系统方案科学合理、专业并具可操作性,使整个一体化物流系统服务过程达到有序和高效。

第一节　物流系统概述

在自然界和人类社会中,任何事物都是以系统的形式存在的,我们可以把每个要研究的问题或对象看成一个系统。人们在认识客观事物或改造客观事物的过程中,用综合分析的思维方式看待事物,根据事物内在的、本质的、必然的联系,从整体的角度进行分析和研究,这类事物就被看作为一个系统。

一、系统的概念

1. 系统的含义

系统是指由两个以上相互区别和相互作用的单元有机结合起来,完成某一功能的综合体。

系统是相对外部环境而言的,外部环境向系统提供劳力、手段、资源、能量、信息,称为"输入";系统又以自身所具有的特定功能将"输入"进行必要的转换处理,使之成为有用的产成品,供外部环境使用,称为"输出"。

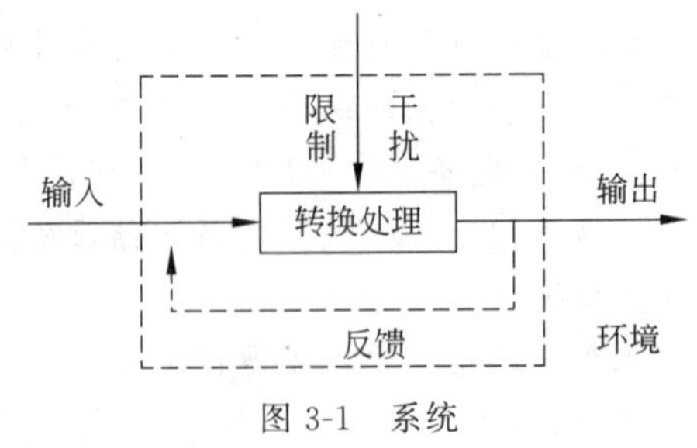

图3-1　系统

2. 系统的要素

输入、处理、输出是系统的三要素。例如,一个工厂输入原材料,经过加工处理,得到一定产品作为输出,这就成为生产系统,如图3-1所示。

二、物流系统的概念

(一) 物流系统的含义

物流系统是指由两个以上互相区别又互相联系的单元结合起来,以完成物品的实体流动为目的的有机结合体。

(1) 物流系统就是在一定时间、空间里,由所需要运转的物流产品、包装设备、装卸搬运机械、运输工具、仓储设施、运输道路、流通加工和废弃物回收处理设施等物质、能量、人员和通信网络(情报信息)等所构成的有机整体。

(2) 这个有机的统一体由包装、装卸、运输、保管、流通加工、配送、物流信息等子系统中的一个或几个有机地结合而成,每个子系统又可以往下分成更小的子系统,物流系统本身又处在更大的系统中。

(3) 构成物流系统的各要素处在动态之中，它们相互作用、相互依存与相互制约，从而构成一个有机统一体。物流系统的构成要素分为两大类，分别是节点要素和线路要素。也就是说，仓库、物流中心、车站、码头、空港等物流据点以及连接这些据点的运输线路构成了物流系统的基本要素，这些要素为实现物流系统的目的有机结合在一起，相互连动，无论哪个环节的哪个要素的行动发生了偏差，物流系统的运行就会发生紊乱，也就无法达成物流系统的目的。

（二）物流系统的特征

物流系统是一个复杂而庞大的系统，它具有一般系统共有的性质，即整体性、层次性、相关性、目的性和环境适应性；同时物流系统作为现代科技和现代观念的产物，还具有以下特征。

1. 物流系统是一个"人机系统"

物流系统由人和形成劳动手段的设备、工具所组成，它表现为物流劳动者运用运输设备、装卸搬运机械、仓库、港口、车站等设施，作用于物资的一系列生产活动。

在这一系列的物流活动中，人是系统的主体。因此，在研究物流系统的各个方面的问题时，要把人和物有机地结合起来，加以考察和分析。

2. 物流系统是一个大跨度系统

物流系统表现为地域跨度大和时间跨度大。随着国际化的不断发展，不同国家的企业交流越来越频繁，提供大时空跨度的物流活动将成为物流企业的主要任务。随着信息技术的发展，电子商务、网络的广泛运用，将逐步缩小物流系统的时空跨度。

3. 物流系统是一个可分系统

无论规模多大的物流系统，都可以分解成若干个相互联系的子系统。这些子系统的多少和层次的阶数是随着人们对物流系统的认识和研究的深入而不断深入、不断扩充的。系统与子系统之间、子系统与子系统之间存在时间和空间上及资源利用方面的联系，也存在总目标、总费用及总运行结果等方面的相互联系。

根据运行环节，物流系统可以划分为物资的包装系统、物资的装卸系统、物资的运输系统、物资的储存系统、物资的流通加工系统、物资的回收再利用系统、物资的情报系统、物流的管理系统等子系统。

上述这些子系统构成了物流系统。物流各子系统又可进一步分成下一层次的系统，如运输系统可进一步分为水运系统、空运系统、铁路运输系统、公路运输系统及管道运输系统。物流子系统是由物流管理目标和管理分工自成体系组成的。

4. 物流系统是一个动态系统

物流活动是受到社会生产和社会需求的广泛制约的，联结着多个生产企业和顾客，需求、供应、价格、渠道的变动都随时随地影响着物流，所以物流系统是一个稳定性较差而动态性较强的系统。为使物流系统良好地运行，以适应不断变化的社会环境，必须对系统进行不断的完善和调整，有时甚至需要重新设计整个系统。

5. 物流系统是一个复杂系统

物流系统的运行对象——"物"，可以是全部社会物资资源，资源的多样化带来了物流系统的复杂化。物资资源品种成千上万，从事物流活动的人员队伍庞大，物流系统内的物资占用大量的流动资金,物流网点遍及城乡各地。这些人力、物力、财力资源的组织协调和合理利用是一个非常复杂的问题。

在物流活动的全过程中随着大量的物流信息,物流系统要通过这些信息把各个子系统有机地联系起来。收集、处理物流信息,并使之指导物流活动,也是一项复杂的工作。

6. 物流系统是一个多目标系统

物流系统的总目标是实现其经济效益,但物流系统要素间存在非常强烈的“背反”现象,常称为“二律悖反”或“效益悖反”现象,因此要同时实现物流时间最短、服务质量最佳、物流成本最低这几个目标几乎是不可能的。

例如,在储存子系统中,为保证供应、方便生产,人们会提出储存物资的大数量、多品种问题;而为了加速资金周转、减少资金占用,人们又会提出降低库存。所有这些相互矛盾的问题在物流系统中广泛存在。而物流系统又恰恰要在这些矛盾中运行,并尽可能满足人们的要求。显然,应建立物流多目标函数,并在多目标中求得物流的最佳效果。

区域共配物流根据业务形态需求一般分为同业物流与异业物流的配送,同时共配业务有仓配、落地配、协同配三种。一般做配送的物流企业大多从事其中的一种业务,其中很多特殊行业的物流配送又往往还带有售后服务需求,因此没有先进的软件系统平台很难融合多种业务形式的配送。

三、物流系统的目标

物流系统是社会经济系统的一部分,其目标是获得宏观和微观经济效益。

物流系统的宏观经济效益是指一个物流系统作为一个子系统,对整个社会流通及国民经济效益的影响。物流系统是社会经济系统中的一部分,如果一个物流系统的建立破坏了母系统的功能及效益,那么这一物流系统尽管功能理想,但也是不成功的。物流系统不但对宏观的经济效益产生作用,而且会对社会其他方面产生影响,如物流设施的建设还会对周边的环境带来影响。

物流系统的微观经济效益是指该系统本身在运行活动中所获得的企业效益。其直接表现形式是这一物流系统通过组织“物”的流动,实现本身所耗与所得之比。系统基本稳定运行后,主要表现在企业通过物流活动所获得的利润,或物流系统为其他系统所提供的服务上。

建立和运行物流系统时,要以两个效益为目的。具体来说,物流系统要实现以下目标。

(一) 6S目标

6S 目标是指服务目标(service),快速、及时、准时目标(speed),安全目标(safety),低

成本目标(saving),规模优化目标(scale optimization),库存控制目标(stock control)。

1. 服务目标

物流系统的本质是以用户为中心,树立用户第一的观念。其利润的本质是“让渡”性的,不一定是以“利润为中心”的系统。物流系统采取送货、配送业务,就是其服务性的表现。在技术方面,近年来出现的准时供应方式(just in time,JIT)、柔性供货方式等也是其服务性的表现。

2. 快速、及时、准时目标

物流的及时性是服务性的延伸,既是用户的要求,也是社会发展进步的要求。随着社会大生产的发展,用户对物流快速、及时、准时的要求更加强烈。在物流领域采用直达运输、联合一贯运输、时间表系统等管理和技术,就是这一目标的体现。

3. 安全目标

尽量保证货物运输途中的安全,装卸、搬运过程中的安全和保管阶段的安全,尽可能地减少客户的订货断档。

4. 低成本目标

在物流领域中除流通时间的节约外,由于流通过程消耗大而又基本上不增加或不提高商品的使用价值,因此依靠节约来降低投入是提高相对产出的重要手段。在物流领域里推行集约化经营方式,提高物流的能力,采取各种节约、省力、降耗措施,实现降低物流成本的目标。

知识拓展

公共共配系统平台通过分布式部署可任意搭建多级网络,各共配中心通过先进的握手通信协议进行数据传输,各级平台组织既独立又协同,可轻可重、可繁可简,满足多种物流形态、多级网络架构等复杂的物流业务需求,同时通过这种公共共配系统平台可以实现低成本目标。

系统实现了货主订单自主推送与平台撮合,支持计算机端、微信、手机 APP、网站 Web 端自主开单以及对接 ERP 销售订单自动转物流运输订单、配送车辆运输与装载状态实时监控、行车轨迹回放,司机上下班状态一目了然,为智能配载配送的实现提供了框架基础,货物签收、货款回收、货款代收代付管理简单便捷,移动扫码支付,对接主流支付平台实时在线支付,提高了对资金的管控能力,充分满足各类大、中、小型仓储、运输企业、商贸批发市场的城市配送业务信息化服务,提升企业管理水平,提高运营效率,降低企业运营成本。

5. 规模优化目标

由于物流系统比生产系统的稳定性差,因此其难于形成标准的规模化模式,使规模效益不明显。以物流规模作为物流系统的目标,依此来追求“规模效益”。在物流领域以分散或集中的方式建立物流系统,研究物流集约化的程度,就体现了规模优化这一目标。

6. 库存控制目标

库存控制是及时性的延伸,也是物流系统本身的要求,涉及物流系统的效益。物流系统是通过本身的库存,起到对千百家生产企业和消费者的需求保证作用,从而创造一个良好的社会外部环境。同时,物流系统又是国家进行资源配置的一环,系统的建立必须考虑国家进行资源配置、宏观调控的需要。在物流领域中正确确定库存方式、库存数量、库存结构、库存分布就是这一目标的体现。

要提高物流系统化的效果,就要把从生产到消费过程的货物量作为一贯流动的物流量看待,依靠缩短物流路线,缩短物流时间,使物流作业合理化、现代化,从而实现物流系统的目标。

(二) 7R 目标

美国密西根大学的斯麦基教授对物流系统化倡导目标,由 7R 组成。

7R 的含义

7R 具体是指优良的质量(right quality)、合适的进量(right quantity)、适当的时间(right time)、恰当的场所(right place)、良好的印象(right impression)、适宜的价格(right price)、适宜的商品(right commodity)。

在总体上,坚持物流合理化的原则,就是在兼顾成本与服务的前提下,对物流系统的构成要素进行调整改进,实现物流系统整体优化。在宏观上,除了完善支撑要素建设外,还需要政府以及有关专业组织的规划和指导;在微观上,除了实现供应链的整体最优管理目标外,还要实现服务的专业化和增值化。现代物流管理的永恒主题是成本和服务,即在努力削减物流成本的基础上,努力提升物流增值性服务。

第二节 物流系统的构成

一、物流系统的构成要素

(一) 物流系统的七个基本要素

从"物的流动"的角度将物流系统的组成抽象出来,可知进行任何一个物流过程都必须具备七个基本的组成要素,即流体、载体、流向、流量、流程、流速、流效,如表 3-1 所示。

表 3-1 物流系统的七个基本组成要素的特点

要素	特 点
流体	流体指物流中的"物",即物质实体。流体处于不断的流动状态中,具有自然属性和社会属性。流体的自然属性是指其物理、化学、生物属性;而其社会属性是指流体所体现的价值体系,以及生产者、采购供应者、物流作业者与销售者之间的各种关系,有些关系国计民生的重要商品作为物流的流体还肩负着国家宏观调控的重要使命

续表

要素	特 点
载体	载体是指流体借以流动的设施和设备，主要如下。 (1) 基础设施：如铁路、公路、水路、港口、车站、机场等，多是固定的。 (2) 设备：以第一类载体为基础，直接承载并运送流体的设备，如车辆、船舶、飞机、装卸搬运设备等，它们大多是可以移动的。 物流载体的状况，尤其是第一类载体的状况直接决定物流质量、效率和效益
流向	流向是指流体从起点至终点的流动方向。物流的流向有四种。 (1) 自然流向：根据产销关系所决定的商品的流向，它表明一种客观需要，即商品要从产地流向销地。 (2) 计划流向：根据流体经营者的商品经营计划而形成的商品流向，即商品从供应地流向需要地。 (3) 市场流向：根据市场供求规律由市场确定的商品流向。 (4) 实际流向：在物流过程中实际发生的流向。 对某种商品而言，可能会同时存在以上几种流向。在确定物流流向时，最理想的状况是商品的自然流向与实际流向一致。但由于计划流向与市场流向都有其存在的前提及载体，因此导致商品的实际流向经常偏离自然流向
流量	流量是通过载体的流体在一定流向上的数量表现。流量与流向是不可分割的，每一种流向都有一种流量与之对应。流量的分类方法主要如下。 (1) 参照流向的分类，流量可分为自然流量、计划流量、市场流量与实际流量四类。 (2) 根据流量的特点，流量可分为实际流量和理论流量。实际流量和理论流量又可分别细分为按照流体统计的流量、按照载体统计的流量、按照流向统计的流量、按照发运人统计的流量、按照承运人统计的流量
流程	流程是指借助于载体的流体在一定流向上行驶路径的数量表现。流程与流向、流量一起构成物流向量的三个数量特征，流程与流量的乘积是物流的重要量纲。流程的分类方法主要如下。 (1) 参照流向的分类，流程可分为自然流程、计划流程、市场流程与实际流程四类。 (2) 根据流程的特点，流程可分为实际流程和理论流程。实际流程可细分为按照流体统计的流程、按照载体统计的流程、按照流向统计的流程、按照发运人统计的流程、按照承运人统计的流程。理论流程往往是可行路径中的最短路径
流速	流速指流体的平均运动速度，即流程与流体到达目的地所花时间的比值。流速可以衡量物流系统的效率
流效	流效指整个物流系统的效益，可以衡量物流系统的服务水平，如安全、准时等

物流的七要素之间有极强的内在联系，流体的自然属性决定了载体的类型和规模。流体的社会属性决定了流向和流量，载体对流向和流量有制约作用，载体的状况对流体的自然属性和社会属性均会产生影响。因此，进行物流活动要处理好七要素之间的关系，否则会使物流成本提高，服务水平降低，效益降低，效率下降。

（二）物流系统的具体构成要素

与一般的管理系统一样，物流系统是由人、财、物、设备、信息和任务目标等要素组成的有机整体。从物流的具体运作角度可将物流系统的要素划分为功能要素、支撑要素、物质基础要素等。

1. 物流系统的功能要素

物流系统的功能要素是指物流系统所具有的基本能力，这些基本能力有效地组合、联结在一起,以完成物流系统的目标。一般认为物流系统的功能要素有运输、储存保管、包装、装卸搬运、流通加工、配送、物流信息等。

上述功能要素中,运输及储存保管分别解决了供给者及需要者之间场所和时间的分离,分别是物流创造"场所效用"及"时间效用"的主要功能,因而在物流系统中处于主要功能要素的地位。

2. 物流系统的支撑要素

物流系统处于复杂的社会经济系统中,物流系统的建立需要有许多支撑手段,要确定物流系统的地位,要协调与其他系统的关系,这些要素必不可少。物流系统的支撑要素主要包括以下四个方面。

(1) 体制、制度。物流系统的体制、制度决定物流系统的结构、组织、领导、管理方式,国家对其控制、指挥,管理方式以及系统的地位、范畴是物流系统的重要保障。有了该支撑条件,才能确立物流系统在国民经济中的地位。

(2) 法律、规章。物流系统的运行不可避免会涉及企业或人的权益问题。法律、规章一方面限制和规范物流系统的活动,使之与更大系统协调;另一方面给予保障,合同的执行、权益的划分、责任的确定都需要靠法律、规章维系。

(3) 行政、命令。物流系统一般关系到国家军事、经济命脉,所以行政、命令等手段也经常是支持物流系统正常运转的重要因素。

(4) 标准化系统。实施标准化可保证物流环节协调运行,是物流系统与其他系统在技术上实现无缝联结的重要支撑条件。

3. 物流系统的物质基础要素

物流系统的建立和运行需要有大量技术装备手段,这些手段的有机联系对物流系统的运行有决定意义。

(1) 物流设施包括物流站、货场、物流中心、仓库、公路、铁路、港口等。

(2) 物流装备包括仓库货架、进出库设备、流通加工设备、运输设备、装卸机械等。

(3) 物流工具包括包装工具、维护保养工具、办公设备等。

(4) 根据所需信息水平不同,信息技术网络设备包括通信设备及线路、传真设备、计算机及网络设备等。

(5) 组织及管理是物流网络的"软件",起着联结调运、协调、指挥各要素的作用,以保障物流系统目的的实现。

(三) 物流系统的要素协调及要素冲突

物流系统是由两个或两个以上的物流功能单元构成的,以完成物流服务为目的的有机集合体。该集合体由多个要素组成,但这些要素之间的关系是错综复杂的,有时它们协调存在,有时却会出现要素冲突。

1. 物流系统的要素协调性

在物流系统各要素之间存在着相互依赖、相互作用和互为条件的关系,并具有使物流总体合理化的功能。

例如,在物流系统中,主要环节是物品的存储保管和运输,其他各构成要素都是围绕这两项活动进行的。首先,根据订货信息对物品进行订货采购活动,然后经过验收进行存储保管，等待运输或组织配送，再送往消费者，最终达到服务的目的。

为了保证运输、存储保管的质量，物品需要进行包装，或进行集中单元处理，以方便装卸搬运、输送和存储保管。整个物流系统的正常运转，还依赖于物流信息的指挥、调节作用。

2. 物流系统各要素的冲突性

物流系统各要素的冲突性最主要的表现即是物流系统要素具有“效益背反”的特点。从现代物流的角度出发，效益背反可以理解为改变物流系统中任一要素都会影响到系统中其他要素，系统中任一要素的增益都将对系统其他要素产生减损作用。

在一个物流系统中存在广泛的效益背反关系，如表3-2所示。典型的效益背反关系可以归纳为物流服务水平和物流成本之间存在效益背反关系，构成物流系统的各子系统之间存在效益背反关系，各子系统的活动费用之间存在效益背反关系，个别职能和个别费用之间存在效益背反关系等。

表 3-2　物流系统中的效益背反关系

要素	主要目标	采取的方法	可能导致的后果	可能给其他要素造成的影响
运输	成本等于最小运费	(1) 批量运输。 (2) 集装整车运输。 (3) 铁路子线运输	(1) 交货期集中。 (2) 交货批量大。 (3) 待运期长。 (4) 运输费用降低	(1) 在途库存增加。 (2) 平均库存增加。 (3) 末端加工费用高。 (4) 包装费用高
储存	成本等于最小储存费	(1) 缩短进货周期。 (2) 降低每次进货量。 (3) 增加进货次数。 (4) 在接近消费者的地方建仓库。 (5) 增加信息沟通	(1) 紧急进货增加。 (2) 送货更加零星。 (3) 储存地点分散。 (4) 库存量降低甚至达到零库存。 (5) 库存费用降低	(1) 无计划配送增加。 (2) 配送规模更小。 (3) 配送地点更分散。 (4) 配送、装卸搬运、流通加工、物流信息成本增加
包装	破损最少、包装成本最小	(1) 包装材料强度高。 (2) 扩大内装容量。 (3) 按照特定商品需要确定包装材料和方式。 (4) 物流包装容器功能更多	(1) 包装容器占用过多空间和容量。 (2) 包装材料费增加。 (3) 包装容器的回收费用增加。 (4) 包装容器不通用。 (5) 商品破损降低但包装费增加	(1) 包装容器耗用的运费增加。 (2) 仓储费用升高。 (3) 运输车辆和仓库利用率下降。 (4) 装卸搬运费用增加
装卸搬运	降低装卸搬运费，加快装卸速度	(1) 使用人力节约装卸搬运成本。 (2) 专职装卸人员提高装卸搬运速度。 (3)“抢装抢卸”	(1) 装卸搬运效率低。 (2) 商品破损率高。 (3) 不按要求堆放。 (4) 节省装卸搬运费	(1) 待运期延长。 (2) 运输工具和仓库利用率降低。 (3) 商品在途和在库耗损增加。 (4) 包装费用增加。 (5) 流通加工成本增加
流通加工	满足销售要求，降低流通加工费	(1) 流通加工作业越来越多。 (2) 为节约加工成本，采用简陋设备	(1) 在途储存和在库储存。 (2) 增加装卸环节。 (3) 商品重复包装	(1) 商品库存费增加。 (2) 装卸搬运费增加。 (3) 商品包装费增加

续表

要素	主要目标	采取的方法	可能导致的后果	可能给其他要素造成的影响
物流信息	简化业务，提高透明度	(1) 建计算机网络。 (2) 增加信息处理设备，如手持终端采用条形码。 (3) 增加信息采集	(1) 增加信息处理费。 (2) 方便业务运作。 (3) 提高客户服务。 (4) 信息安全性和可靠性影响系统运作要求	无不良影响

例如，“零库存”的实施可使得库存子系统成本降低，但会增加运输次数，提高运输成本。在物流系统设计时，必须综合考虑各子系统的综合影响，以在物流总体下取得系统内部的均衡。

二、物流系统的模式

物流系统的输入、输出、处理(转换)、限制(制约)、反馈等功能，根据物流系统的性质其具体内容有所不同，物流系统模式如图3-2所示。

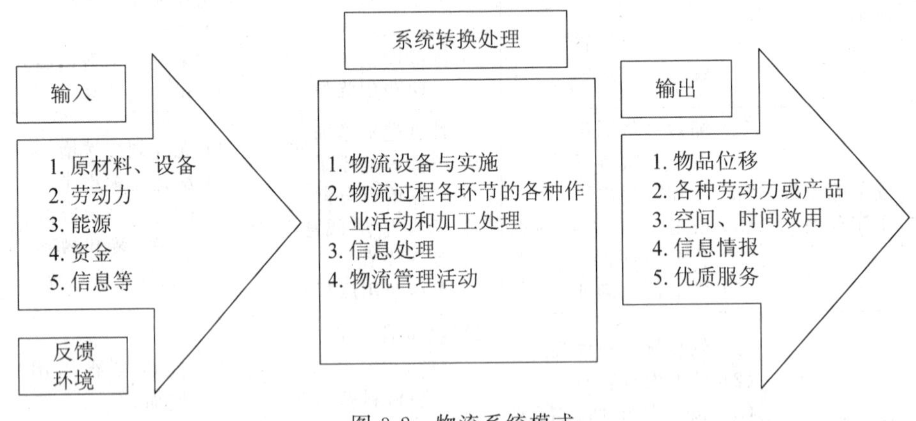

图3-2 物流系统模式

在流通领域里，物流过程可以看成一个由生产经流通到消费的各物流要素相互作用和相互依存的过程体系。在生产领域里，物流过程是一个不断投入原材料、机器设备、劳动力，经过加工处理，满足社会需要的投入与产出系统。

就物流过程的每一环节来说，其同样也是一个投入与产出的系统。每个环节都要从外界环境吸收一定的能量、资源(人、财、物)，并以输入形式投入，经过转换处理，直接或间接地产出一定的产品或劳务，再以输出的形式向外界提供，来满足社会的某种需要。

因此，物流系统仍是一个从环境中不断输入要素，经过转换处理，不断输出产品或劳务的循环过程，这就是物流系统的基本模式。

物流系统的环境是物流系统模式中不可缺少的组成部分。物流系统的环境是指物流系统所处的更大的系统，它是物流系统处理的外部条件，是物流系统必须接受的条件。物流系统与其环境之间的相互作用具体表现为物流系统输入、输出、处理(转换)、限制干扰、反馈等功能。

（一）输入

物流系统的输入是指物流系统物品和信息的输入，其内容包括有形内容和无形内容，它是物流系统处理的对象。物流系统输入的内容有各种原料或产品、商品、生产或销售计划、需求或订货计划、资源、资金、劳力、合同、信息等。即通过提供资源、职能、机具、劳动力、劳动手段等对某一系统发生的作用，称这一作用的外部环境对物流系统的"输入"。

（二）输出

物流系统的输出是物流系统物品和信息的输出，是通过物流系统处理，在输入的物品或信息上赋予了空间效用、时间效用、形质效用的物品或信息，也是加进了物流服务的物品和信息，是物流系统处理的结果。物流系统的输出内容有各种物品的场所转移、各种信息报表的传递、各种合同的履行、各种物流服务。

物流系统以其自身所具有的各种手段和功能，在外部环境一定的制约作用下，对环境的输入进行必要的处理（转换），使其成为有用、有价值产品或位置的转移及提供其他的服务等，称为物流系统的"输出"。

（三）处理（转换）

物流系统处理是物流系统自身的处理过程，即把输入的物品或信息转换成输出的物品或信息的过程。物流系统的处理包括各种生产设备、设施（车间、机器、车辆库房、货物等）的建设、各物流企业的物流业务活动（运输、储存、包装、装卸搬运等）、各种物流信息的数据处理、各项物流管理工作。

物流系统自身的转化过程，即从"输入"到"输出"之间所进行的生产、供应、销售、回收、服务等物流业务活动。

（四）限制干扰

物流系统的限制或干扰是环境对物流系统的间接输入，包括物品、劳力、信息、能源和政治、经济、文化、地理、气候等各种软、硬条件。它们是物流系统处理的条件，也是物流系统必须接受的外部条件。对物流系统的限制、干扰有资源条件、能源限制、资金力量、生产能力、价格影响、需求变化、市场调节、运输能力、政策性波动等。

（五）反馈

物流系统的反馈主要是信息的反馈，在输入、输出过程中有，在限制或干扰过程中也有。物流系统的反馈内容有各种物流活动分析，各种统计报表、数据，典型调查，工作总结，市场行情信息，国际物流动态等。

因为物流系统在把"输入"转换为"输出"的过程中受系统内外环境的限制、干扰，不会完全按原来的计划实现，往往未能使系统的输出达到预期目标（也有按计划完成生产或销售物流业务的），因此需要把"输出"结果返回给"输入"，这称为"信息反馈"。

三、我国物流系统建设存在的问题

这些年来，我国物流业得到了很大发展。但是，总体来看，由于诸多不利因素的存在，我国物流产业的总体规模还比较小,发展水平也比较低。物流产业要取得更大发展,必须消除这些不利因素的影响。

小贴士

影响我国物流产业发展的因素有传统经营方式的限制、服务质量和管理水平存在缺陷、基础设施和技术装备落后、管理体制和机制制约、物流专业人才短缺。

(一) 传统经营方式的限制

我国相当多企业仍然保留着传统的经营组织方式,物流活动主要依靠企业内部组织的自我服务完成。这种以自我服务为主的物流活动模式在很大程度上限制和延迟了高效率专业化物流服务需求的产生和发展。

在企业优化内部物流管理、提高物流效率的过程中,也存在着企业内部物流活动逐步社会化的发展趋势及其对社会化物流的潜在需求。但由于市场发育和现代企业制度改革的不完善,企业无法将其内部低效率的物流设施和组织实施有效地剥离,这就使得企业不得不继续沿用以往的物流方式。

(二) 服务质量和管理水平存在缺陷

尽管我国已出现了一些专业化物流企业,但物流服务水平和效率还比较低。目前多数从事物流服务的企业只能简单地提供运输和仓储服务,而在流通加工、物流信息服务、库存管理、物流成本控制等增值服务方面,尤其在物流方案设计及全程物流服务等更高层次的服务方面还没有全面展开。

另外,物流企业经营管理水平较低,多数从事物流服务的企业缺乏必要的服务规范和内部管理规程,经营管理粗放,很难提供规范化的物流服务。

(三) 基础设施和技术装备落后

我国物流基础设施和装备条件与经济发展现状及物流产业的发展要求相比仍然有较大的差距,我国交通运输基础设施总体规模仍然很小,物流集散和储运设施较少,发展水平较低;各种物流设施及装备的技术水平和设施结构不尽合理,设施和装备的标准化程度较低,不能充分发挥现有物流设施的效率。

(四) 管理体制和机制制约

在物流业,我国实行的是按照不同运输方式划分的分部门管理体制,从中央到地方也有相应的管理部门和层次。这种条块分割式的管理体制使得全社会的物流过程分割开来,在相当程度上影响和制约了物流产业的发展。

不同程度的政企不分现象也影响着政府公正地行使政府职能和企业市场竞争能力的提高。在多头管理、分段管理的体制下,政策法规相互之间有矛盾且难以协调一致,也直接影响了各种物流服务的发展。

(五) 物流专业人才短缺

我国在物流研究和教育方面还非常落后,物流知识远未得到普及。物流企业对人才也未予以足够重视,从事物流的人员缺乏相应的专业知识、业务技能,从而不擅管理。物流教育水平不高主要表现在缺乏规范的物流人才培育途径，与物流相关的大学本科教育尚未得到国家教育主管部门的认可，企业短期培训仍然是目前物流培训的主要方式。

发展我国物流业需从制定有利于物流企业发展的相关政策、培养物流专业人才、抓好物流标准化体系建设、运用现代科技不断创新物流服务及大力发展战略联盟等多方面着手，以从总体上提高我国的物流发展水平。

第三节 物流系统的运行机制

一、物流系统的分析

物流系统是多种不同功能要素的集合。各要素相互联系、相互作用，形成众多的功能模块和各级子系统，使整个系统呈现出多层次结构，体现出固有的系统特征。对物流系统进行系统分析，可以了解物流系统各部分的内在联系，把握物流系统行为的内在规律性。所以，无论从系统的外部或内部，设计新系统或改造旧系统，系统分析都是非常重要的。

（一）物流系统分析的原则

由于系统输入、输出和转换过程中各种要素之间的相互作用及要素的动态性质，以及系统内部同其所处环境之间存在矛盾，范围广泛，错综复杂，因此在进行物流系统分析时必须遵循以下原则。

1. 外部条件与内部条件相结合原则

一个系统不仅受到内部因素的影响，同时也受到外部条件的制约。系统环境的变化对一个系统有直接或间接的影响。例如，一个企业物流系统不仅受到生产类型、物流形式、厂内运输与搬运等内部因素的作用，而且与周围环境紧密相连，既有输入又有输出。

企业物流经生产系统的转换处理，一方面向外界输送产品，同时另一方面又从外界吸收原材料以保障企业生产过程连续不断地进行。进行系统分析时必须结合系统内部和外部的各种有关因素。

2. 当前利益和长远利益相结合原则

选择一个良好的方案，不仅要从目前利益出发，而且要考虑到将来的利益。如果采用的方案对目前和将来都有利，这当然是最理想的；对那种一时有利、长远不利的方案最好不要选用。

3. 子系统与整个系统相结合原则

一个系统是由许多子系统组成的，如果每个子系统的效益是最好的，但全局利益并不好，这种方案是不可取的；反之，若子系统的效益并不都很理想，但整个系统的效益比较好，则这种方案可取。总之，系统分析最后要落实到系统整体的效益上。

4. 定量分析与定性分析相结合原则

定量分析是指用数量指标分析，可用数量来表示。定性分析是指那些不能用数量表示的指标，如政策因素、环境污染对人体健康的影响等，对这些因素只能根据经验、统计分析和主观判断来分析。方案的优劣以定量分析为基础,但又不能忽视定性分析,最优的方案应是定量分析与定性分析相结合。

(二)物流系统分析的内容

物流系统分析的基本内容主要有五个:目标、可行方案、模型、费用和效益、评价标准。

1. 目标

目标是决策的出发点,只有目标明确,才能获得最优的信息,才能建立和提供最优的分析依据。为了正确获得决定最优化物流系统方案所需的各种有关信息,物流系统分析人员的首要任务是充分了解建立物流系统的目的和要求,同时还应确定物流系统的构成和范围。

2. 可行方案

一般情况下,为实现某一目的,总会有几种可采取的方案或手段。这些方案彼此之间可以替换,所以称为可行方案或替代方案。例如,要开发煤田,有露天开采和地下开采两种不同的开采方式,地下开采又存在竖井开拓、斜井开拓两种不同方式。

一个仓储的搬运系统可采用辊道、输送机、叉车或机器人,使用时要根据具体情况选择不同的搬运系统。如果替代方案足够,就能有较大的选择余地,使系统最优。

3. 模型

模型是对实体物流系统抽象的描述,它可以将复杂的问题化为易于处理的形式,包括数字模型、逻辑模型等。在尚未建立实体物流系统的情况下,可以借助一定的模型来有效地取得物流系统设计所需要的参数,并可以利用模型来预测各替代方案的性能、费用和效益,有利于各种替代方案的分析和比较。在建立系统以后,模型可以帮助分析系统的优化程度、存在的问题并改进措施。

4. 费用和效益

费用和效益分析是分析和比较抉择方案的重要内容。用于方案实施的实际支出就是费用,达到目标所取得的成果就是效益。原则上效益大于费用。

如果费用大于效益,则要检查系统是否合理,这种现象是暂时性的还是长期的,是表面的还是本质上的。

5. 评价标准

评价标准是物流系统分析中确定各种替代方案优先顺序的标准。通过评价标准对各方案进行综合评价,确定各方案的优先顺序。评价准则要根据系统的具体情况而定,但必须具有明确性、可计量性、适度的灵敏度。

(三)物流系统分析的步骤

系统分析是通过对现有系统的调查和分析,以确定新系统目标的极为重要的阶段,是系统工程的技术前导。系统分析首先要对现有系统进行详细调查,包括调查现有系统的工作方法、业务流程、信息数量和频率、各业务部门之间的相互联系,在对现有系统从时间和空间上对信息的状态做详细调查基础上,分析现有系统的优缺点,并了解其功能。

物流系统分析需要回答的问题

(1) 我们为什么要进行这项工作?

(2) 进行该项工作能增加什么价值?

(3) 为什么要按照现有程序进行该项工作?

(4) 为了提高效率,能否改变作业步骤的次序?

(5) 为什么要有某一个小组或个人来完成这项工作?

(6) 其他人可以完成这项工作吗?

(7) 还有更好的系统运行方式吗?

物流系统分析时应考虑目的、对象、地点、时间、人、方法,其步骤如图 3-3 所示。

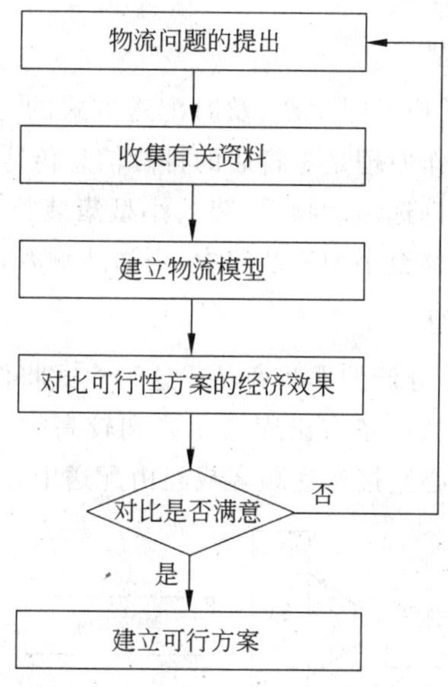

图 3-3　物流系统分析的步骤

在实际中,可能一次分析的结果并不令人满意,那么就要进行二次分析,重新提出问题,再次收集资料,分析论证,如此循环往复,直至得到满意的方案为止。

二、物流系统的运行模型

构筑物流系统时必须要明确规定物流据点的功能,使物流据点功能与物流系统的目的相一致。下述几个物流系统运行模型代表了物流系统的基本类型。

(一) 工厂直达送货型

工厂直达送货型是企业物流系统的一种极端形式,在多数情况下与物流中心库存集中型的物流系统结合在一起使用,如图 3-4 所示。

(二)物流中心库存集中型

物流中心库存集中型是制造业具有代表性的物流系统类型。库存集中放置在与工厂相邻的物流中心,配置在市场附近的配送中心,只保有三天或一周左右的少量库存,根据出库动向,由物流中心向配送中心补充库存。

如图3-5所示,物流中心与配送中心的连线表示物流中心向配送中心补充库存的运输过程。

图3-4 工厂直达送货型物流系统　　图3-5 物流中心库存集中型物流系统

(三)配送中心换载基地型

配送中心换载基地型是适应及时生产、及时配送方式的一种物流系统。换载基地属于没有库存的配送基地,其运作原理是零售店的订货信息传达到物流中心,物流中心按照换载基地类别、零售店铺类别拣选出货物后,装入小型集装箱,用大型车辆将集装箱运送到换载中心,在那里将货物转移至小型集装箱中,再送达顾客,如图3-6所示。

(四)C类商品后方配置型

C类商品是指出库频率十分低的那些商品。这种模式将偶尔出库的商品集中放置在工厂附近的物流中心,配送中心只备有出库频率高和较高的A、B两类商品,当顾客需要C类商品时,由工厂的物流中心直接送达顾客或经由配送中心转送,如图3-7所示。

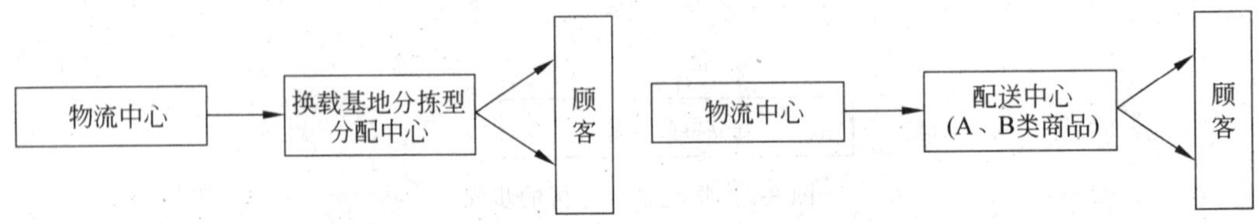

图3-6 配送中心换载基地型物流系统　　图3-7 C类商品后方配置型物流系统

(五)多频率小批量集中出库型

多频率小批量集中出库型是将大批量货物的物流业务与多品种小批量货物的物流业务分离开来,以提高多品种小批量货物分拣和出库等作业的效率,利于实现作业机械化。

其运作原理是在区域物流中心进行多品种小批量货物的分拣,然后运送至批量出货中心,批量出货中心将送到这里来的分拣好的小批量与大批量货物放在一起向顾客配送,这种配送中心称为前方配送中心,如图3-8所示。

三、企业物流模式的发展阶段

从企业物流系统化的发展过程来看,企业物流模式的发展分为以下四个阶段。

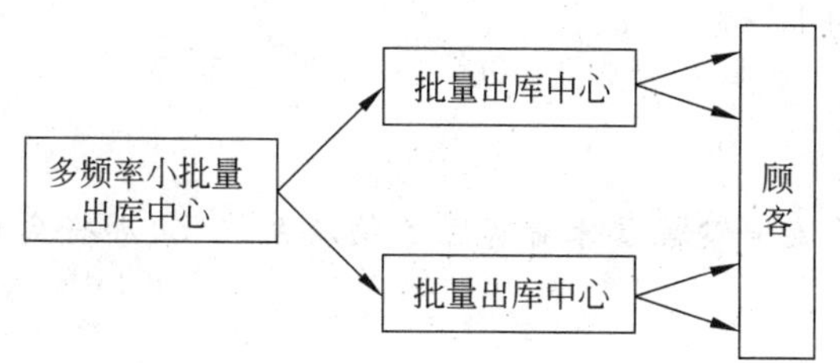

图 3-8 多频率小批量集中出库型物流系统

(一) 模式 A

模式 A 如图 3-9 所示。模型 A 属于一种后处理性质的物流模式,企业物流尚处在分散管理阶段,根据生产、营销等部门的想法配置库存。在这种情况下,物流系统还不存在,只是有许多仓库,其特征如下。

(1) 仓库一般设在支店或销售点附近,反映了销售人员希望将库存放置在身边的想法。但是销售据点与物流据点的布局原则不同,这种配置只是反映了营业方面的要求。

(2) 这些仓库放置的库存反映了工厂和销售部门希望有利于自己的某些想法。例如,销售人员为避免缺货,希望尽可能多地保有一些库存,而销售人员并不对库存负有责任,因为考核营业员业绩的指标是销售量,因此他们对于过剩库存不会产生抵触,更不会有意识地去消除。

从以上种种现象可以看出,采用 A 模式的企业,其物流经营管理的意识还没有形成,物流处在一种缺乏"秩序"的混沌状态中存在很多问题。

(二) 模式 B

模式 B 如图 3-10 所示。

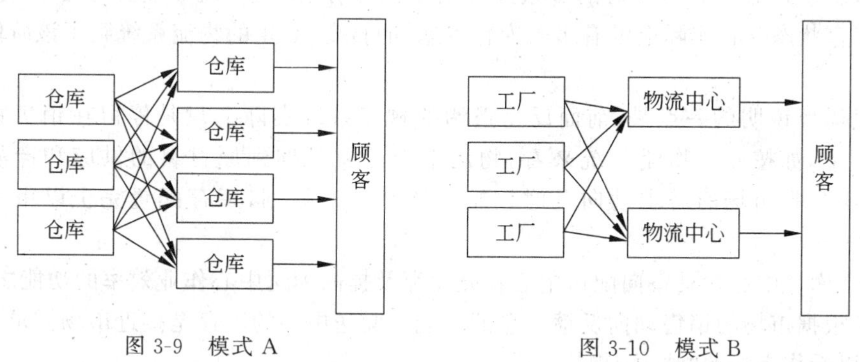

图 3-9 模式 A　　图 3-10 模式 B

模式 B 是在企业出现物流经营管理部门以后采用的一种物流运作模式。它是将众多营业网点的仓库集约化,设置物流中心,营业据点与物流据点实现物理上的分离。

模式 B 同模式 A 相比有了很大进步,由于分散的仓库实现了集约化配置,简化了物流线路,因此物流中心的作业环境、作业效率得到了改善。

然而,如果从物流系统化的角度衡量,模式 B 离物流系统化还有一定差距。因为物流中心的库存也是根据工厂或销售部门认为对自己有利的方式来配置的,物流部门本身并没有掌握库存配置的主导权。

小贴士

如果认为建立了物流中心就意味着实现了物流系统化,那将会使物流经营管理走入误区。

(三)模式C

模式C如图3-11所示。模式C相对于模式B又进了一步,虽然模式C也无法掌握控制库存的主导权,但由于其引入了双重区域处理系统,对库存进行了区分,因此可以在一定程度上排除生产和销售部门按照有利于自身利益配置库存对物流产生的影响。

(四)模式D

模式D如图3-12所示。

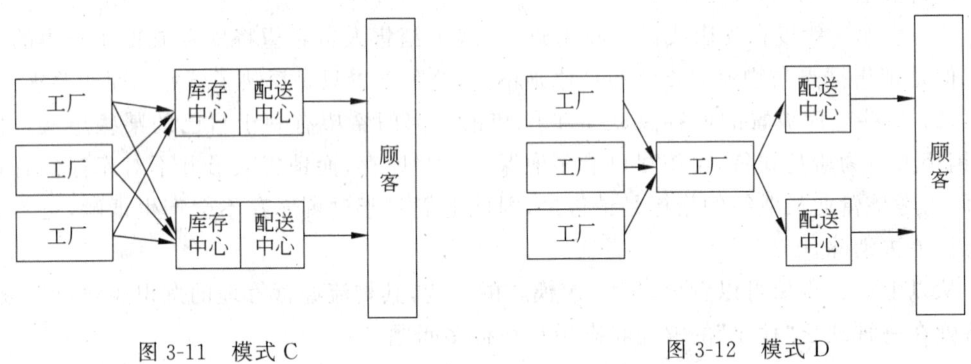

图3-11 模式C　　图3-12 模式D

模式D是根据双重区域处理系统的原则对物流据点重组后的模型,也是物流系统的基本模型。模式D将物流中心的多余库存集中到库存中心,实现了物流中心从"仿佛没有多余库存状态"向"实际上没有多余库存状态"的转变,真正的物流系统到了该阶段才开始出现。

这里需要说明的一点是,前面反复强调的物流系统实际上只是停留在销售物流系统的层面上,如按照大物流系统来看,物流系统还要延伸到原材料的供应和产品生产领域,应该根据市场的需求动向及时调整采购和生产计划,库存配置完全以市场需求为依据。

因此,库存中心除具备向配送中心补充库存及提高配送中心作业效率的功能之外,还应该具备根据市场的销售动向反馈信息的功能。配送中心的库存是接近市场需求的最小库存,可以看作市场的"晴雨表"。

四、推进物流系统化的方法

这里所说的物流系统推进方法是指将物流从一种"混沌"状态转变到有秩序的系统化状态的方法。在这种制约条件下,关键问题就是如何推进现行物流向系统化转变。

(一)提高物流作业效率,推进物流系统化

一般来说,企业在致力于物流的改善,朝着效率化推进时,是以存在阻碍物流合理化和效率化的过剩库存和积压库存的存在为前提的，而且这些库存是根据生产、营销部门的想法来配置的。从物流的角度来看，其确实存在不合理的部分。物流成本增加的一个主要原因就是在缺少物流主体的情况下构筑的物流系统具有一定的虚假性。

要改变这种物流不合理状况，需要建立起能够对库存量和库存的配置起到控制作用的物流系统。这是一种通过排除过剩库存和积压库存来提高经营效率，通过库存的适当配置保证顾客对商品的可得性的管理。对于物流系统来说，库存控制是其不可缺少的重要功能。

（二）提高物流作业效率，排除库存障碍

一般来说，企业的物流中心或仓库中会有许多库存，其中包括过剩库存或尚无销路的库存。由于仓库存货量大，而作业场所和保管空间相对变小，因此增加了物资装卸搬运的次数和距离。从物流作业的角度来看，这些多余库存就成为高效率从事物流作业的障碍，而其解决办法就是在物流系统上将多余库存隔离开，即采用将库存分为两个处理领域的双重区域处理系统，这样物流作业活动就会处于一种有秩序的状态。

（三）提高物流作业效率，导入双重区域处理系统

导入双重区域处理系统的关键是库存区分，将物流系统上必要的库存和非必要的库存分开来。必要与非必要库存的判断主要考虑订货周期的长短及安全库存大小等因素。例如，判断结果是保持 3 天的库存，那么超过该水准的库存从物流服务上看就属于过剩库存。

双重区域处理系统实际上是将库存划分为两个区域，一个是配送中心，一般需要保留 3 天的库存，构筑起效率化的作业系统；另一个是库存中心，用来放置积压库存、出库频率低的库存以及超出需要的过剩库存。

通过以上这些步骤的实施，即可迈出物流系统化的第一步，这既是实现既存的物流结构向物流系统的转变和构筑物流系统的有效途径，同时也是提高仓库内作业效率化的有效方法。

一、填空题

1. 物流系统的特征有________、________、________、________、________、________。

2. 物流系统要实现的“6S”目标包括________、________、________、________、________、________。

3. 物流系统分析的基本内容有________、________、________、________、________。

4. 物流系统基本的七要素是指________、________、________、________、________、________、________。

二、简答题

1. 简要描述物流系统的运行模型。

2. 物流系统有哪些主要特征?

3. 简述物流系统的目标。

4. 简述物流系统分析的原则。

5. 推进物流系统化有哪些方法?

6. 我国物流系统建设存在哪些问题?

三、论述题

1. 试阐述物流系统的模式。

2. 为什么要在物流中引入系统的理念?这一理念的引入对物流发展有什么意义?

3. 物流系统各要素之间以何种关系存在?试举例说明。

延伸阅读

京东物流:基于区块链的可信单据签收系统平台(链上签)

依托区块链和电子签名技术,京东物流打造了链上签这款产品,其基于区块链和电子签名技术解决了传统纸质单据签收不及时、易丢失、易篡改,管理成本高的问题,实现了单据流与信息流合一;同时,利用数字签名技术解决了传统纸质单据不能处理异常的问题,物流配送过程中发现异常能够及时修正,并实时将修改的数据上链,双方运营结算人员可以及时获取准确的数据,同时利用京东物流供应链优势、背靠已有的物流网络和技术打造基于区块链的可信单据签收平台。

一、链上签的应用场景

1. 基于链上签的快运对账平台

链上签的应用场景都是围绕单证的数字化去解决物流过程中实际的运营问题,如物流对账过程中主要解决核心企业和承运商之间的结算需求,物流承运过程中一般需要经过下单、询价、承运、签收等诸多环节。结算双方企业需要通过系统接口对接的方式完成不同阶段数据的共享与流通,通过传统技术手段仅能实现信息流互通,并不能解决双方的信任问题,信用签收还是依赖纸质运单,双方各有一套结算数据,结算双方每个结算周期要进行对账,要人工审核大量的纸质单据,具有成本高、效率低、结算周期长的问题。

链上签产品利用区块链公开透明且不可篡改的、可以实现结算双方共享数据的控制权,从订单生成环节就开始上链,从询价环节、报价环节、配送环节、妥投等环节,通过信用主体无纸化签收生成基于区块链的电子运输结算凭证,承运过程中通过RFID等物链网技术,确保物流配送过程中数据收集的真实性,配合车载GPS收集位置数据,从而实现信息流和实物流的一致性。

2. 基于链上签的电子签单返还

基于链上签构建电子签单返还产品,结合区块链智能合约技术和电子签名技术将需要签单返还单据无纸化,替代传统的纸质签单返还,消除纸质签单返还的运输成本。利用区块链不可篡改、共识、去中心化等特性,确保已签名上链电子运单真实可靠防篡改。通过权威CA机构背书为签名人生成合法证书,确保已签收单据合法合规。客户可以直接通过链上签查验客户端获取签单返还的单据并完成验签、下载等动作,实时完成签单返还动作,消除人工对每张单据签收的核验成本。

二、链上签产品架构

链上签产品架构主要分为可信终端(手持终端)、应用服务、区块链账本服务。可信终端是链上签流量入口,是物流参与人员,包括收/发货人员所使用的移动操作终端。通过可信终端上提供的 SaaS 服务,可快速构建信用主体,并使用权威 CA 机构颁发的数字证书进行背书。签单时通过身份证+手机号+姓名完成信用主体的认证,物流配送环节以电子运单为载体,通过信用主体的数字签名完成每个运输节点的信用签收。

应用服务层是将链上签核心产品通过 SDK 和 API 的方式进行能力开放,结合实际运营情况,将物流场景服务标准化,减少终端开发工作量,其主要功能有身份管理服务,信用主体认证、验证、服务;电子运单管理服务,运单创建、运单流转、运单取证服务;签名管理服务,支持多签、双签服务;业务数据获取服务,权限认证通过后,可获得链上指定数据。

三、链上签产品的核心收益

链上签产品已经被福佑等多家承运企业所使用,双方所有交易数据已经上链,大型干支线的整车业务在业务、系统、技术层面全打通,形成了整体的方案解决模式。通过链上真实的交易数据实现共管一笔账;通过链上签电子签名能力完成信用主体的建立和运单的电子化签收,替代纸质委托单和手写签名作为结算凭证。链上签产品运营至今,一些技术和信任红利正在显现。

1. 形成去中心化的高效的对账平台

基于链上签实现物流单据电子化,通过链上可靠数据进行实时监管,区块链的智能合约机制自动核验结算凭证信息,有效防范坏账风险,缩短对账周期,及时发现差错,堵塞管理漏洞,提高对账质量。在此基础上,将对账信息发布到区块链,客户实时进行账单回签,对账效率和准确率都得到极大提高。

2. 账单生成管理符合三化趋势

账单生成管理三化即“集中化、无纸化、智能化”:逐步弱化和取消纸质对账单,发货端、收货端、承运商、京东物流快运均基于智能合约账本进行;由“对账中心”通过智能对账平台,集中生成电子对账数据,并实时发布到区块链,由客户进行账单回签,财务核算与对账逐渐分离,从而实现集中对账、智能对账。

3. 对账范围参数化,付费规则集中管理

每期对账承运商范围、付费规则由对账管理人员确定,通过系统控制每期对账单生成数量、范围,提高对账单生成的覆盖率,对账单的生成从人工处理转换成为系统自动处理。这样,符合计费规则的账目会自动触发区块链进行记账。

4. 对账输入/输出人机交互

通过构建移动应用等数据终端出入口,司机、报账员的效能大幅度提升。例如,干支线配送司机完成了单运输任务后,只需点击手机移动应用程序上的“确定”按钮,即可完成本单的稽核、确认,将信息实时写入区块链账本,同步到承运商、发货收货的核心企业的不同节点,在建立信任的前提下,大幅提高了整体工作效率。

四、社会效益

京东物流携手承运商企业通过对现有业务流程的规范化,从而降低供应商对账期,从90天账期缩短至少60天账期,从而可以从承运商处获得更多的优惠条件,可大幅降低运营和管理成本。据不完全统计,按照全国每年20亿元的快运支出来计算,每年全国快运业务整体上至少可以有2亿~3亿元的成本节约。未来随着快运业务的迅猛发展,节省成本量会有更大的空间;同时,利用联盟链技术和物流供应链核心企业优势,可以衍生出更多的应用场景,如利用区块链上可信的单据与交易数据为供应链金融提供保理服务,解决中小企业融资难、融资成本高的问题。

资料来源:中国物流与采购网资料汇编.

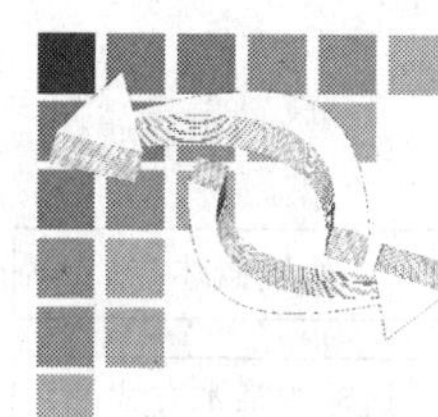

第四章

物流主要作业活动

◆ 知识目标 ◆

(1) 理解运输、储存和配送在物流管理中的重要地位。

(2) 掌握运输、储存和配送的概念、特点及功能。

(3) 了解运输、储存和配送的合理化原则。

(4) 熟悉运输、储存和配送的不合理化表现,掌握合理化措施。

◆ 技能要求 ◆

(1) 根据不同运输业务,能够选择合理的运输方式,并优化物流运输线路。

(2) 能够分析仓储中不合理的表现,并提出降低仓储成本的途径。

(3) 能够分析配送中不合理的表现,并优化配送流程。

学习导航

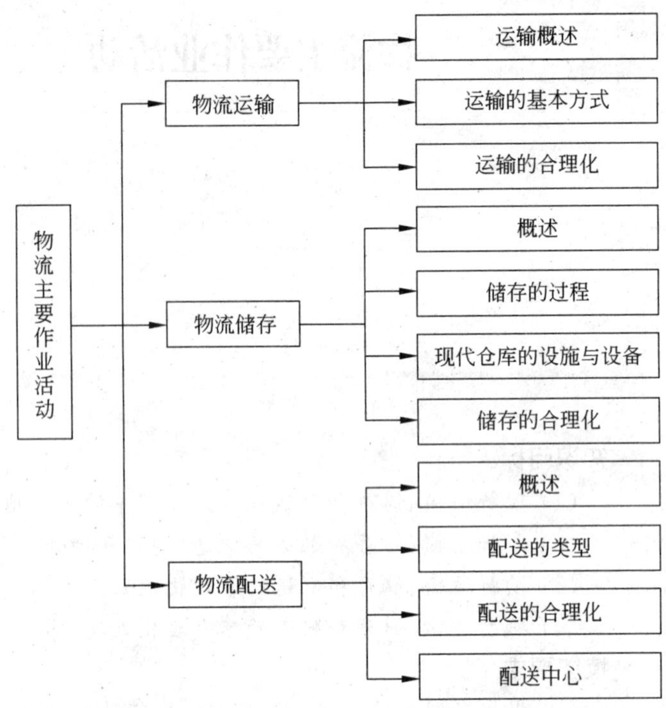

案例引导

雄安未来城市物流配送：智能高效　集约共享

雄安新区的物流配送体系随着相关文件的陆续出台而日渐明晰，雄安新区的城市物流配送体系有哪些特色？相关工作人员给出了答案。

1. 加快完善城市物流配送设施网络

雄安新区《关于推进交通工作的指导意见》(以下简称《意见》)提出，到2022年，率先在容东、昝岗片区等首批新建区域推动物流共同配送模式和先进智能交通技术示范应用；到2025年，新型物流系统和智能网联、车路协同等先进智能交通技术运用广泛，广大居民绿色出行幸福感显著提升，新区步入绿色交通引导城市生长的良性循环。

根据《意见》，在配送设施建设方面，未来雄安新区将推进分拨中心建设，并鼓励物流配送中心与交通枢纽结合布设，构建由分拨中心、配送中心组成的两级城市物流配送设施体系。

2. 探索城市物流配送新模式

“新区之所以要探索发展城市物流共同配送，主要是为了进一步降低物流运输成本，提高资源使用效率。”近年来，电子商务发展势头迅猛，快递业务量激增，导致末端配送网点多而散，配送车辆多频次、高强度使用，不仅增加运营成本，同时对城市道路、停车设施等公共空间也带来一定的影响。

“共同配送”是目前国家为解决快递物流行业存在的相关问题而提出的发展方向。2019年，商务部发布了《商务部办公厅关于复制推广城市共同配送试点经验的通知》，总结在构建布局合理、运行有序、绿色环保的城市共同配送服务体系工作中形成的典型经验。未来，雄安新区将研究制定物流设施、财税资金等方面的优惠政策，优先开展快递包裹、快消品、医药等货品共同配送，支持公交运营企业参与物流共配。

3. 推进物流行业规范化、精细化管理

雄安新区将利用信息化手段推动公共交通、物流配送、生活休闲的深度融合。雄安新区将通过智能交通系统强化数据赋能的交通治理能力，推动物流运输的信息融合。依据不同时段、不同路段的交通运输情况，规范物流车辆通行、停靠，加强对物流车辆运行的动态管控。

在物流管理方面，新区将探索建立物流企业、车辆登记管理的相关制度，出台城市配送车辆技术标准，并推广标准化、箱式化、轻量化清洁能源车辆，鼓励应用自动驾驶、无人设备等新技术开展物流配送，推动载具升级。

资料来源：中国物流与采购联合会资料汇编.

引例分析

展望未来，智能高效、集约共享的城市物流配送体系将在雄安这片土地萌芽生长。无人车穿梭于地下隧道或大直径管道，连接城市物流中心及市内商超、仓库、工业园、末端站点；输送管道将包裹从地下集送中心输送至住宅楼及写字楼，实现无人化送货入户……如果描绘未来的雄安新区，集约智能共享的城市物流配送体系无疑是人们关注的热点。

第一节　物流运输

一、运输概述

（一）运输的概念

按照物流的概念，物流是“物”的物理性运动，这种运动不但改变了物的时间状态，也改变了物的空间状态，而运输承担了改变空间状态的主要任务，运输是改变空间状态的主要手段。中国国家标准《物流术语》(GB/T 18354—2006)中对运输的定义是：“用设备和工具，将物品从一地点向另一地点运送的物流活动。其中包括集货、搬运、中转、装入、卸下、分散等一系列操作。”

运输的功能主要是实现物品远距离的位置移动，创造物品的空间效用或称场所效用。通过运输活动，将物品从价值低的地方转移到价值高的地方，使物品的使用价值得到更好的实现，即创造物品的最佳效用价值。

（二）运输的地位

从整个国民经济的角度来说，运输业是国民经济的重要经济部门；从物流系统的角度来说，运输和仓储是物流系统的两大支柱，运输活动及其载体所构筑的运输系统是物流管理系统中最重要的组成部分,通过运输活动,物流系统的各环节才能有机地连接起来,物流系统的目标才得以实现。

运输是社会物质生产的必要条件之一。马克思将运输称为"第四个物质生产部门",将运输看成生产过程的继续。

1. 运输是物流业务的核心活动

运输是物流的主要职能之一,也是物流业务的中心活动。运输在物流中的任务主要是解决产品在空间和时间上的位移问题。应该说一切产品的移动都离不开运输环节。目前人们把运输视为物流的代名词,这是因为它不仅代表了传统物流的主要业务活动,而且是现代物流过程中最主要的组成部分,也是现代物流活动中的核心环节。

2. 运输费用在物流费用中的比例

在物流业务活动过程中,直接费用体现在人力劳动和物化劳动上,它所支付的直接费用主要有运输费、保管费、包装费、装卸搬运费、运输损耗等。而其中运输费所占的比例最大,是影响物流费用的最主要因素,特别在目前我国交通运输不很发达的情况下更是如此。

(三) 运输的原则

运输是实现货物空间位移的手段,也是物流活动的核心环节。随着物流需求的高度化,多品种、小批量物流成为现代物流的重要特征,因此对货物运输的质量要求也越来越高。做好运输管理工作是保证高质量物流服务的重要环节。就物流而言,组织运输工作应该贯彻"及时、准确、经济、安全"的基本原则。

(1) 及时。按照产、供、销的实际需要,及时把货物送达到指定的地点,尽量缩短物资在途时间。

(2) 准确。在货物运输过程中防止各种差错的发生,准确无误地将物资送达收货人手中。

(3) 经济。通过合理的运输手段和运输线路及配货方案,提高运输效率,降低运输成本。

(4) 安全。在货物运输前做好运输包装工作,保证在货物运输过程中不发生霉烂、碰撞、挤压、残损及丢失现象。对于危险品要防止燃烧、爆炸。

(四) 运输的基本原理

运输原理实质是每次运输或配送中如何降低成本、提高经济效益的途径和方法,是指导运输管理和营运的最基本原理。

1. 规模原理

规模原理是指随着一次装运量的增大,使每单位重量的运输成本降低。这是因为转移一票货物的有关固定费用按整票货物的重量分摊时,一票货物越重,分摊到单位重量上的成本越低。货物转移的固定费用包括接受运输订单的行政管理费用、定位运输工具及装卸的时间、开票,以及设备费用等。

铁路运输和水路运输的运输工具装载量大,其规模经济相对于运输量小的汽车、飞机等运输工具要好;整车运输由于利用了整个车辆运输能力,固定费用也低,因此单位重量货物的运输成本也会低于零担运输。单位重量货物的运输成本与运输工具一次装载量的关系如图 4-1 所示。

既然单位重量货物的运输成本与装载工具的一次装载量有关，那么在运载工具容积一定的情况下，货物密度也会影响运输成本，密度低的货物可能无法达到运载工具的额定载重量，单位重量货物的运输成本就高。单位重量货物的运输成本与货物密度的关系如图 4-2 所示。对于低密度货物运输成本高的问题，其解决办法是通过包装来增加货物密度。

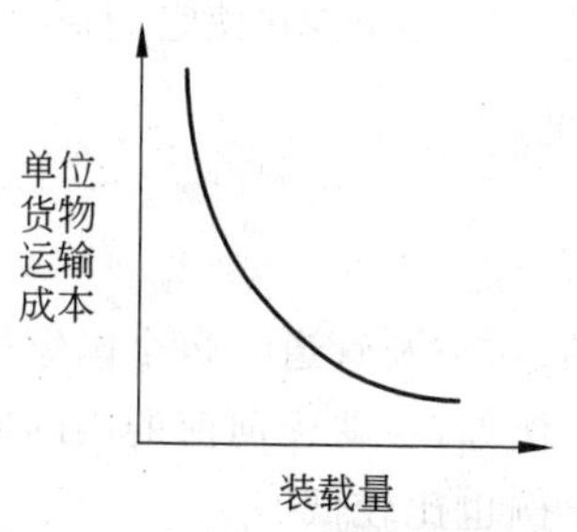

图 4-1　运输成本与装载量的关系

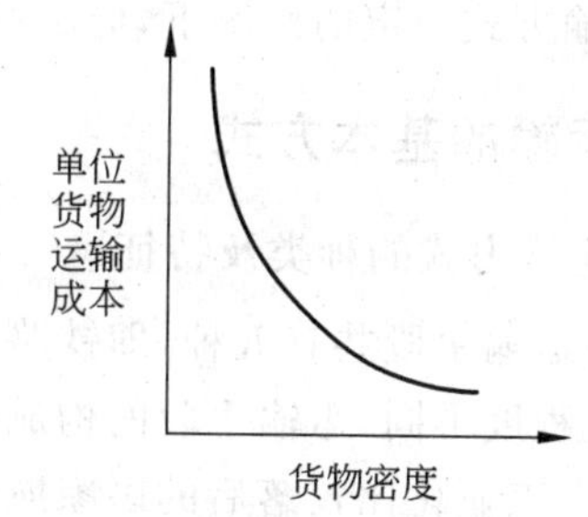

图 4-2　运输成本与货物密度的关系

可在满足用户要求的前提下，通过选择装载量大的运输工具和对密度低的货物通过包装提高密度，达到降低运输成本的目的。

2. 距离原理

距离原理是指随着一次运输距离的增加，运输费用的增长会逐渐变缓，或者说单位运输距离的费用减少。运输成本与一次运输的距离有关，这种关系如图 4-3 所示。

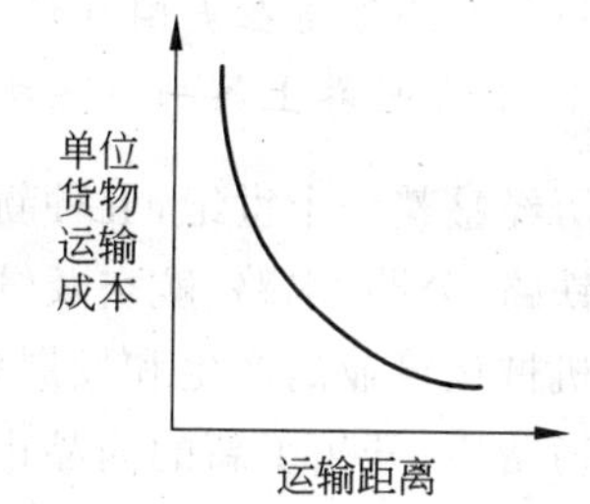

图 4-3　运输成本与运输距离的关系

从图 4-3 中可以看出两点：第一，在运输距离为零时，运输成本并不为零，这是因为存在一个与货物提取及交付有关的固定费用；第二，运输成本的增长随运输距离的增加而降低，即递减原理，这是因为随着运输距离的增加，分摊到单位运输距离上的运输成本降低。

根据距离原理，可知长途运输的单位运距成本低，短途运输的单位运距成本高。配送一般属于短途运输，而且受多批次、少批量需求的限制，运量不可能大，运输工具的装载率也较低，因此单位运距的成本肯定高于一般运输。

配送可以通过优化配货和运输路线，尽可能降低本身的运输成本，更重要的是配送可以减少库存，缩短提前期，以及为用户提供更多的服务，从而降低整个物流系统的成本和提高社会效益。

3. 速度原理

速度原理是指完成特定的运输所需的时间越短，其效用价值越高。首先，运输时间缩短，实际上是单位时间里的运输量增加，与时间有关的固定费用分摊到单位运量上的费用减少，如管理人员的工资、固定资产的使用费、运输工具的租赁费等；其次，由于运输时间短,物品在运输工具中停滞的时间缩短,从而使到货提前期变短,有利于减少库存,降低存储费用。

因此,快速运输是提高运输效用价值的有效途径。快速运输不仅指提高运输工具的行驶速度,还包括提高其他辅助作业的速度及相互之间的衔接,如分拣、包装、装卸、搬运及中途换乘转等。快速的运输方式是影响快速运输的重要因素,但是运输速度快的运输方式一般运输成本较高,如铁路运输成本高于水路,航空运输成本最高。

因此,通过选择高速度的运输方式来实现快速运输时,应权衡运输速度与成本之间的关系,在运输方式一定的情况下,应尽可能加快各环节的速度,并使它们更好地衔接。

二、运输的基本方式

(一) 运输方式的种类及特征

货物的运输手段共有五种,即铁路、公路、船舶、航空及管道。每个国家的经济地理环境和工业化程度不同,运输手段的构成也不一样。例如,在缺乏河流的内陆国家几乎没有船舶运输,在工业化比较落后的国家航空运输的比例也比较低。

就近代运输业发展的一般历史来看,船舶运输是较早使用的一种机械运输手段。

小贴士

1807年世界上第一艘轮船在北美洲哈德逊河下水,揭开了机械运输的新纪元。其后,各种新型机械运输形式相继出现。1825年世界上第一条铁路正式通车,1861年世界上第一条输油管道在美国铺设,1886年世界上第一辆以汽油为动力的汽车在德国问世,到了1903年世界上第一架飞机在美国飞上蓝天。

历经整整一个世纪,五种新型机械运输工具相继问世,并以它们为运输手段,逐渐奠定了铁路、公路、水路、航空及管道运输方式构成运输业的基本格局。

机械运输业的产生和发展极大地推动了生产的发展,缩短了商品流通时间,减少了商品流通费用,开拓了新的商品市场。机械运输业的形成最终确立了运输业作为一个独立产业部门的地位,成为现代运输业的基础,而现代运输业是构成现代物流业的核心部门。运输的五种基本方式及特点如表4-1所示。

表4-1 运输的五种基本方式及特点

运输手段	优 点	缺 点
铁路	(1) 可以满足大量货物一次性高效率运输。 (2) 运输运费负担较小的货物时,单位运费低廉,比较经济。 (3) 由于采用轨道运输,事故相对较少,安全性高。 (4) 铁路运输网完善,可将货物运往各地。 (5) 运输受天气影响小	(1) 近距离运输费用较高。 (2) 不适合紧急运输的要求。 (3) 长距离运输的情况下,由于需要进行火车配车,中途停留时间较长

续表

运输手段	优　点	缺　点
公路	(1) 可以进行“门到门”的连续运输。 (2) 适合于近距离运输，比较经济。 (3) 使用上灵活，可满足用户的多种需求	(1) 运输单位小，不适合于大量运输。 (2) 长距离运输费用较高
船舶	(1) 适合于运费负担能力较小的大量货物的运输。 (2) 适合于宽大、质量大的货物运输	(1) 运输速度较慢。 (2) 港口的装卸费用较高。 (3) 航行受天气影响较大。 (4) 运输的正确性和安全性较差
航空	(1) 运输速度快。 (2) 适合于运费负担能力大的少量货物的长距离运输	(1) 运费高，不适合低价值货物和大量货物的运输。 (2) 质量受到限制。 (3) 机场所在地以外的城市在利用上受到限制
管道	(1) 运输效率高。 (2) 适合于气体、液体货物的运输。 (3) 占用土地少。 (4) 运输效率高，适合于自动化管理	运输对象受到限制

五种运输方式的技术经济特征如表 4-2 所示。

表 4-2　五种运输方式的技术经济特征

项　目	铁路运输	公路运输	水路运输	航空运输	管道运输
运输成本	成本低于公路运输	成本高于铁路、水路和管道运输，仅比航空运输成本低	运输成本一般较铁路运输低	成本最高	成本与水路运输接近
速度	长途快于公路运输，短途慢于公路运输	—	速度较慢	速度极快	—
能耗	能耗低于公路和航空运输	能耗高于铁路和水路运输	能耗低，船舶单位能耗低于铁路运输，更低于公路运输	能耗极高	能耗最小，在大批量运输时与水路运输接近
便利性	机动性差，需要其他运输方式的配合和衔接才能实现“门到门”运输	机动灵活，能够进行“门到门”运输	需要其他运输方式的配合和衔接才能实现“门到门”运输	难以实现“门到门”运输，必须借助其他运输工具进行集散	运送货物种类单一，且管线固定，运输灵活性差
投资	投资大，建设周期长	投资小，投资回收期短	投资少	投资大	建设费用比铁路运输低 60%左右

续表

项　目	铁路运输	公路运输	水路运输	航空运输	管道运输
运输能力	运输能力大,仅次于水路运输	载重量不高,运送大件货物较为困难	运输能力最大	只能承运小批量、体积小的货物	运输量大
对环境的影响	占地多	占地多,环境污染严重	土地占用少	—	占用的土地少,对环境无污染
适用范围	大宗低值货物的中、长距离运输,也适用于大批量、时间性强、可靠性要求高的一般货物和特种货物的运输	近距离、小批量的货运,或是水路、铁路运输难以到达地区的长途、大批量货运	运距长,运量大,对送达时间要求不高的大宗货物运输,也适合集装箱运输	价值高、体积小、送达时效要求高的特殊货物	单向、定点、量大的流体状且连续不断货物的运输

1. 铁路运输

从各种运输方式的构成看,在相当长的一段时期内,铁路运输占据着运输的主导地位,主要承担远距离、大批量的货物运输。普通列车载运量约为3000～4000吨,重载列车可达10000～12500吨。铁路机车有蒸汽机车、内燃机车、电力机车。

铁路车辆有平车、敞车、棚车、罐车、漏斗车、保温及冷藏车、特种车、集装箱专列等。铁路运输范例如图4-4所示。

图4-4　铁路运输范例

2. 公路运输

随着汽车工业的发展、道路网建设及货物结构的变化,汽车运输的比例逐渐提高。在发达国家,汽车运输由铁路运输的辅助运输手段发展成为重要的运输手段,进而成为主要的运输手段。

货运汽车种类很多,主要有普通货车、轻型货车、中型货车、重型货车、厢式货车、专用车辆、自卸车、牵引车和挂车等。四种货运汽车范例如图4-5所示。

3. 水路运输

水路运输是指用船舶在内河或海洋上运送货物,主要由船舶、航道、港口组成。其主要形式有内河运输、沿海运输、近海运输、远洋运输。

0.9吨厢式货车　　冷藏车

1.5吨板式货车集装箱

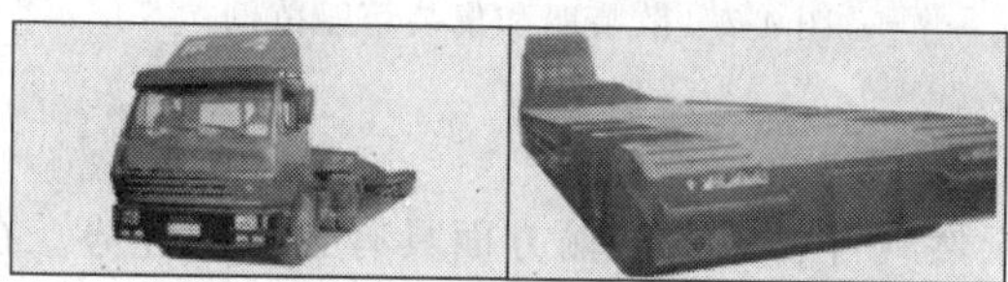

大件车辆

25吨板式货车　　40吨板式货车

图 4-5　四种货运汽车范例

水路运输工具主要包括船、驳、舟、阀等。

4. 航空运输

航空运输以其快速的特点在近几十年得到迅速发展，特别是大型运输机和喷气式飞机的出现使航空运输的效率大幅提高。如图 4-6 所示，分别为 FedEx 和 DHL 两家物流企业的运输机。

图 4-6　货运飞机范例

物流领域使用的货船主要有集装箱船、散装船、油船、液化气船、滚装船、载驳船、冷藏船等。图 4-7 所示为散装船和集装箱船。

图 4-7 散装船和集装箱船范例

5. 管道运输

管道运输在石油、天然气等物资的运输方面具有独特的优势。在中国，随着天然气开发利用的加快和石油开采事业的发展，管道运输发挥着越来越大的作用。

"西气东输"就是利用管道将天然气从新疆的塔里木盆地途经八个城市最终输送到上海，管线全长 4200 千米，每年可以提供 120 亿立方米天然气的输送，对于开发利用西部能源，改善城市燃料结构，优化城市环境发挥着重要作用，如图 4-8 所示。

图 4-8 管道运输范例

(二) 运输方式的选择

运输方式的选择是物流合理化的重要内容，因此，对于进出货物必须选择最合适的运输方式。这种选择不仅限于单一的运输方式，而是通过运输方式的合理组合实现物流的合理化。

选择运输方式的判断标准主要包括如下要素：货物的性质、运输时间、交货时间的适应性、运输成本、批量的适应性、运输的机动性和便利性、运输的安全性和准确性等。对于货主来说，运输的安全性和准确性、运输费用的低廉性，以及缩短运输总时间等因素是其关注的重点。

具体来说，在选择运输方式时要考虑以下五个方面。

(1) 考虑运输物品的种类。物品的形状、单件质量容积、危险性、变质性等都是选择运输方式的制约因素。

(2) 考虑运输量。在运输量方面，一次运输的批量不同，选择的运输方式也会不同。

一般来说,原材料等大批量的货物运输适合于铁路运输或水路运输。

(3) 考虑运输距离。货物运输距离的长短直接影响运输手段的选择,一般来说,中短距离运输比较适合汽车运输。

(4) 考虑运输时间。货物运输时间的长短与交货期有关,应该根据交货期来选择适合的运输方式。

(5) 考虑运输费用。物品价格的高低关系到承担运费的能力,也成为选择运输方式的重要考虑因素。在考虑运输费用时,不能仅从运输费用本身出发,还必须从物流总成本的角度联系物流的其他费用综合考虑。运输费用与其他费用(包装费、保管费、库存费、装卸费、保险费)之间存在着相互作用的效益背反关系。

当然,在具体选择运输方式时,往往要受到运输环境的制约,而且也没有一个固定的标准,必须根据运输货物的各种条件,通过综合判断来加以确定。

三、运输的合理化

(一) 运输合理化的概念

合理运输是指选择运距短、运力省、速度快、运费低的最佳组织货物运输方式。

合理运输是一个相对的概念,在运输工作中往往存在着一些不合理运输的表现,包括对流运输、迂回运输、重复运输等。合理运输首先是对于消除上述不合理运输的表现而言的。

但是合理运输不仅是对运输里程做单纯的几何线条的比较,还涉及如何对运输体系中各种运输方式进行合理的统筹安排,使各类运输方式得到有效的综合利用。合理运输是以充分发挥国家统一的交通运输网的作用作为其基本出发点的。

(二) 不合理运输的表现

货物不合理运输是指在货物运输过程中违反货物运输规律,不按经济区域和货物自然流向组织货物调运,忽视运输工具的充分利用和合理分工,装载量低,周转环节多,从而浪费运力和加大运输费用的现象。

货物不合理运输主要有以下八种类型。

1. 返程或起程空驶

空车或无货载行驶可以说是不合理运输的最严重形式。在实际运输组织中,有时必须调运空车,从管理上不能将其看成不合理运输。但是因调运不当、货源计划不周、不采用运输社会化而形成的空驶则是不合理运输的表现。

造成空驶的不合理运输主要有以下三种原因。

(1) 能利用的社会化运输体系而不利用,却依靠自备车送货,这往往会出现单程重车、单程空驶的不合理运输。

(2) 由于工作失误或计划不周,造成货源不实,车辆空去空回,形成双程空驶。

(3) 由于车辆过分专用,无法搭运回程货,只能单程实车,单程回空周转。

2. 对流运输

对流运输又称相向运输。凡属同种货物或可以相互代用的货物,在同一条运输线上或平行的两条运输路线上采取相对方向的运输,即称对流运输,如图 4-9 所示。对流运输有两种类型:一种是明显的对流运输,即在同一路线上的对流运输;另一种是隐蔽的对流运输,即同一种货物在违反近产近销的情况下,沿着两条平行的路线向相对的方向的运输,它不易被发现,故称为隐蔽的对流运输。

3. 迂回运输

迂回运输是指货物绕道而行的运输现象,如图 4-10 所示。

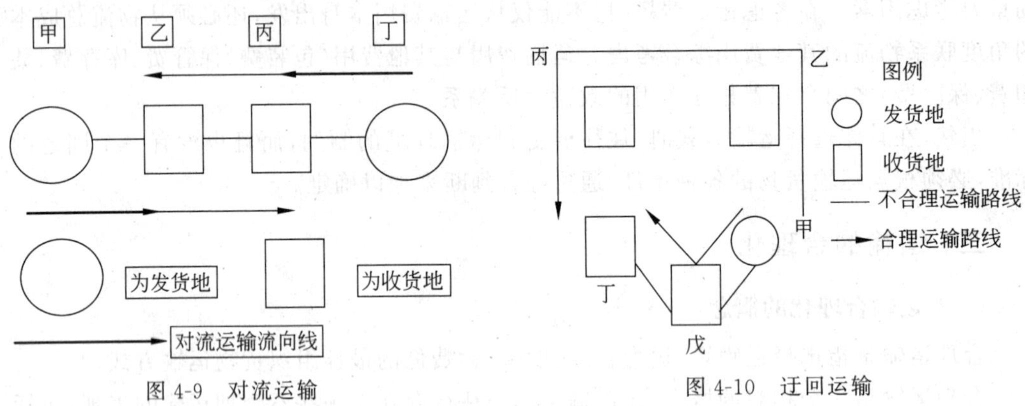

图 4-9 对流运输

图 4-10 迂回运输

4. 倒流运输

倒流运输是指货物从销地向产地或转运地回流的一种不合理运输现象。这种现象也常表现为对流运输或迂回运输,如图 4-11 所示。

5. 重复运输

重复运输是指一种货物本可直达目的地,但由于批发机构或商业仓库设置不当,或计划不周而在中途停卸、重复装运的不合理运输现象,如图 4-12 所示。

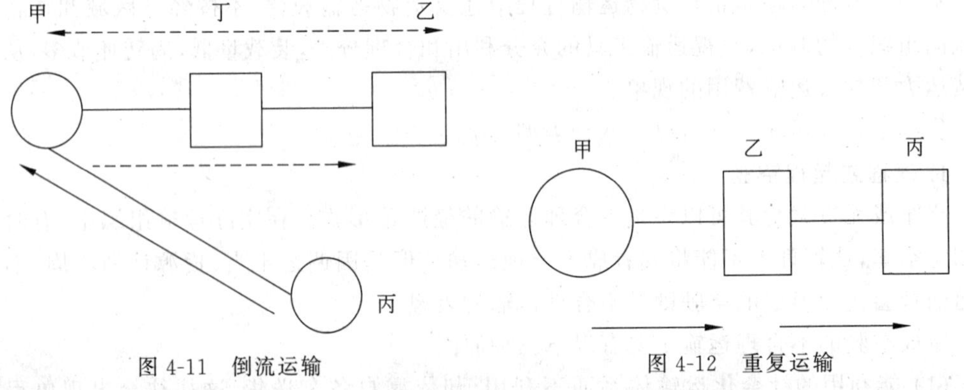

图 4-11 倒流运输

图 4-12 重复运输

重复运输虽没有延长里程,但会增加中间装卸环节,延长货物在途时间,增加装卸搬运费用,而且降低运输工具使用效率,影响其他货物运输。

6. 过远运输

过远运输是指舍近求远的货物运输现象,即货物销售地完全有可能由距离较近的供应地购进所需要的相同质量的物美价廉的货物,却超出货物合理走向的范围,从远距离的地区运进来；或者两个生产地生产同一种货物，它们不是就近供应邻近的消费地，却调给较远的其他消费地，如图 4-13 所示。

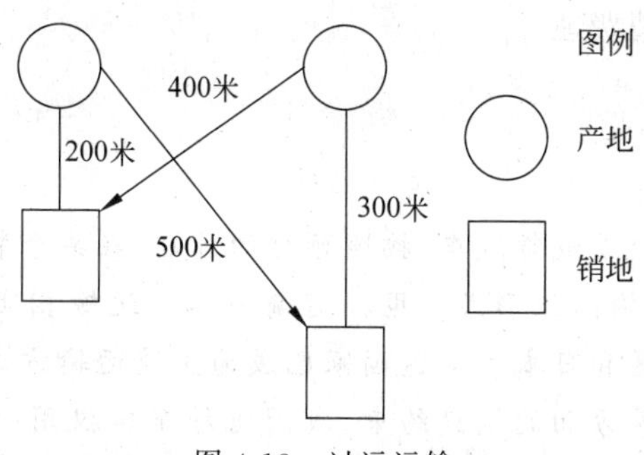

图 4-13　过远运输

7. 运力选择不当

运力选择不当是指没有发挥各种运输工具的优势，不正确地利用运输工具造成的不合理现象。其常见的形式有以下三种。

(1) 弃水走陆：在同时可以利用水运及陆运时，不利用成本较低的水运或水陆联运，而选择成本较高的铁路或汽车运输，使水运优势不能发挥。

(2) 铁路、大型船舶的过近运输：不是铁路及大型船舶的经济运行里程，却利用这些运力进行运输的不合理做法。其不合理之处主要在于过近距离中发挥不了运输速度快的优势，设备的准备及货物装卸时间长，机动灵活性不足。相反，由于货物装卸时间长，反而会延长运输时间。

(3) 运输工具承载能力选择不当：不根据承运货物数量及重量因素，而盲目决定运输工具，造成过分超载、损坏车辆及货物不满载、浪费运力的现象。尤其是“大马拉小车”现象发生较多。由于装货量小，单位货物运输成本必然增加。

8. 托运方式选择不当

对于客户而言，托运方式选择不当是指在可以选择最好托运方式时而没有选择，造成运力浪费及费用支出加大的一种不合理运输。例如，应选择整车托运，反而采取零担托运。

以上对不合理运输的描述，就形式本身而言，主要是从微观领域得出的结论。在实践中，必须将其放在物流系统中做综合判断，在不做系统分析和综合判断时，很可能出现“效益背反”现象。单从一种情况来看，避免了不合理，做到了合理，但它的合理却使其他部分出现不合理。只有从系统角度综合进行判断才能有效避免“效益背反”现象，从而优化全系统。

货物运输不合理，势必导致货物迂回、倒流、重复等不合理运输，造成货物在途时间长、环节多、损耗大、费用高，浪费社会劳动力，影响生产和市场供应。

（三）运输合理化的措施

1. 运输合理化的含义

运输合理化就是按照货物物流的规律组织货物调运，用最少的劳动消耗达到最大的经济效益，即在有利于生产，有利于市场供应，有利于节约物流费用、节约运力及劳动力的前提下，使货物走最短的里程、经最少的环节、用最快的时间、以最小的损耗、用最少的费用，把货物从生产地运到消费地。

知识拓展

甩挂运输是指牵引车(或载货汽车)按照预订的计划，在某个装卸作业点甩下挂车，挂上其他挂车继续运行的运输组织形式。甩挂运输与传统运输相比，成本更低、效率更高、车辆周转更快，在欧美地区和日本等发达国家已成为主流运输方式。由于在保险、牌照管理、车辆检测和海关监管等方面的制度约束，我国甩挂车辆仅用于港口集装箱集疏运，在其他领域基本没有采用。

2. 影响运输合理化的因素

由于运输是物流中重要的功能要素之一，因此物流合理化在很大程度上依赖于运输合理化。运输合理化的影响因素很多，其中起决定性作用的有五个方面的因素。

(1) 运输距离。在运输过程中，运输时间、运输货损、运费、车辆或船舶周转等运输的若干技术经济指标都与运距有一定比例关系，运距长短是运输是否合理的一个最基本因素。缩短运输距离从宏观、微观看都会带来好处。

(2) 运输环节。每增加一次运输，不但会增加起运的运费和总运费，而且必须要增加运输的附属活动，如装卸、包装等，各项技术经济指标也会因此下降。所以，减少运输环节，尤其是同类运输工具的环节，对合理运输有促进作用。

(3) 运输工具。各种运输工具都有其使用的优势领域，对运输工具进行优化选择，按运输工具特点进行装卸运输作业，最大限度地发挥所用运输工具的作用，是运输合理化的重要一环。

知识拓展

无车承运人

"无车承运人"由美国 truck broker(货车经纪人)这一词汇演变而来，是无船承运人在陆地的延伸，也是网络平台道路货物运输经营的前身。"无车承运人"指的是不拥有车辆而从事货物运输的个人或单位。"无车承运人"具有双重身份，对于真正的托运人来说，其是承运人；但是对于实际承运人而言，其又是托运人。"无车承运人"一般不从事具体的运输业务，只从事运输组织、货物分拨、运输方式和运输线路的选择等工作，其收入来源主要是规模化的"批发"运输而产生的运费差价。

(4) 运输时间。运输是物流过程中需要花费较多时间的环节，尤其是远程运输。在全部物流时间中，运输时间占绝大部分，因此缩短运输时间对缩短整个物流时间有决定性的作用。此外，运输时间短有利于运输工具的加速周转，充分发挥运力的作用，有利于客户资金的周转，有利于运输线路通过能力的提高，对运输合理化有很大贡献。

(5) 运输费用。运输费用在全部物流费中占很大比例,运输费用的高低在很大程度上决定了整个物流系统竞争能力的强弱。实际上,降低运输费用,无论对客户企业还是对物流经营企业,都是运输合理化的一个重要目标。运费的判断也是各种合理化措施是否行之有效的最终判断依据之一。

第二节 物流储存

一、概述

储存和运输被誉为物流的主要功能,也是最主要的两大作业活动,因为它们在整个物流活动中起着十分重要的作用。

(一) 储存的含义

储存作为物流过程中的一种作业方式,内容包括对商品的检验、整理、保管、加工、集散等多种作业。储存解决了供需之间和不同运输方式之间的矛盾,为商品提供场所价值和时间效益,在物流系统中起着缓冲、调节和平衡的作用,是物流活动的一个主要功能要素。

随着现代科学技术与生产力的进步和发展,储存的概念已不再是单纯的储存、保管商品,还要发展包括挑选、配货、检验、分类等业务在内的配送功能,以及附加标签、重新包装等流通加工功能。

(二) 储存的功能

1. 调节功能

储存在物流中起着"蓄水池"的作用,一方面储存可以调节生产与消费的关系,如销售与消费的关系,使它们在时间和空间上得到协调,保证社会再生产的顺利进行;另一方面还可以实现对运输的调节作用。

产品从生产地向销售地流转主要依靠运输完成,但不同的运输方式在运向、运程、运量及运输线路和运输时间上存在着差距,一种运输方式一般不能直达目的地,需要在中途改变运输方式、运输线路、运输规模、运输方法和运输工具,以及为协调运输时间和完成产品倒装、转运、分装、集装等物流作业,还需要在产品运输的中途停留,即储存。

2. 检验功能

在物流过程中,为了保障商品的数量和质量准确无误,分清责任事故,维护各方面的经济利益,要求必须对商品及有关事项进行合格检验,以满足生产、运输、销售及用户的要求。储存为组织检验提供了场地和条件。

3. 集散功能

储存把生产单位的产品汇集起来,形成规模,然后根据需要分散发送到消费地去。通过一集一散、衔接产需、均衡运输,提高物流速度。

4. 配送功能

根据用户的需要,把商品进行分拣、组配、包装和配发等作业,并将配好的商品送货上门。配送功能是储存保管功能的外延,提高了储存的社会服务效能,即要确保储存商品的安全,最大限度地保持商品在储存中的使用价值,减少保管损失。

(三) 储存的作用

1. 调节商品的时间需求

通过储存可以调节商品的时间需求,进而消除商品的价格波动。一般商品的生产和消费不可能是完全同步的,为了弥补这种不同步所带来的损失,就需要储存商品来消除这种时间性的需求波动。

2. 降低运输成本

通过储存可以降低运输成本,提高运输效率。通过商品的储存,将运往同一地点的小批量的商品聚集成为较大的批量,然后将其运输,到达目的地后,再分成小批量送到客户手中。这样虽然产生了储存的成本,但是可以更大限度地降低运输成本,提高运输效率。

3. 提高消费者满意度

通过商品在消费地的储存,可以更好地达到客户满意度。对于企业来说,如果在商品生产出来之后能够尽快把商品运到目标消费区域的仓库中去,那么目标消费区域的消费者在对商品产生需求时,就能够尽快地得到这种商品,这样消费者的满意度就会提高,而且能够创造更佳的企业形象,为企业之后的发展打下良好的基础。

4. 满足消费者个性需求

通过储存,可以更好地满足消费者的个性化消费的需求。随着时代的发展,消费者的消费行为越来越向个性化的方向发展。为了更好地满足消费者的这种个性化消费的要求,可以利用商品的储存对商品进行二次加工,满足消费者的需求。

(四) 储存的逆作用

储存是以消耗成本为代价的,有时会冲减物流系统效益,恶化物流系统运行的趋势,因而它也是一把“双刃剑”。

储存是一种必要的活动,但其特点又决定了有一些逆作用,具体表现在以下六个方面。

(1) 固定费用支出增加。库存会引起仓库的建设、仓库的管理、仓库员工福利等费用开支的增加。

(2) 机会损失。仓储货物占用资金必须支付的利息,以及这部分资金如果用于其他项目可能会有更高的收益。

(3) 陈旧损坏与跌价损失。货物在库存期间可能发生物理、化学等损坏,或者错过有利的销售期,引起贬值或跌价。

(4) 保险费支出增加。仓储物资所缴纳的保险费用也是一笔不小的开支。

(5) 进货、验收、保管、发货、搬运等可变工作费用。

(6) 增加企业的经营风险。库存产品不能够及时进入流通领域转化为流通资金,一方面占用了流通资金;另一方面可能形成无形损耗,如计算机的更新换代所带来的贬值。

二、储存的过程

储存作业流程按一定顺序相互连接，一般物品从入库到出库需要顺序地经过卸车、检验、整理、保管、拣出和集中、装车、发运等作业环节。各个作业环节之间并不是孤立的，它们既相互联系，又相互制约。

（一）入库业务

按照工作顺序，物品入库作业大体可以划分为两个阶段：入库前的准备阶段和确定物资入库的操作程序。

1. 编制仓库物品入库计划

物品入库计划是仓库业务计划的重要组成部分。物资入库计划的主要内容包括各类物资的入库时间、品种、规格、数量等。

2. 入库前具体的准备工作

（1）组织人力、物力。

（2）安排仓位。核算占用仓位的面积，进行必要的腾仓、清场、打扫、消毒及准备好验收场地等。

（3）备足苫垫用品，确定堆码形式。

3. 物品入库的操作程序

（1）物品接运。在完成物品接运过程的同时，每一步骤应有详细的记录。接运记录要详细列明接运物品到达、接运、交接等各个环节的情况，可参照表4-3。

表4-3 接运记录单

<table>
<tr><th rowspan="2">序号</th><th colspan="9">到达记录</th><th colspan="5">接运记录</th><th colspan="4">交接记录</th></tr>
<tr><th>通知到达时间</th><th>运输方式</th><th>发货站</th><th>发货人</th><th>运单号</th><th>车号</th><th>货物名称</th><th>件数</th><th>质量</th><th>日期</th><th>件数</th><th>质量</th><th>缺损情况</th><th>接货人</th><th>日期</th><th>接货通知单编号</th><th>附件</th><th>收货人</th></tr>
<tr><td></td><td></td><td></td><td></td><td></td><td></td><td></td><td></td><td></td><td></td><td></td><td></td><td></td><td></td><td></td><td></td><td></td><td></td><td></td></tr>
</table>

（2）核对凭证。

（3）大数点收。大数点收是指按照物品的大件包装（运输包装）进行数量清点。

（4）检查包装。在大数点收的同时，对每件物品的包装和标志进行认真的查看。

（5）办理交接手续。入库物品经过上述工序，就可以与接货人员办理物品交接手续。

（6）物品验收。在办完交接手续后，仓库要对入库的物品做全面的、认真细致的验收，包括开箱、拆包、检验物品的质量和数量。

（7）办理物品入库手续。物品验收后，由保管或收货人根据验收结果在物品入库单上签收。物品入库手续包括登账、立卡、建档。物品保管卡的基本形式如表4-4所示。

表 4-4 物品保管卡

No：

<table>
<tr><td colspan="2">来源</td><td></td><td colspan="6">年　月　日</td><td>名称</td><td></td></tr>
<tr><td rowspan="5">到货通知单</td><td>到货日期</td><td></td><td colspan="2">名称</td><td colspan="3"></td><td rowspan="5">验收情况</td><td>型号</td><td></td></tr>
<tr><td>合同号</td><td></td><td colspan="2">型号</td><td colspan="3"></td><td>规格</td><td></td></tr>
<tr><td>车号</td><td></td><td colspan="2">规格</td><td colspan="3"></td><td>单位</td><td></td></tr>
<tr><td>运单号</td><td></td><td>件数</td><td>单位</td><td>数量</td><td>单价</td><td>交货</td><td>技术条件</td><td></td></tr>
<tr><td>运输号</td><td></td><td></td><td></td><td></td><td></td><td></td><td>存放地点</td><td></td></tr>
</table>

<table>
<tr><td colspan="2">年</td><td rowspan="2">凭证号</td><td rowspan="2">摘要</td><td colspan="3">收　入</td><td colspan="3">付　出</td><td colspan="3">结　存</td><td colspan="2">备料</td><td colspan="2">情况</td></tr>
<tr><td>月</td><td>日</td><td>件数</td><td>数量</td><td>金额</td><td>件数</td><td>数量</td><td>金额</td><td>件数</td><td>数量</td><td>金额</td><td>厂名</td><td>件数</td><td>数量</td><td>结存</td></tr>
<tr><td></td><td></td><td></td><td></td><td></td><td></td><td></td><td></td><td></td><td></td><td></td><td></td><td></td><td></td><td></td><td></td><td></td></tr>
<tr><td></td><td></td><td></td><td></td><td></td><td></td><td></td><td></td><td></td><td></td><td></td><td></td><td></td><td></td><td></td><td></td><td></td></tr>
<tr><td></td><td></td><td></td><td></td><td></td><td></td><td></td><td></td><td></td><td></td><td></td><td></td><td></td><td></td><td></td><td></td><td></td></tr>
</table>

(二)保管

通常我们认为，物品在入库之后、出库之前处于保管阶段。而现代物品保管工作是随着物品储运全过程的技术性措施，是保证储运物品安全的重要环节，它是一个活动过程，贯穿于整个物流的各个环节。

物品保管的任务主要是根据物品的性能和特点，提供适宜的保管环境和保管条件，保证库存物品数量正确，质量完好，并充分利用现有仓储设施，为经济合理地组织物品供应打下良好的基础。

物资保管的原则

为提高物资保管在作业中的效率，一般应遵循八点原则：①靠近出口原则；②以周转率为基础原则；③相关性原则；④同一性原则；⑤类似性原则；⑥互补性原则；⑦兼容性原则；⑧先进先出原则。

1. 保管作业流程

仓库保管阶段按作业内容分为三个阶段：物品入库阶段，其主要业务为接运、验收和办理入库手续等；物品储存保管阶段，物品在整个储存期间，为保持物品原有的使用价值，仓库需要采取一系列保管措施，如货物的堆码苫垫、苫垫物品的维护保养、物品的检查盘点等；物品发放阶段，其主要业务是备料、复核、装车等。

保管作业流程的详细内容如表 4-5 所示。

表 4-5 保管作业流程的详细内容

业务阶段	业务活动	作业内容
入库阶段	接运	(1) 车站、码头、机场提货。 (2) 短途运输。 (3) 现场交接
	验收	(1) 验收准备。 (2) 实物验收、验收记录。 (3) 登账建卡
储存保管阶段	储存保管	(1) 分类整理。 (2) 上架、堆垛。 (3) 倒垛。 (4) 储存经济管理(定额、财产处理)。 (5) 安全管理
	维护保养	(1) 温度、湿度控制。 (2) 维护保管。 (3) 检查、盘点
发放阶段	出库	(1) 核对凭证。 (2) 审核、划价。 (3) 备料、包装。 (4) 改卡、记账
	发运代运	(1) 领料或送料。 (2) 代办托运

2. 分拣配货作业

现代保管应该是流通领域的保管,因此其作业在很大程度上说是分拣配货作业。常见的分拣配货作业方式有拣选式、分货式、分拣式,以及自动分拣式四种。

1) 拣选式配货作业

拣选式配货作业是指拣选人员或拣选工具巡回于各个储存点,将所需物资取出,完成货物配备的方式,也有人称为摘取式工艺。其基本的作业流程是货物相对固定,拣选人员或拣选工具相对运动。拣选式配货作业流程如图 4-14 所示。

2) 分货式配货作业

分货式配货作业是指分货人员或分货工具从储存点集中取出各个用户共同需要的货物,然后巡回于各个用户的货位之间,将这一货物按用户需求分放,然后集中取出第二种,如此反复,直到作业完成。其特点是用户的分货位固定,分货人员或分货工具相对运动,又称播种分拣式作业。

这种作业的计划性较强,但也容易发生错误,采用时要注意综合考虑,统筹安排,利用规模效益。分货式配货作业流程如图 4-15 所示。

3) 分拣式配货作业

分拣式配货作业是分货式和拣选式一体化的配货方式,是一种中间方式。分拣人员或分拣工具从储存点拣选出各个用户共同或不同需要的多种货物,然后巡回在各个用户的货位之间,按用户需要放入货位,直到这次取出的货物放完。

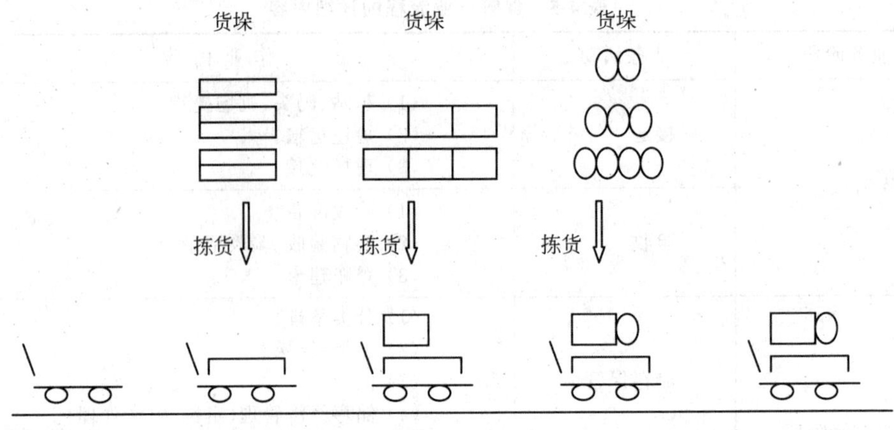

图 4-14 拣选式配货作业流程

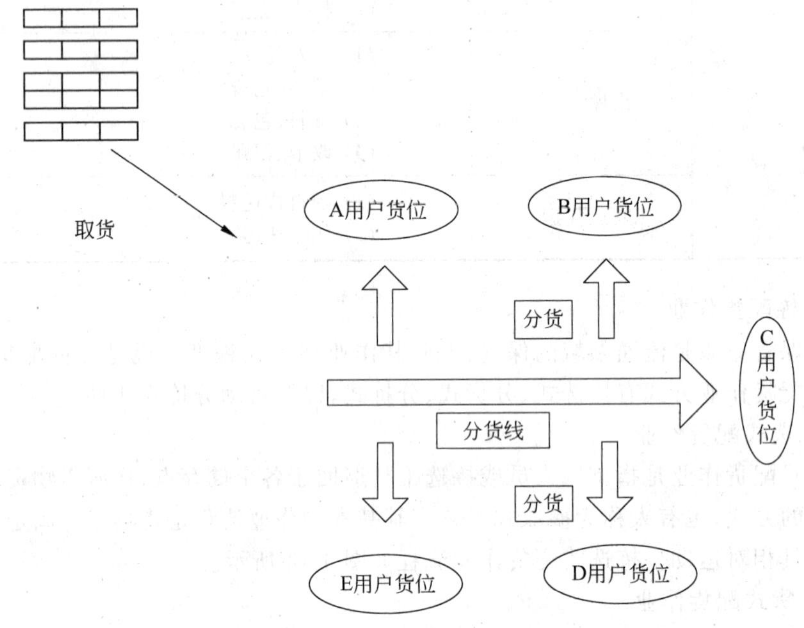

图 4-15 分货式配货作业流程

这种方式特别适合小型仓储配送使用,主要用在邮局、快递公司等领域。

4) 自动分拣式配货作业

自动分拣式配货作业建立在信息化基础上,其核心是机电一体化。配送作业是自动化的,能够扩大作业能力,提高劳动效率,减少作业差错。自动分拣式配货作业的重要特点是分拣作业大部分无人操作,误差较小,可以连续作业,并且单位时间内分拣的数量多。这种作业方式适用于业务量大、物资包装严格、有投资支持的企业。自动化分拣设备如图 4-16 所示。

图 4-16 自动化分拣设备

（三）出库业务

物资出库业务管理是仓库根据出库凭证，将所需物资发放给需求单位所进行的各项业务管理。物资出库作业的开始标志着物资保管养护业务的结束。

物资出库业务管理有两个方面的工作：一是用料单位设有规定的领料凭证，如领料单、提货单、调拨单等，并且所领物资的品种、规格、型号、数量等项目及提取货物的方式等必须书写清楚、准确；二是仓库方面必须核查领料凭证的正误，按所列物资的品种、规格、型号、数量等项目组织备料，并保证把物资及时、准确、完好地发放出去。

1. 物资出库作业管理的要求

首先要按作业程序，坚持“先进先出”原则，还要及时记账，并要保证安全。

2. 物资出库作业的程序

企业自用库和中转库在物资出库业务上稍有不同。一般来说，企业自用库的出库程序比较简单；对于中转库，其物资出库程序是物资出库前准备→核对出库凭证→备料→复核→点交清单等。

三、现代仓库的设施与设备

（一）货架

货架是用支架、隔板或托架组成的立体储存货物的设施。货架在物流及仓库中占有非常重要的地位，随着现代工业的迅猛发展，物流量的大幅度增加，为实现仓库的现代化管理，改善仓库的功能，不仅要求货架数量多，而且要求货架具有多功能，并能实现机械化、自动化要求。

1. 货架的作用

（1）可充分利用空间，提高库容利用率，扩大仓库储存能力。

（2）可保证储存货物的安全，减少货物的损失。由于货架隔板的承托作用，存入货架的货物互不挤压，物资损耗小。

（3）可提高存取、分拣作业的效率。存入货架的物资由于有货架层格的分隔，而易于定位，便于清点及计量，可做到先进先出。

（4）有利于实现机械化、自动化管理。新型货架系统是进一步实现仓储作业机械化、自动化的基本措施,它为减少人力消耗、降低成本、提高效率奠定了基础。

2. 货架的种类

(1) 货架按层架存放货物的质量等级划分为重型货架、中型货架、轻型货架,如图 4-17 和图 4-18 所示。

图 4-17 重、中型货架范例

图 4-18 轻型货架范例

(2) 货架按层架结构可以划分为层格式货架、抽屉式货架、托盘式货架、悬臂式货架、阁楼式货架、高层货架等,如图 4-19～图 4-23 所示。

图 4-19　抽屉式货架范例

图 4-20　托盘式货架范例

图 4-21　悬臂式货架范例

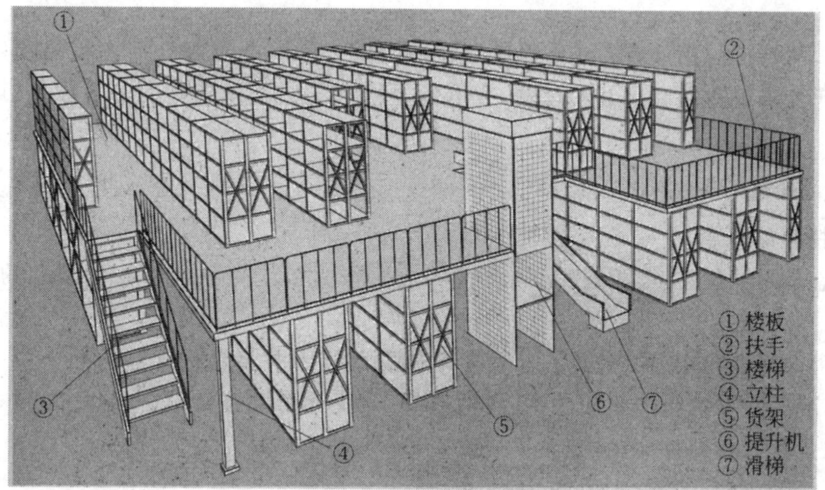

图 4-22　阁楼式货架结构

图 4-23 高层货架范例

(二) 叉车

叉车是仓库装卸搬运机械中应用最广泛的一种设备,主要用于仓库内货物的装卸搬运,也可堆垛和装卸卡车、铁路平板车。叉车能够减轻装卸工人繁重的体力劳动,提高效率,缩短车辆停留时间,降低装卸成本,如图 4-24 所示。

图 4-24 叉车范例

叉车的特点与用途:机械化程度高;机动灵活性好;能提高仓库容积的利用率;有利于开展托盘成组运输和集装箱运输;成本低、投资少,能获得较好的经济效果;可以"一机多用"。

(三) 托盘

1. 托盘的概念

托盘是用于集装、堆放、搬运和运输的放置作为单元负荷的货物和制品的水平平台装置。

托盘的特点与用途:台面下有供叉车从下部插入并将台板托起的插入口;便于机械化操作,减少货物堆码作业次数,提高运输效率,降低劳动强度;以托盘为单位,货运件数变少,便于点数和理货交接,减少货损货差。

2. 托盘的种类

托盘的种类很多，目前常见的托盘如图 4-25 所示。

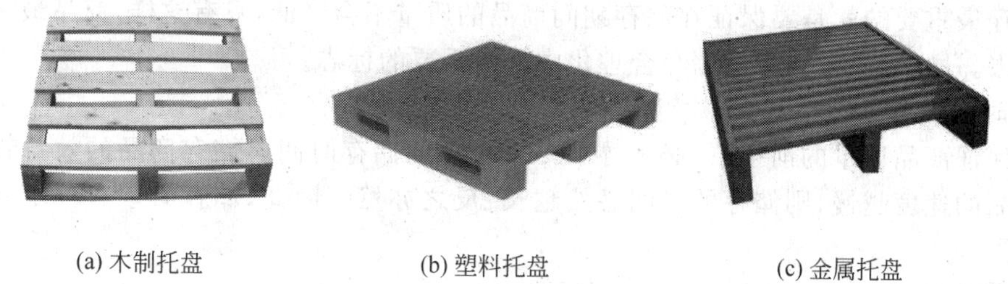

(a) 木制托盘　　(b) 塑料托盘　　(c) 金属托盘

图 4-25　木制托盘、塑料托盘、金属托盘范例

（四）巷道式堆垛机

巷道式堆垛机的特点及用途：巷道式堆垛机配合高层立体货架使用；自动化程度高；行走速度快，一般为 4～120 米/分钟；额定载重量高，一般为 0.5 吨；提升速度一般为 12～30 米，最高达 48 米；适用于自动化仓库，如图 4-26 所示。

图 4-26　巷道式堆垛机范例

四、储存的合理化

物流储存合理化就是在保证储存功能实现的前提下，用各种办法来实现储存的经济性。保持一定的合理储存，在物流系统管理中必须充分予以重视。

以生产物流来说，工厂要储存一定数量的原材料，否则原材料供应不上，生产就会中断；反之，如果原材料储存过多，会造成积压，占用库房，浪费资金，影响企业的经济效益。

而从销售物流来看，批发企业或物流中心必须保持一定的合理库存量，否则，商品储存过多，会造成积压，占压资金；而储存过少，又要脱销，并失去销售机会，影响企业的经济效益。

(一) 储存合理化的标志

1. 质量标志

储存最重要的就是要保证在储存期间商品的质量不会降低,只有这样,商品最终才会销售出去。所以,质量标志是储存合理化中最为重要的标志。

2. 时间标志

在保证商品质量的前提下,必须寻求一个合理的储存时间。储存商品的效益越大而销售商品的速度越慢,则储存的时间必然越长;反之亦然。因此,储存必须有一个合理的时间范围。

3. 结构标志

不同的被储存商品之间总是存在一定的相互关系,特别是对于那些相关性很强的商品来说,它们之间必须保证一定的比例。

4. 分布标志

企业不同的市场区域对于商品的需求也是不同的,所以不同的地区储存的商品的数量也应该不同。

5. 费用标志

根据仓储费、维护费、保管费、损失费及资金占用利息支出等财务指标,都能从实际费用上判断储存合理与否。

(二) 储存的合理化内容

储存的合理化主要包括如下内容。

1. 选址点合理

仓库设置的位置对于商品流通速度的快慢和流通费用的大小有着直接的影响。仓库的布局要与工农业生产布局相适应,应尽可能地与供货单位相靠近,即遵循"近厂近储"原则,否则就会造成工厂远距离送货的矛盾。供应外地的商品,仓库选址要考虑邻近的交通运输条件,力求接近车站码头以利商品发运,即遵循"近运近储"原则;储存的商品主要供应本地区,则宜建于中心地,与各销售单位呈辐射状。

总之,在布局时应掌握物流距离最短的原则,尽可能避免商品运输的迂回倒流;选择建设大型仓库的地理位置时,最好能具备铺设铁路专用线或兴建水运码头的条件;考虑到集装箱运输的发展,还应具有大型集装箱运输车进出的条件,附近的道路和桥梁要有相应的通过能力。

2. 储存量合理

储存量合理是指商品储存有合理的数量。在新的产品运到之前,有一个正常的、能保证供应的库存量。影响合理储存量的因素有很多,首先取决于社会需求量,社会需求量越大,库存储备量就越多;其次是运输条件,运输条件好,运输时间短,则储存数量可以相应减少;最后是物流管理水平和技术装备条件,如进货渠道、中间环节、仓库技术作业等,都将直接或间接地影响商品库存量的水平。

知识拓展

某个仓库面积为100平方米,放货物的位置一般要达到60%,否则仓库的利用率就不高。通道的面积照此推算下来，是10%～20%。那么通道到底要多宽呢？通道宽和窄是没有标准的，因为如果两边的货堆得很高，那么通道相对来说就要稍微宽一点，否则视觉上会觉得很拥挤；两边堆得低，通道就可以窄一点。通道的宽窄还取决于仓库里用的是什么样的搬运工具，是手推车还是电瓶车，一般来说搬运工具两边应各留10厘米。

3. 储存结构合理

储存结构合理是指对不同品种、规格、型号的商品，应根据消费者的要求，在库存数量上确定彼此之间合理的比例关系，它反映了库存商品的齐备性、配套性、全面性和供应的保证性。储存结构主要是根据消费者的需要和市场的需求变化等因素确定。

4. 储存时间合理

储存时间合理是指每类商品都要有恰当的储备保管天数。要求储备天数不能太长也不能太短，储备天数过长就会延长资金占用，储备天数过短就不能保证供应。储存时间主要应根据流通销售速度来确定，运输时间、验收时间等也是应考虑的影响因素。此外，某些商品的储存时间还受到该商品的性质和特点的影响，如储存时间过长，产品就会发生物理、化学、生理生物变化，造成其变质或损坏。

（三）实现储存合理化的措施

（1）在自建仓库和租用公共仓库之间做出合理选择，找到最优的解决方案。

（2）注重应用合同仓储，即第三方仓储。

（3）进行储存物的ABC分类，并在ABC分类的基础上实施重点管理。

小贴士

ABC分类管理方法就是将库存物资按重要程度分为特别重要的库存A类、一般重要的库存B类和不重要的库存C类三个等级，然后针对不同等级进行管理和控制。

（4）加速总的周转，提高单位产出。储存现代化的重要课题是将静态储存变为动态储存，周转速度一快，就会带来一系列的好处：资金周转快、资本效益高、货损小、仓库吞吐能力增加、成本下降等。

（5）采用有效的“先进先出”方式，保证每个储存物品的储存期不至过长。“先进先出”是一种有效的方式，也是储存管理的准则之一。

（6）提高储存密度和仓库利用率，其主要目的是减少储存设施的投资，提高单位存储面积的利用率，以降低成本、减少土地占用。

（7）采用有效的储存定位系统。如果定位系统有效，能大大节约寻找、存放、取出物品的时间，节约物化劳动，而且能防止差错，便于清点货物及实行订货点管理等。

（8）采用有效的监测清点方式。

（9）根据商品的特性，采用现代化储存保养技术，保证储存商品的质量。

（10）采用集装箱、集装袋、托盘等储运装备一体化的方式。

第三节　物流配送

一、概述

(一) 配送的定义

中国国家标准《物流术语》(GB/T 18354—2006)中将配送定义为：在经济合理区域范围内，根据用户的要求，对物品进行拣选、加工、包装、分割、组配等作业，并按时送达指定地点的物流活动。

小贴士

事实上，从配送活动的实施过程上看，配送包括两个方面的活动："配"是对货物进行集中、分拣和组配，"送"是以各种不同的方式将货物送至指定地点或用户手中。

因此，可以从以下四个方面来理解配送。

1. 物流配送是最终资源配置

配送是资源配置的一部分，是最终资源配置。在社会再生产过程中，配送处于接近用户的那一段流通领域。因此，可以说配送是接近顾客的配置，是从物流结点至用户的终端运输。

2. 物流配送是特殊送货形式

配送的实质是从物流结点至用户的一种特殊送货形式，它有别于一般送货，是一种"中转"形式。一般送货可以是一种偶然的行为，而配送却是一种固定的形态，甚至是一种有确定组织、确定渠道，有一套装备和管理力量、技术力量，有一套制度的体制形式。所以，配送是高水平的送货形式，即现代送货。

3."配"和"送"的有机结合

配送是"配"和"送"有机结合的形式。在运送货物过程中，如果不进行分拣、配货，有一件运一件，需要一点送一点，就会大幅增加运力的消耗，使送货并不比取货有优势。而配送就是利用有效的分拣、配货等理货工作，使送货达到一定的规模，并利用规模优势取得较低的送货成本。所以，要追求整个配送的优势，分拣、配货等项工作是必不可少的。

4. 以用户要求为出发点

配送是从用户利益出发、按用户要求进行的一种活动，因此在观念上必须明确用户处于主导地位，配送企业是服务地位。所以，应从用户利益出发，在满足用户利益的基础上取得本企业的利益。更重要的是，不能利用配送损伤或控制用户，更不能将配送作为部门分割、行业分割、割据市场的手段。

当然，用户要求受用户本身的局限，有时在实际中会损失自我或双方的利益。因此，对于配送者来说，必须以"要求"为根据，但是不能盲目，应该追求合理性，进而指导用户，实现共同受益。

（二）配送的特征

1. 有多重任务

配送业务中，除了送货外，其活动内容中还有“拣选”“分货”“包装”“分割”“组配”“配货”等项工作，这些工作难度很大，必须具有发达的商品经济和现代的经营水平才能做好。在商品经济不发达的国家及历史阶段，很难按用户要求实现配货，要实现广泛的、高效率的配货就更加困难。因此，一般意义的送货和配货存在着时代的差别。

2. 各种业务的有机结合体

配送是送货、分货、配货等许多业务活动有机结合的整体，同时还与订货系统紧密联系。要实现这一点，就必须依赖现代情报信息，建立和完善整个大系统，使其成为一种现代化的作业系统。这也是以往的送货形式无法比拟的。

3. 现代化技术手段必不可少

配送的全过程要有现代化技术手段作为基础。现代化技术和装备的采用，使配送在规模、水平、效率、速度、质量等方面远远超过以往的送货形式。在活动中，由于大量采用各种传输设备及识码、拣选等机电装备，使整个配送作业像工业生产中广泛应用的流水线，实现了流通工作的一部分工厂化。因此可以说，配送也是科学技术进步的一个产物。

4. 专业化分工

配送是一种专业化的分工方式。配送为客户提供定制化的服务，根据客户的订货要求准确及时地为其提供物资供应保证，在提高服务质量的同时，可以通过专业化的规模经营获得单独送货无法得到的低成本。

（三）配送的作用

配送是物流系统中由运输环节派生出的功能，是短距离的运输。它是物流中一种特殊的、综合的活动形式，是将商流与物流紧密结合，包含了商流活动，也包含了物流中若干功能要素的一种形式。

1. 配送是物流的重要组成部分

从物流的功能来说，配送的距离较短，位于物流系统的最末端，处于支线运输、二次运输和末端运输的位置，即到消费者的物流。但是在配送过程中也包含着其他的物流功能（如装卸、储存、包装等），是多种功能的组合，可以说配送是物流的一个缩影或是在某小范围中物流全部活动的体现，也可以说是一个小范围的物流系统。

从物流系统的结构角度来看，物流系统是由结点、连线构成的一个网络，其中结点又称为物流据点。配送中心就是一类非常重要的物流据点，对整个物流系统的优化具有重要意义。

2. 配送提高了末端物流的经济效益

在供应链的末端主要是向客户进行实体分配，所面临的是分散、复杂的需求，品种多、批量小、运输距离短、效率低，因此只有通过配送增大订购经济批量，实现经济进货，又通过将用户所需的各种商品配好，集中起来向用户送货，以及将多个用户的小批量集中起来进行一次发货等方式，大幅提高了物流的经济效益。

3. 使企业实现低库存或零库存

实现了高水平的配送以后，尤其是采取准时配送方式之后，生产企业可以完全依靠配送中心的准时配送,而不需保持自己的库存。或者生产企业只需保持少量保险储备而不必留有经常储备,这样就可以实现生产企业零库存,将企业从库存的包袱中解脱出来,同时解放出大量储备资金,从而改善企业的财务状况。

实行集中库存时,集中库存的总量远低于不实行集中库存时各企业分散库存的总量;同时增加了调节能力,也提高了社会经济效益。此外,采用集中库存可利用规模经济的优势,使单位存货成本下降。

4. 简化事务,方便用户

采用配送方式,用户只需向一处订购,或和一个进货单位联系就可以订购到以往需去许多地方才能订到的货物,只需组织对一个配货单位的接货便可以代替现有的高频率接货,因而大幅减轻了用户的工作量和负担,也节省了事务开支。

5. 提高供应保证程度

生产企业自己保持库存,维持生产,受到库存费用的制约,供应保证程度很难提高。采取配送方式,配送中心可以比任何企业的储备量都大,因而对每个企业而言,中断供应、影响生产的风险相对缩小,使用户免去短缺之忧。

二、配送的类型

按组织方式、对象特性不同进行分类,配送包括以下一些形式。

(一) 按配送组织者不同分类

按配送组织者的不同,可以把配送分为以下四种形式。

1. 配送中心配送

配送中心配送的组织者是专职配送中心,规模比较大,专业性比较强,与用户之间存在固定的配送关系。配送中心一般情况下都实行计划配送,需要配送的商品有一定的库存量,很少会超越自己的经营范围。

2. 仓库配送

仓库配送是指以一般仓库为据点来进行配送。这种配送形式可以把仓库完全改造成配送中心,也可以在保持仓库原功能前提下,以仓库原功能为主,再增加一部分配送职能。

由于其并不是按配送中心要求专门设计和建立的,因此一般来说,仓库配送的规模较小,配送的专业化也比较差。但是因为可以利用原仓库的储存设施及能力、收发货场地、交通运输线路等,所以其既是开展中等规模的配送可以选择的形式,同时也是较为容易利用现有条件而不需大量投资、上马较快的形式。

3. 生产企业配送

生产企业配送形式的组织者是生产企业,尤其是进行多品种生产的生产企业。这些企业可以直接从本企业开始进行配送,而不需要再将产品发运到配送中心进行中心配送。

由于避免了一次物流的中转,因此生产企业配送具有一定优势。但是生产企业,尤其是现代生产企业,往往实行大批量低成本生产,品种较为单一,因此无法像配送中心那样依靠产品凑整运输取得优势。一般来说,生产企业配送不是配送的主体,它只是在地方性较强的产品生产企业中应用较多,如就地生产、消费的食品、饮料、百货等。

4. 商店配送

商店配送形式的组织者是商业或物资的门市网点，这些网点主要承担商品的零售，一般来说，规模不大但经营品种比较齐全。除日常经营的零售业务外，这种配送方式还可根据用户的要求将商店经营的品种配齐，或代用户外订外购一部分本商店平时不经营的商品，与商店经营的品种一起配齐运送给用户。

这种配送形式的组织者实力有限，往往只是零星商品的小量配送，所配送的商品种类繁多，用户需用量不大，甚至于有些商品只是偶尔需要。但是由于其配送半径较小，因此比较灵活机动，可承担生产企业非主要生产物资的配送及对消费者个人的配送。可以说，这种配送是配送中心配送的辅助及补充形式。

（二）按配送商品种类及数量不同分类

按配送商品种类及数量的不同，可以把配送分为以下三种形式。

1. 单（少）品种、大批量配送

一般来说，对于工业企业需要量较大的商品，由于单独一个品种或几个品种就可达到较大输送量，可以实行整车运输，这种情况下就可以由专业性很强的配送中心实行配送，往往不需要再与其他商品进行搭配。

由于配送量大，因此可使车辆满载并使用大吨位车辆。同时，由于配送中心的内部设置、组织、计划等工作也较为简单，因此配送成本较低。如果可以从生产企业将这种商品直接运抵用户，同时又不至于使用户库存效益下降，则采用直送方式往往效果更好。

2. 多品种、少批量配送

多品种、少批量配送是指根据用户的要求，将所需的各种物品（每种物品需要量不大）配备齐全，凑整装车后由配送据点送达用户。这种配送作业水平要求高，配送中心设备要求复杂，配货送货计划难度大，因此需要有高水平的组织工作保证和配合。而且在实际中，多品种、少批量配送往往随着多用户、多批次的特点，配送频度往往较高。

配送的特殊作用主要反映在多品种、少批量的配送中，因此这种配送方式在所有配送方式中是一种高水平、高技术的方式。这种配送能满足物资品种多样化的需求，符合市场环境的主流需要，也是配送中最典型的形式。

3. 配套、成套配送

配套、成套配送方式是指根据企业的生产需要，尤其是装配型企业的生产需要，把生产每一台件所需要的全部零部件配齐，按照生产节奏定时送达生产企业，生产企业随即可将此成套零部件送入生产线以装配产品。

这种配送方式中，配送企业承担了生产企业大部分的供应工作，使生产企业可以专注于生产，与多品种、少批量的配送效果相同。

（三）按配送时间及数量分类

按配送时间及数量的不同，可以把配送分为以下五种形式。

1. 定时配送

定时配送是指按规定时间间隔进行配送，如数天或数小时一次等；而且每次配送的品种及数量可以根据计划执行，也可以在配送之前以商定的联络方式（如电话、计算机终端输入等)通知配送的品种及数量。

由于这种配送方式时间固定、易于安排工作计划、易于计划使用车辆,因此对于用户来说,也易于安排接货的力量(如人员、设备等)。

1) 日配

日配是定时配送中施行较为广泛的方式,尤其在城市内的配送中,日配占了绝大多数比例。日配的时间要求大体上是上午的配送订货下午可送达,下午的配送订货第二天早上送达,即实现送达时间在订货的24小时之内;或者是用户下午的需要保证上午送到,上午的需要保证前一天下午送到,即实现在实际投入使用前24小时之内送达。

广泛而稳定地开展日配方式,就可使用户基本上无须保持库存,做到以配送的日配方式代替传统库存方式来实现生产或销售经营的保证。日配方式特别适合下述情况。

第一,消费者追求新鲜的各种食品,如水果、点心、肉类、蛋类、蔬菜等。

第二,用户是多个小型商店,它们追求周转快,随进随售,因而需要采取日配形式实现快速周转。

第三,由于用户的条件限制,因此不可能保持较长时期的库存,如已经采用零库存方式的生产企业,位于"黄金宝地"的商店,以及那些缺乏储存设施(如冷冻设施)的用户。

第四,临时出现的需求。

2) 准时-看板方式

准时-看板方式是实现配送供货与生产企业生产保持同步的一种配送方式。与日配方式和一般定时方式相比,这种方式更为精细和准确。其配送每天至少一次,甚至几次,以保证企业生产的不间断。这种配送方式的目的是实现供货时间恰好是用户生产之时,从而保证货物不需要在用户的仓库中停留,而可直接运往生产场地。这样,与日配方式比较,连"暂存"这种方式也可取消,可以绝对地实现零库存。

准时-看板方式要求依靠很高水平的配送系统来实施,由于要求迅速反应,因此对多个用户实行周密的共同配送计划是不大可能的。该方式适合装配型重复大量生产的用户,这种用户所需配送的物资是重复、大量而且没有大变化的,因而往往是一对一的配送。即使时间要求可以不那么精确,但是这种配送方式也难以集中多个用户的需求实行共同配送。

2. 定量配送

定量配送是指按照规定的批量,在一个指定的时间范围内进行配送。这种配送方式数量固定,备货工作较为简单,可以根据托盘、集装箱及车辆的装载能力规定配送的定量,能够有效利用托盘、集装箱等集装方式,也可做到整车配送,配送效率较高。

由于定量配送时间不严格限定,因此可以将不同用户所需的物品凑成整车后配送,运力利用也较好。对于用户来说,每次接货都处理同等数量的货物,有利于人力、物力的准备工作。

3. 定时定量配送

定时定量配送是指按照所规定的配送时间和配送数量进行配送。这种方式兼有定时、定量两种方式的优点,但是其特殊性强,计划难度大,因此适合采用的对象不多,不是一种普遍的方式。

4. 定时、定路线配送

定时、定路线配送是指在规定的运行路线上制订到达时间表,按运行时间表进行配送，用户则可以按规定的路线站及规定的时间接货，以及提出配送要求。

采用这种方式有利于计划安排车辆及驾驶人员。在配送用户较多的地区，可以免去过分复杂的配送要求所造成的配送组织工作及车辆安排的困难。对于用户来说，既可以在一定路线、一定时间进行选择，又可以有计划地安排接货力量。但这种方式的应用领域是有限的。

5. 即时配送

即时配送是指完全按照用户提出的时间、数量方面的配送要求，随即进行配送的配送形式。这是一种灵活性很高的应急方式，它考验的是配送企业的快速反应能力。

（四）按经营形式不同分类

按经营形式的不同，可以把配送分为以下三种形式。

1. 销售配送

销售配送形式是指配送企业是销售性企业，或者是指销售企业作为销售战略一环所进行的促销型配送。一般来说，这种配送的配送对象是不固定的，用户也往往是不固定的，配送对象和用户往往根据对市场的占有情况而定；其配送的经营状况也取决于市场状况。因此，这种形式的配送随机性较强，而计划性较差。各种类型的商店配送一般多属于销售配送。

用配送方式进行销售是扩大销售数量、扩大市场占有率、获得更多销售收益的重要方式。由于配送是在送货服务前提下进行的活动，所以一般来说也会受到用户的欢迎。

2. 供应配送

供应配送是指用户为了自己的供应需要所采取的配送形式。在这种配送形式下，一般来说，是由用户或用户集团组建配送据点，集中组织大批量进货（以便取得批量折扣），然后向本企业配送或向本企业集团若干企业配送。

在大型企业、企业集团或联合公司中常常采用这种配送形式组织对本企业的供应，如商业中广泛采用的连锁商店就常常采用这种方式。用配送方式进行供应，是保证供应水平、提高供应能力、降低供应成本的重要方式。

3. 协同配送

协同配送就是把过去按不同货主、不同商品分别进行的配送改为不区分货主和商品集中运货的"货物及配送的集约化"，即把货物都装入在同一条路线运行的车上，用同一台卡车为更多的顾客运货。

协同配送的目的在于最大限度地提高人员、物资、金钱、时间等物流资源的效率（降低成本），取得最大效益（提高服务）；还可以避免交互运输，并取得缓解交通、保护环境等社会效益。

三、配送的合理化

（一）配送合理化的标志

1. 库存标志

库存是判断配送合理与否的重要标志，其具体指标如下。

1）库存总量

库存总量是指在一个配送系统中，将分散于各个用户的库存转移给配送中心，形成的配送中心库存数量。库存总量之和应低于实行配送前各用户库存量之和。

此外，从各个用户角度判断，各用户在实行配送前后的库存量比较也是判断合理与否的标准。某个用户上升而总量下降，也属于一种不合理。

库存总量是一个动态的量，上述比较应当是在一定经营量前提下。在用户生产有发展之后，库存总量的上升则反映了经营的发展，因此必须扣除这一因素才能对总量是否下降做出正确判断。

2）库存周转

由于配送企业的调剂作用，以低库存保持高供应能力，库存周转一般总是快于原来各企业库存周转。此外，从各个用户角度进行判断，各用户在实行配送前后的库存周转比较也是判断合理与否的标志。

小贴士

为取得共同比较基准，库存以库存储备资金计算，而不以实际物资数量计算。

2. 资金标志

总的来说，实行配送应有利于降低资金占用及资金运用的科学化，其具体指标如下。

(1) 资金总量。用于资源筹措所占用流动资金总量随储备总量的下降及供应方式的改变，必然有一个较大的降低。

(2) 资金周转。从资金运用的角度来说，由于整个节奏加快，资金充分发挥作用，同样数量资金，过去需要较长时期才能满足一定供应要求，配送之后在较短时期内就能达此目的。所以资金周转是否加快也是衡量配送合理与否的标志。

(3) 资金投向的改变。资金分散投入还是集中投入是资金调控能力的重要反映。实行配送后，资金必然应当从分散投入改为集中投入，以增加调控作用。

3. 成本和效益

总效益、宏观效益、微观效益、资源筹措成本都是判断配送合理化的重要标志。对于不同的配送方式，可以有不同的判断侧重点。

例如，配送企业、用户都是各自独立的以利润为中心的企业，不但要看配送的总效益，还要看对社会的宏观效益及两个企业的微观效益，不顾及任何一方都必然会出现不合理。

又如，配送是由用户集团自己组织的，配送主要强调保证能力和服务性，那么效益主要从总效益、宏观效益和用户集团企业的微观效益来判断，不必过多顾及配送企业的微观效益。

由于总效益及宏观效益难以计量，因此在实际判断时，常以按国家政策进行经营，完成国家税收及配送企业和用户的微观效益来判断。对于配送企业而言(投入确定的情况下)，企业利润则反映配送合理化程度；对于用户企业而言，在保证供应水平或提高供应水平(产出一定)的前提下，供应成本的降低反映了配送的合理化程度。

4. 供应保证标志

实行配送时，各用户的最大担忧是供应保证程度降低，这是承担风险的实际问题。配送的重要一点是必须提高对用户的供应保证能力，而不是降低，这样才算实现了合理。供应保证能力可以从以三个方面进行判断。

(1) 缺货次数。实行配送后，对各用户来说，该到货而未到货会影响用户生产及经营的次数，因此缺货次数必须下降才算合理。

(2) 配送企业集中库存量。对每一个用户来说，其数量所形成的保证供应能力必须高于配送前单个企业的保证程度，从供应保证来看才算合理。

(3) 即时配送的能力及速度。这是用户出现特殊情况的特殊供应保障方式，这一能力必须高于未实行配送前用户紧急进货的能力及速度才算合理。特别需要强调一点，配送企业的供应保障能力是一个科学合理的概念，而不是无限的概念。具体来说，如果供应保障能力过高，超过了实际的需要，则属于不合理。所以，追求供应保障能力的合理化也是有限度的。

5. 社会运力节约标志

末端运输是目前运能、运力使用不合理、浪费较大的领域，因而人们寄希望于配送来解决这个问题，这也成了配送合理化的重要标志。运力使用的合理化是依靠送货运力的规划和整个配送系统的合理流程，以及与社会运输系统合理衔接实现的。

送货运力的规划是任何配送中心都需要花精力解决的问题，而其他问题有赖于配送及物流系统的合理化，判断起来比较复杂。

小贴士

判断社会运力节约的标志

(1) 社会车辆总数减少，而承运量增加为合理。

(2) 社会车辆空驶减少为合理。

(3) 一家一户自提自运减少，社会化运输增加为合理。

6. 人力、物力节约标志

配送的重要观念是以配送代劳用户，因此实行配送后，各用户库存量、仓库面积、仓库管理人员减少为合理，用于订货、接货、做供应的人减少为合理。如果能真正解除用户的后顾之忧，则配送的合理化程度可以达到高水平。

7. 物流合理化标志

物流合理化是配送要解决的大问题，也是衡量配送本身的重要标志。配送必须有利于物流合理，这可以从以下七个方面进行判断。

(1) 是否降低了物流费用。

(2) 是否减少了物流损失。

(3) 是否加快了物流速度。

(4) 是否发挥了各种物流方式的最优效果。

(5) 是否有效衔接了干线运输和末端运输。

(6) 是否不增加实际的物流中转次数。

(7) 是否采用了先进的技术手段。

(二)配送合理化可采取的做法

1. 推行一定综合程度的专业化配送

通过采用专业设备、设施及操作程序,取得较好的配送效果,并降低配送过分综合化的复杂程度及难度,从而追求配送合理化。

2. 推行加工配送

通过加工和配送结合,充分利用本来应有的这次中转,而不增加新的中转求得配送合理化。同时,加工借助于配送,加工目的更明确和用户联系更紧密,更避免了盲目性。这两者有机结合,投入增加不太多却可追求两个优势、两个效益,是配送合理化的重要经验。

3. 推行共同配送

通过共同配送(在核心企业的统筹安排和统一调度下,各个配送企业分工协作,联合行动,共同对某一地区或某些用户进行配送),以最近的路程、最低的配送成本完成配送,以追求合理化。

4. 实行送取结合

配送企业与用户建立稳定、密切的协作关系,配送企业不仅成了用户的供应代理人,而且承担用户储存据点功能,甚至成为产品代销人。在配送时,配送企业将用户所需的物资送到,再将该用户生产的产品用同一车运回,因此用户生产的产品也成了配送中心的配送产品之一,或者作为代存代储,免去了生产企业库存包袱。这种送取结合可使运力充分利用,也使配送企业功能有更大的发挥,从而追求合理化。

5. 推行准时配送系统

准时配送是配送合理化的重要内容。配送只有做到了准时,用户才有资源把握,可以放心地实施低库存或零库存,可以有效地安排接货的人力、物力,以追求最高效率的工作。另外,保证供应能力也取决于准时供应。从国外的经验看,准时供应配送系统是现在许多配送企业追求配送合理化的重要手段。

6. 推行即时配送

即时配送是最终解决用户企业担心断供之忧,大幅度提高供应保证能力的重要手段。即时配送是配送企业快速反应能力的具体化,是配送企业能力的体现。

即时配送成本虽然较高,但它是整个配送合理化的重要途径。此外,用户实行零库存时,即时配送也是重要的保证手段之一。

知识拓展

什么是交叉配送?

交叉配送是由英文 cross docking 翻译过来的,又称交叉站台、越仓。

当一个供应商的货物入库之后要发运多个目的地,并有多个供应商在供货时,交叉配送的运作模式就是将供应商送达的货物从卸货平台卸下,根据目的地的不同进行有效及时的分配,并直接运到装货平台,装上发往不同目的地的车辆,减少货物在仓库的储存时间。

在这种模式下，货物不会以库存的形式存在。在流动量很大的仓库中，交叉平台的战略落实得越好，货物的处理时间就会越短，出现的瓶颈就会越少。因此，要达到平稳的接货、搬运、装车和发运，就必须有良好的信息管理系统。

换言之，有效的交叉配送作业是建立在完善的信息流之上的。目前，交叉配送的运作模式已经在多个行业领域广泛并成功地运用。

四、配送中心

（一）配送中心的基本含义

中国国家标准《物流术语》(GB/T 18354—2006)中关于配送中心是这样定义的：从事配送业务的物流场所或组织，应基本符合下列要求。

(1) 主要为特定的用户服务。

(2) 配送功能健全。

(3) 完善的信息网络。

(4) 辐射范围小。

(5) 多品种、小批量。

(6) 以配送为主，储存为辅。

配送中心是集多种流通功能(商品分拣、加工、配装、运送等)于一体的物流组织，是利用先进的物流技术和物流设备开展业务活动的大型物流基地。

传统企业在没有配送中心的情况下，物流通路混杂，如图 4-27 所示。

在建立配送中心以后，尤其是大批量、社会化、专业化配送中心建立以后，物流配送的局面就显得非常合理和有序，物流通路简捷，如图 4-28 所示。

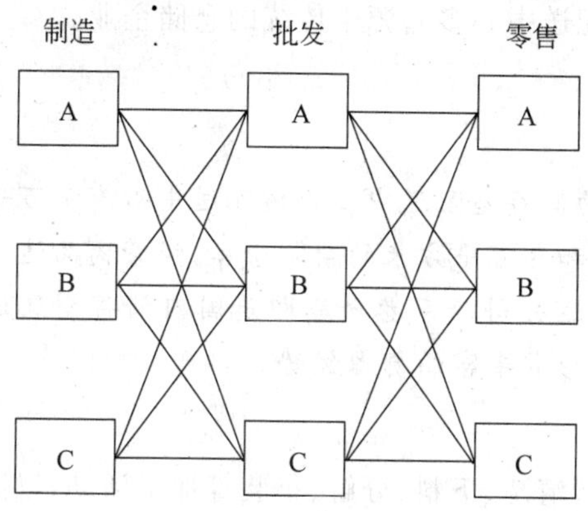

图 4-27　未建立配送中心的物流配送模式

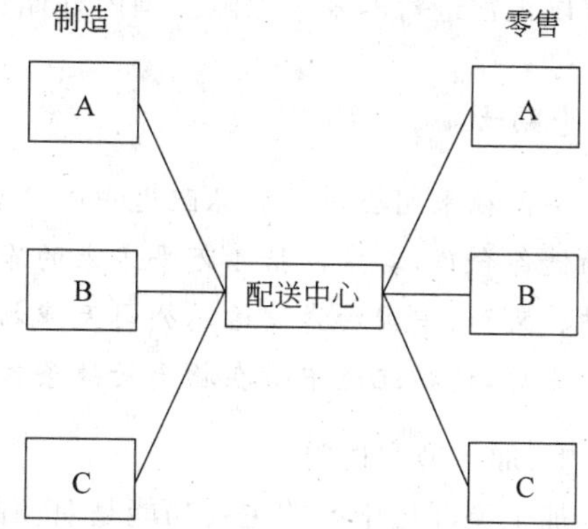

图 4-28　建立配送中心后的物流配送模式

（二）配送中心的类别

随着社会生产的发展、商品流通规模的不断扩大，配送中心数量也在不断增加。然而，在众多配送中心中，由于各自的服务对象、组织形式和服务功能不尽相同，而形成了不同类别的配送中心。按照不同的分类标准，可以把配送中心分为不同类别。

1. 按配送中心的经济功能分类

1）供应型配送中心

供应型配送中心是专门向某个或某些用户供应货物，充当供应商角色的配送中心。

在实际工作中，有很多从事货物配送活动的经济实体，其服务对象主要是生产企业和大型商业组织（超级市场或联营商店），所配送的货物主要有原料、元器件、半成品和其他商品，客观上起到了供应商的作用。这些配送中心类似于用户的后勤保障部门，故属于供应型配送中心。

例如，为大型连锁超级市场组织供应的配送中心；代替零件加工厂送货的零件配送中心，使零件加工厂对装配厂的供应合理化。又如，上海六家造船厂共同组建的钢板配送中心也属于供应型配送中心。

2）销售型配送中心

销售型配送中心是以销售商品为主要目的，以开展配送活动为手段组建的配送中心。

这类配送中心完全是围绕着市场营销而开展配送业务的。在市场竞争中，为了不断扩大自己的市场份额，提高市场占有率，商品生产者和商品经营者采取了多种降低流通成本和完善其服务的办法和措施，同时也改造和完善了物流设施，组建了专门从事配送活动的配送中心。因此，销售型配送中心属于商流、物流一体化的配送模式，国内外普遍存在。

3）储存型配送中心

储存型配送中心是充分强化商品的储备和储存功能，在充分发挥储存作用的基础上开展配送活动的配送中心。一般来说，在买方市场下，企业商品销售需要有较大库存来支持，其配送中心可能有较强储存功能；在卖方市场下，生产企业原材料、零部件供应也需要有较大的库存，也可能是储存型配送中心。实践证明，储存一定数量的物质乃是生产和流通得以正常进行的基本保障。国内外储存型配送中心多起源于传统的仓储企业。

小贴士

美国福来明公司的食品配送中心是典型的储存型配送中心。该配送中心有7万平方米的储备仓库，其中包括4万平方米的冷藏库和3万平方米的杂货仓库，经营商品达8万多种。又如，中国物资储运总公司天津物资储运公司唐家港仓库即是国内储存型配送中心的雏形，这种配送中心在物资紧缺条件下能形成丰富的货源优势。

4）加工型配送中心

加工型配送中心的主要功能是对商品进行清洗、下料、分解、集装等加工活动，以流通加工为核心开展配送活动。在生活资料和生产资料配送活动中有许多加工型配送中心，如深圳市菜篮子配送中心就是以肉类加工为核心开展配送业务的加工型配送中心。另外，如水泥等建筑材料及煤炭等商品的加工配送也属于加工型配送中心。

2. 按运营主体的不同分类

1）以制造商为主体的配送中心

以制造商为主体的配送中心里的商品100%是由自己生产制造的，这样可以降低流通费用，提高售后服务质量，及时地将预先配齐的成组元器件运送到规定的加工和装配工位。其从商品制造到生产出来，以及条码和包装的配合等多方面都较易控制，所以按照现代化、自动化的配送中心设计比较容易，但不具备社会化的要求。

2）以批发商为主体的配送中心

商品从制造者到消费者手中，传统的流通过程中要经过一个批发环节。一般是按部门或商品种类的不同把每个制造厂的商品集中起来，然后以单一品种或搭配形式向消费地的零售商进行配送。这种配送中心的商品来自各个制造商，它所进行的一项重要的活动便是对商品进行汇总和再销售，而它的全部进货和出货都是社会配送的，社会化程度高。

3）以零售商为主体的配送中心

零售商发展到一定规模后，就可以考虑建立自己的配送中心，为专业商品零售店、超级市场、百货商店、商场、粮油食品商店、宾馆饭店等服务，其社会化程度介于前两者之间。

4）以物流企业为主体的配送中心

以物流企业为主体的配送中心最强的是运输配送能力，而且地理位置优越，如港口、铁路和公路枢纽，可将到达的货物迅速地配送给用户。它给制造商或供应商提供仓储货位，而配送中心的货物仍属于制造商或供应商所有，配送中心只是提供仓储管理和运输配送服务。这种配送中心的现代化程度往往较高。

（三）配送中心的作用

配送中心是联结生产与生产、生产与消费的流通场所或组织，在现代物流活动中的作用是十分明显的，可以归纳为以下五个方面。

1. 使供货适应市场需求变化

配送中心不是以储存为目的的，然而，现代化的配送中心保持一定的库存起到了“蓄水池”的作用。各种商品的市场需求在时间、季节、需求量上都存在大量随机性，而现代化生产、加工无法完全在工厂、车间来满足和适应这种情况，必须依靠配送中心不断地进货、送货，快速地周转，在产销之间建立起一个缓冲平台，有效解决产销不平衡，缓解供需矛盾。例如，黄金假日的销售量比平日成倍增加，而配送中心的库存对确保销售起到了有力的支撑。

2. 实现储运的经济高效

从工厂企业到销售市场之间需要复杂的储运环节，要依靠多种交通、运输、库存手段才能满足，传统的以产品或部门为单位的储运体系明显存在不经济和低效率的问题。因此，建立区域、城市的配送中心，能批量进发货物，组织成组、成批、成列直达运输和集中储运，可以提高流通社会化水平，实现规模经济所带来的规模效益。

3. 实现物流的系统化和专业化

当今世界没有哪家企业不关注成本控制、经营效率、改善对顾客的服务，而这一切的基础建立在一个高效率的物流系统上。配送中心在物流系统中占有重要地位，配送中心能提供专业化的保管、包装、加工、配送、信息等系统服务。

由于现代物流活动中物质的物理、化学性质的复杂多样化，交通运输的多方式、长距离、长时间、多起点和多终点，以及地理与气候的多样性，对保管、包装、加工、配送、信息提出了很高的要求，因此只有建立配送中心，才有可能提供更加专业化、系统化的服务。

4. 促进地区经济的快速增长

在我国市场经济体系中,物流配送如同人体的血管,把国民经济各个部分紧密地联系在一起。配送中心如同交通运输设施一样,是联结国民经济各地区,沟通生产与消费、供给与需求的桥梁和纽带,是经济发展的保障,是拉动经济增长的内部因素,也是吸引投资的环境条件之一。配送中心的建设可以从多方面带动地区经济的健康发展。

5. 完善连锁经营体系

配送中心可以帮助连锁店实现配送作业的经济规模,使流通费用降低;减少分店库存,加快商品周转,促进业务的发展和扩散。批发仓库通常需要零售商亲自上门采购,而配送中心解除了分店的后顾之忧,使其专心于店铺销售额和利润的增长,不断开发外部市场,拓展业务。

小贴士

在连锁商业中,配送中心以集中库存的形式取代以往一家一户的库存结构方式,这种集中库存与传统的"前店后库"相比大幅降低了库存总量。

例如,配送中心的流通加工可减轻门店的工作量;拆零作业有利于商场多出样品,以增加销售商品的品种数;此外,还加强了连锁店与供货方的关系。

同步测试

一、填空题

1. 按配送时间及数量分类,配送可以分为________、________、________、________、________。

2. 运输的基本原理包括________、________、________。

3. 储存具有________、________、________、________四项基本功能。

4. 按配送中心的经济功能分类,可将其划分为________、________、________、________。

5. 物流运输的基本原则是________、________、________、________。

6. 配送是________和________有机结合的形式。

7. 运输包括________、________、________、________、________五种方式。

二、简答题

1. 配送合理化应采取哪些措施?

2. 简答运输在物流活动中的地位。

3. 物流运输中的不合理现象主要体现在哪些方面?

4. 配送在物流活动中起到哪些作用?

5. 简答运输合理化的含义及实现合理化的有效措施。

三、论述题

1. 详细分析各种运输方式的优缺点。

2. 结合实际案例详述实现储存合理化的措施。

延伸阅读

长久物流在行动

新型冠状病毒肺炎的疫情始终牵动着全国人民的心。在抗击疫情的关键时刻，包括汽车物流企业在内的社会各界，在党和政府的领导下驰援疫情区，用实际行动抗击疫情，捍卫生命。长久物流希望在这场举全国之力抗击病毒的战役中能够贡献一份力量，为武汉加油。

2020年1月29日23时，长久物流华中大区获悉湖北省武汉市汉阳区卫健委需求，由湖北省武汉市汉普会(普拉多车友会)捐赠的10吨医用酒精急需从安徽宿州运往武汉。医用酒精属于三类危险品，需要使用危化品专用运输车。

长久物流华中大区的工作人员虽身处疫区，但在接到任务后义无反顾，连夜紧急调拨车辆、驾驶员和押运员。驾驶员同志舍小家为大家，放弃休息时间，做好防护措施后，于2020年1月30日上午集结完毕，即刻启程执行运输任务，并于2020年2月1日凌晨2点将保障抗灾救援物资及时运抵武汉市汉阳区。

2020年1月30日21时，长久物流华中大区获悉湖北省武汉市汉阳区防疫指挥部有一批救援物资(84消毒液1200桶、75%医用酒精800桶及含氯消毒片500袋等)需从四川省岳池县九龙镇城南工业园运至武汉市。因医用酒精属于三类危险品，需要危化品专用运输车。

接到此发运任务以后，西南大区与华中大区积极沟通，连夜紧急调拨车辆，安排驾驶员。重庆公司驾驶员赵小军第一时间不畏艰难、义无反顾地接受任务冲到前线阵地。于2020年1月31日中午12点抵达四川省岳池县九龙镇城南工业园待命装货。

由于特殊时期该厂装卸工只有一名，无法帮助装卸物资，所有的救援物资只能由驾驶员自己装载。叉车把货物送到货车旁边，由驾驶员赵小军一箱一箱地往车里搬，共计550箱货物。备货、装货，装载完毕历经10多个小时。经过2天的长途跋涉，2020年2月2日23时将救援物资安全运送至目的地。这就是长久物流最美的逆行者。

长久物流全资境外子公司Changjiu Logistics GmbH和控股子公司哈欧国际物流一直与黑龙江省政府一同密切关注疫情发展和防控情况，在收到黑龙江省商务厅采购需求后，公司第一时间在境内外进行工作部署，既要在数量上全力保障需求缺口，又要使采购物资满足防疫标准。基于此，公司利用在德国多年积累的采购资源，率先在德国启动了境外防疫物资采购工作。

和公司日常采购不同，非常时期境外采购防疫医疗物资并非一帆风顺。受国内疫情防护标准、货源少、市场价格不透明等因素影响，采购工作面临不小的挑战。加之疫情发生后国际物流受到一定程度影响，导致采购的物资难以顺利运回，防疫物资采购工作困难重重。即便是这样，长久物流境外团队和哈欧国际物流境内团队依旧迎难而上，克服国内和国外的时差因素，与省政府、市政府保持密切沟通，利用自身在物流行业深耕多年的经验,圆满完成了首批欧洲防疫物资的采购工作,合计约25000件不同配置的口罩、头套、手套和鞋套,于2020年2月5日下午顺利抵达哈尔滨。

至此,黑龙江省各地对哈欧代采的委托需求仍在增加,长久物流高度重视政府的新增需求,及时总结本次特殊采购的宝贵经验,做好后续物资国际采购运输的工作部署,制订更完备的采购方案,保障后续采购的各个环节更流畅高效,保质保量地完成黑龙江省各级政府委托的采购任务。

长久物流争分夺秒运输负压救护车。2020年1月31日,长久物流东北大区辽宁公司接到华晨雷诺金杯汽车生产厂关于疫情防控物资运输需求,华晨雷诺金杯汽车生产厂将陆续生产43台负压救护车运往新疆及武汉疫区。首批三台负压救护车将于2020年2月6日早8时下线交付,由长久物流辽宁公司车队负责使用中置轴轿运车从辽宁沈阳运往新疆乌鲁木齐,交付给新疆生产建设兵团疫情防控保障组后,统一派发新疆定点医疗单位用以救援使用。

长久物流辽宁公司接到需求后,紧急调拨运输专用车并迅速制订运输方案及驾驶员安全保障计划,第一时间落实了运送疫情防控物资的相关手续。长久物流团队的分秒必争,目的是确保救护车能够快速安全地运送到新疆,为“坚决打赢疫情防控阻击战”贡献绵薄之力。

在此次运输任务下达后,长久物流辽宁车队10多名驾驶员主动请缨,最终委派经验丰富的王跃华同志执行该任务。2020年2月6日上午,3台华晨雷诺金杯救护车交付完毕,即刻启程发往新疆。王跃华同志坚定表示“运输疫情防控物资是光荣的使命,定全力以赴完成任务”,在做好个人安全防护措施后,就启程执行前往新疆的任务。

其实,长久物流辽宁车队中,像王跃华同志那样志愿投入疫情防控物资运输保障工作的驾驶员还有很多,早在2020年1月27日长久集团发布“无偿协助政府和公益组织提供防控物资运输服务”的政策时,前后就有19名驾驶员找到车队长,表示志愿执行疫区的运输任务。后续想为驰援疫区贡献力量的驾驶员也逐日递增,其中一位叫崔晓明的同志还发来这样质朴却感人肺腑的微信:“我可以不要工资,做个志愿者免费送车和物资……”在助力抗疫防控的道路上,长久人正用那徐徐春风般的温暖,将人间大爱的种子播撒。

众志成城,长久物流整装待发,同心抗“疫”,长久物流势在必行!

资料来源:中国物流与采购联合会网站资料汇编.

第五章

物流辅助作业活动

◆ 知识目标 ◆

（1）了解包装、装卸搬运、流通加工的种类，理解包装、装卸搬运、流通加工的概念。

（2）掌握包装、装卸搬运、流通加工的作用及合理化的表现。

（3）熟悉物流辅助作业活动在物流系统中的地位。

◆ 技能要求 ◆

（1）学会分析物流业务中包装、装卸搬运、流通加工等活动中不合理的表现。

（2）根据物流业务提出包装、装卸搬运、流通加工等合理化的途径与方法。

（3）掌握手动包装和部分流通加工技能。

学习导航

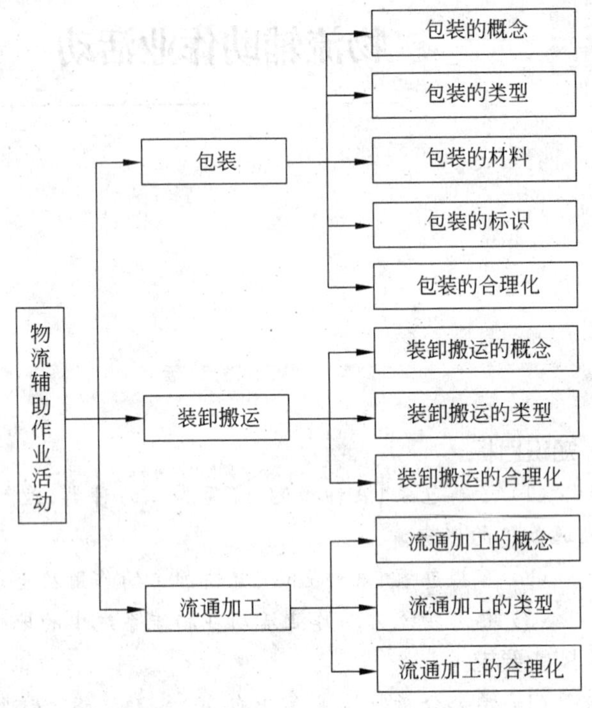

案例引导

顺丰、京东、德邦、苏宁等名企“炫”技

在“智慧物流”风起云涌的今天,科技带给物流业的想象力十足且美好。有无人机、无人车、智能仓储、区块链、智慧物联网等技术的不断创新和发展,也有看似天马行空但正在成为现实的未来物流园区、地下物流通道等科技建设的落地,物流业的发展正进入全面创新、智慧智能、快速便捷、高质高效的新时代。

在第二届浙江国际智慧交通产业博览会上,关于未来智慧交通、物流等有了具体而又真实的模样。除了速度600千米/小时的磁悬浮列车、无人驾驶的飞行器外,物流行业的炫酷“黑科技”也正向我们走来。展会现场持续火爆,各种“黑科技”纷纷上演,让观众们应接不暇……

京东物流第三代智能配送机器人不仅外形科技感十足,还充满科技“内涵”,它不仅能自动避让路障和行人,还能实现自主停靠,完成配送任务后自动返程。天上飞的无人机同样吸睛无数,不仅能往返送货取货,而且还能全自主定点悬停抛货、自动卸货并返航。

顺丰的活鱼包装快递技术也在本届博览会上吸引了不少人的眼球。据悉,顺丰的活鱼包装快递技术材料主要由高密度泡沫密封保温箱和五层瓦楞纸制作的高强度纸箱组成,生鲜充氧包装装置放在保温箱中。保温箱的形状是与装置形状适配的矩形,具有良好的保温保冷效果。泡沫箱必须套防水袋,袋子材质为PE(聚乙烯),防水袋也必须扎紧。

这样做，一方面是为装置提供一层外层保护层；另一方面是为生鲜提供一个恒定温度，防止运输途中的温度变化对生鲜造成影响。可以说，顺丰领先的快递包装研发技术是类似运送鱼等“活体”时的“定海神针”。

资料来源：ups科技网网站资料汇编.

引例分析

随着人们生产生活的需要及科技革命的不断发展，我国物流业正由一个传统行业向以信息化、人工智能、大数据为支撑的智慧物流方向转变，这种转变在不断满足人民对美好生活的向往及社会各个领域的需求，同时也在促进降本增效的过程中推动行业高质量发展。

对于身处物流行业的每一个个体，物流业的智能时代终将到来，部分黑科技也终将取代人为作业。物流人应该接受并学习先进的科技文化知识，成为这些“黑科技”的运用者、操控者，成为这个新时代智慧洪流里必不可少的一员。

第一节 包 装

一、包装的概念

（一）包装的定义

包装是为在流通过程中保护产品、方便储运、促进销售，按一定技术方法而采用的容器、材料及辅助物等的总体名称；也指为了达到上述目的而采用容器、材料和辅助物的过程中施加一定技术方法等的操作活动。

现代包装业已成为世界许多国家国民经济中一个独立的工业体系，如美国的包装工业在整个国民经济中占第五位，仅次于钢铁、汽车、石油、建筑工业；日本、德国、英国每年的包装工业产值占国民生产总产值的20%。我国在改革开放以后，包装业发展很快，包装工业产值年平均递增近10%，包装业总产值占国民生产总产值的比例也在不断上升，我国包装工业已形成比较完整的工业体系。

（二）包装和物流的关系

包装为物流系统的构成要素之一，它既是生产的终点，又是物流的始点，与运输、保管、搬运、流通加工均有十分密切的关系，合理的包装能提高服务水平，降低费用，改善物料搬运和储运的效率，物流系统的所有构成因素均与包装有关，同时也受包装的制约。

（三）包装的主要功能

包装应使用适当的材料、容器和技术，使物品安全到达目的地，即在物品运送过程的每一阶段，无论遇到何种外在影响，都能保证产品完好，而且不影响物品价值。

在物流中包装主要有以下五种功能。

1. 保护功能

包装的第一项功能便是对于物品的保护作用。例如，避免搬运过程中的脱落，运输过程中的振动或冲击，保管过程中由于承受物品过重所造成的破损，避免异物的混入和污染,防湿、防水、防锈、防光、防霉变、防虫害,防止因为化学或细菌的污染而出现的腐烂变质等。

2. 定量功能

按单位定量形成基本单件或与此目的相适应的单件,即为了材料搬运或运输的需要而将物品整理成适合搬动、运输的单元,如适合使用托盘、集装箱、货架、载重汽车、货运列车等运载的单元。包装可缩短作业时间,减轻劳动强度,提高机械化作业的效率。

3. 标识功能

利用包装物可使产品容易识别和计量。

4. 跟踪功能

良好的货物包装能使物流系统在收货、储存、取货、出运的各个过程中跟踪商品,如将印有时间、品种、货号、编组号等信息的条形码标签贴在物品上供电子仪器识别,既能使生产厂家、批发商和仓储企业迅速准确地采集、处理和交换有关信息,还能加强对货物的控制,减少物品在流通过程中的货损货差,提高跟踪管理的能力和效率。

5. 便利功能

良好的包装便于物流各个环节的处理。例如,对运输环节来说,包装尺寸、质量和形状最好能配合运输、搬运设备的尺寸、质量,以便于搬运和保管;对仓储环节来说,包装则应方便保管、移动,标志鲜明,容易识别,具备充分辨识度。

二、包装的类型

(一)按其在物流过程中的作用不同划分

1. 商业包装

商业包装又称销售包装、小包装或内包装,是以促进销售为主要目的的包装。这种包装的特点是外形美观,有必要的装潢,包装单位适合顾客的购买量及商店陈设的要求。在流动过程中,商品越接近顾客,越要求包装能起促进销售的作用。

2. 运输包装

运输包装又称大包装或外包装,是以强化输送、保护产品为目的的包装。运输包装的特点是在满足物流要求的基础上使包装费用越低越好,并应在包装费用和物流损失两者之间寻找最佳的结合点。

(二)按包装的大小不同划分

1. 单件运输包装

单件运输包装是指在物流过程中作为一个计件单位的包装,常见的有箱,如纸箱、木箱、条板箱、夹板箱、金属箱;桶,如木桶、铁桶、塑料桶、纸桶;袋,如纸袋、草袋、麻袋、布袋、纤维编织袋;包,如帆布包、植物纤维合成树脂纤维编织包;此外还有篓、筐、罐、捆、玻璃瓶、陶缸、瓷坛等。

2. 集合运输包装

集合运输包装又称成组化运输包装,是指将若干单件运输包装组成一件大包装。常见的集合运输包装如下。

(1) 集装袋或集装包。袋是指用塑料重叠丝编织成的圆形大口袋，包是用同样材料编成的抽口式方形包。

(2) 托盘。托盘是指用木材、金属或塑料(纤维板)制成的托板。托盘的底部有插口，供铲车起卸用。

(3) 集装箱。集装箱具有坚固、密封、容量大、可反复使用等特点。

3. 按在国际贸易中有无特殊要求划分

(1) 一般包装，即普通包装，货主对包装无任何特殊要求。

(2) 中性包装和定牌包装。中性包装是指在商品内外包装上不注明生产国别、产地、厂名、商标和牌号。定牌包装是指在商品的内外包装上不注明生产国别、产地、厂名，但要注明买方指定商标或牌号。

4. 按对包装的保护技术不同划分

按对包装的保护技术不同可以将包装划分为防潮包装、防锈包装、防虫包装、防腐包装、防震包装、危险品包装等。

5. 按包装使用的次数划分

(1) 一次性包装。此类包装随商品的销售而消耗、损坏。

(2) 重复使用包装。此类包装材料比较牢固，可以回收，并反复使用。

6. 按包装的耐压程度划分

(1) 硬质包装。此类包装材料的质地坚硬，能承受较大的挤压，如木箱、铁箱等。

(2) 半硬质包装。此类包装材料能承受一定的挤压，如纸箱等。

(3) 软质包装。此类包装材料是软质的，受压后会变形，如麻袋、布袋等。

7. 按包装的材料划分

(1) 纸制品包装。此类包装经过处理，具有韧性、抗压性、弹性和防潮性等特点。

(2) 纺织品包装。此类包装常用于存放小颗粒、粉状货物。

(3) 木制品包装。此类包装具有较强的抗挤压和冲击的能力，使用较广。

(4) 金属制品包装。此类包装强度大，密闭性好，适合于盛装液体货物或较贵重的货物。

三、包装的材料

包装的材料是构成包装实体的主要物质，包装材料的选择对保护产品有着非常重要的作用。随着科学技术的发展，新型包装材料和包装技术不断出现，包装材料的性能将会更加完善。包装材料主要有以下几种类型。

1. 金属包装材料

将金属压成薄片制成容器用作物品的包装，一般指钢铁和铝材。金属包装材料通常制成罐、桶、箱、网、笼等，用量最大的材料是马口铁和金属箔，如图 5-1 所示。

金属罐用于食品、化学药品、牛奶、油质类物品，而桶则主要用于以石油为主的非腐蚀性的半流体及粉末、固体的包装。

金属材料用于包装，具有牢固、易于加工、不透气、防潮、避光、能再生等优点。但金属作为包装材料，容易受到成本高、在流通中易变形、易锈蚀等缺点的限制。

图 5-1 四种金属包装范例

2. 纸质包装材料

在包装材料中,纸的应用最广,耗量最大。因为纸具有价格低、质地细腻均匀、耐摩擦、耐冲击、容易黏合、不受温度影响、适于包装生产的机械化等优点。

纸质材料的弱点是防潮性能不好,受潮后强度下降,密闭性、防潮性、透明性差。

纸质材料一般有纸袋、纸箱、瓦楞纸箱等,如图 5-2 所示。运输用大型纸袋可用 3~6 层牛皮纸多层叠合而成。纸箱的原料是各种规格的白纸板和瓦楞纸板,但要求其强度和耐压能力必须达到一定指标,所以在选材和尺寸设计时应加以注意。

图 5-2 三种纸质包装范例

3. 木质包装材料

木质材料一般用作外包装,更能体现其抗震、抗压等优点,包括木桶、木箱、木筐等,如图 5-3 所示。为了增加强度也可加铁箍,对于重物包装常在底部加木质垫板。

图 5-3 三种木质包装范例

但是,木质材料存在易于吸收水分、易于变形开裂、易腐、易受白蚁侵害等缺点,再加上资源有限,限制了木质材料在包装中的应用。

4. 塑料包装材料

塑料包装材料在包装中的应用日益广泛,如塑料箱、塑料袋、塑料瓶、塑料盘等,如图 5-4 所示,在现代包装中处于越来越重要的地位。塑料材料不仅可用于包装固体物品,还可用于包装液体物品，代替传统的玻璃、金属、木制品。

图 5-4　三种塑料包装范例

塑料材料用于包装具有许多优点，如有一定的强度、弹性、耐折叠、耐摩擦、抗震动、防潮、气密性好、耐腐蚀、易于加工等；但它也有不少缺点，如易老化、有异味、废弃物难处理、易产生公害等。

5. 复合包装材料

复合包装材料是将两种或两种以上具有不同特性的材料通过各种方法复合在一起，以改进单一包装材料的性能。常见的复合包装材料有三四十种，使用最广泛的是塑料与玻璃复合材料、塑料与金属箔复合材料、塑料与塑料复合材料、塑料与纸张复合材料等。

四、包装的标识

包装商品时，会在外部印刷、粘贴或书写标识，其内容包括商品名称、牌号、规格、等级、计量单位、数量、质量、体积、收货单位、发货单位、指示装卸、搬运、存放注意事项、图案和特定代号等。

包装标识是判别商品特征、组织商品流转和维护商品质量的依据，对保障商品储运安全、加速流转、防止差错有着重要作用。

商品包装的标识通常分为两种：一是商品包装的标记；二是商品包装的标志。

（一）商品包装的标记

商品包装的标记是指根据商品的特征和商品收发事项，在外包装上用文字和数字表明的规定记号。其包括如下内容。

1. 商品标记

商品标记是注明包装内的商品特征的文字记号，反映的内容主要是商品名称、规格、型号、计量单位及数量。

2. 重量体积标记

重量体积标记是注明整体包装的重量和体积的文字记号，反映的内容主要是毛重、净重、皮重和长、宽、高的尺寸。

3. 收发货地点和单位标记

收发货地点和单位标记是注明商品起运、到达地点和收发货单位的文字记号，反映的内容是收发货的具体地点和收发货单位的全称。例如，国外进口商品在外包装表面刷上标记，标明订货年度、进口单位和要货单位的代号、商品类别代号、合同号码、贸易国代号及进口港的地名等。

(二) 商品包装的标志

商品包装的标志是为了便于货物交接、防止错发错运,便于识别,便于运输、仓储和海关等有关部门进行查验等工作,为便于收货人提取货物商品包装的标志有以下类型。

1. 运输标志

运输标志即唛头,这是贸易合同、发货单据中有关标志事项的基本部分,一般由一个简单的几何图形及字母、数字等组成。运输标志的内容包括目的地名称或代号,收货人或发货人的代用简字或代号、件号(每件标明该批货物的总件数),体积(长×宽×高),重量(毛重、净重、皮重),以及生产国家或地区等。

2. 指示性标志

指示性标志是按商品的特点,对于易碎、需防湿、防颠倒等商品,在包装上用醒目的图形或文字标明"小心轻放""防潮湿""此端向上"等,具体如表5-1所示。

表5-1 指示性标志的名称及含义

指示性标志	名称	含义
	易碎物品	运输包装件内装易碎品,因此搬运时应小心轻放
	禁用手钩	搬运运输包装件时禁用手钩
	向上	运输包装件的正确位置是竖直向上
	怕晒	运输包装件不能直接照射
	怕雨	包装件怕雨淋

续表

指示性标志	名　称	含　义
	怕辐射	包装物品一旦受辐射便会完全变质或损坏
– kg$_{max}$	堆码质量极限	该运输包装件所能承受的最大质量极限
	禁止堆码	该包装件不能堆码并且其上也不能放置其他负载
n	堆码层数极限	相同包装的最大堆码层数，n表示层数极限
	此面禁用手推车	搬运货物时此面禁用手推车

3. 警告性标志

对于危险物品，如易燃品、有毒品或易爆炸物品等，在外包装上必须醒目标明警告性标志，以示警告。

五、包装的合理化

包装可以有效保护商品，方便储运，在一定程度上增加了产品的价值，但也不可避免会增加产品的体积和质量，使产品的成本上升。合理的包装总是尽量利用包装的优点，减少包装的缺点，更加有利于物流。

（一）包装合理化的要点

包装合理化一方面包括包装总体的合理化，这种合理化往往用整体物流效益与微观包装效益统一来衡量；另一方面也包括包装材料、包装技术、包装方式的合理组合及运用。从多个角度来考察，包装合理化应满足多方面的要求。因此，在进行包装的过程中应注意以下七个方面的问题。

1. 包装应妥善保护内装商品

要制订相应的适宜标准,使包装物的强度恰到好处地保护商品免受损伤。除了要在运输装卸时经得住冲击、震动之外,包装还要具有防潮、防水、防霉、防锈等功能。

2. 包装材料和包装容器应当安全无害

包装材料要避免有聚氯联苯之类的有害物质,要避免包装容器的造型对人产生伤害。

3. 包装容量要便于装卸

不同的装卸方式决定着包装的容量。例如,采用人工操作的装卸方式的下,包装的容量必须限制在手工装卸的允许能力内,包装的外形及尺寸也应适合人工操作。

4. 对包装容器的内装物要有明确的标志或说明

商品包装物上关于商品质量、规格的标志或说明要能贴切地表示内装物的形状,尽可能采用条形码,便于出入库管理、保管期间盘点及销售统计。

知识拓展

瓦楞制品回收标志印制说明

出口包装使用要求:因出口国别不同,中文文字可省略,只印图标与登记号,颜色为黑色,大小可按比例自行调整。

国内使用要求:图标与文字的大小可按比例调整,颜色为黑色,印刷位置无规定;“登记号”不属于工商注册范围,无具体规定,但必须与图标、文字一同印刷。

5. 包装内商品外围空闲容积不应过大

为了保护内装商品,难免会使内装商品的外围产生某种程度的空闲容积,但合理包装要求空闲容积减少到最低限度。一般情况下,空闲容积最好降低到20%以下。

6. 包装费用要与内装商品相适应

包装费用应包括包装本身的费用和包装作业的费用。包装费用必须与内装商品相适应,但不同商品对包装要求也不同,所以包装费用占商品价格的比例是不相同的。一般来说,普通商品的包装费用应低于商品售价的15%,这只是一个平均比例。

7. 包装要符合环保要求

包装应设法减少其废弃物数量,在制造和销售商品时就应注意包装容器的回收利用或成为废弃物后的治理工作。近年来广泛采用一次性使用的包装和轻型塑料包装材料,从方便生活和节约人力角度来看,这是现代包装的发展方向,但其同时产生了大量难以处理的垃圾,带来了环境污染及资源浪费等社会问题。

小贴士

同学们对热门专业都非常关注,包装学也成为“黑马”专业之一。大部分的包装产业都与健康和安全需求相关,因此该产业具有较好的发展前景。目前包装学专业的教育重点在于如何使包装学更加实用和环保。毕业生可从事的相关工作有保鲜工程师、工业设计师、农业和食品科学家等。

（二）包装合理化的发展趋势

1. 包装轻薄化

由于包装只是起保护作用，对产品使用价值没有任何意义，因此在强度、寿命、成本相同的条件下，更轻、更薄、更短、更小的包装可以提高装卸搬运的效率。另外，轻薄短小的包装一般价格比较便宜，如果是一次性包装也可以减少废弃包装材料的数量。

2. 包装单纯化

为了提高包装作业的效率，包装材料及规格应力求单纯化，包装规格还应标准化，包装形状和种类也应单一化。

3. 包装标准化

包装的规格和托盘、集装箱关系密切，也应考虑到与运输车辆、搬运机械相匹配，从系统的观点制订包装的尺寸标准。

4. 包装机械化

为了提高作业效率和包装现代化水平，各种包装机械的开发和应用是很重要的。

5. 包装绿色化

绿色包装是指无害少污染的符合环保要求的各类包装物品，主要包括纸包装、可降解塑料包装、生物包装和可食性包装等，它们是包装经营发展的主流。

第二节 装卸搬运

在整个物流过程中，装卸搬运是不断出现和反复进行的活动，它出现的频率高于其他各种物流活动，同时每次装卸搬运都要占用很多时间和消耗很多劳动。因此，装卸搬运不仅成为决定物流速度的关键，而且是影响物流费用高低的重要因素。

开展装卸搬运的研究，实现装卸搬运合理化，无疑对物流系统整体功能的发挥、降低物流费用、提高物流速度都具有极其重要的意义。

一、装卸搬运的概念

（一）装卸搬运的定义

装卸搬运是指同一地域范围内进行的、以改变物品的存放状态和空间位置为主要内容和目的的活动。

一般情况下，物品存放的状态和空间位置是密切相关、不可分割的，因此人们常用“装卸”或“搬运”来代替装卸搬运的完整意义。例如，在流通领域里把装卸搬运活动称为货物装卸，而在生产领域则称为物料搬运。

在整个物流活动中，如果强调存放状态改变，一般用“装卸”一词；如果强调空间位置改变，常用“搬运”一词。

装卸搬运活动在整个物流过程中占有很重要的位置。一方面，物流过程各环节之间的衔接，以及同一环节的不同活动之间的联系都是以装卸作业有机地结合起来的，从而使物品在各环节、各种活动中处于连续运动或流动；另一方面，各种不同的运输方式之所以能联合运输，也是因为装卸搬运作业的存在。

在生产领域中，装卸搬运作业已成为生产过程中不可缺少的组成部分，成为直接生产的保障系统，从而形成了装卸搬运系统。

（二）装卸搬运的特点

装卸搬运不仅是生产过程中不可缺少的环节，而且还是流通过程中物流活动的重要内容。装卸搬运的特点主要表现在以下四个方面。

1. 均衡性与波动性

装卸搬运的均衡性主要是针对生产领域而言的，因为生产过程的基本要求是保证生产的均衡，因此作为生产过程的装卸活动必须与生产过程的节拍保持一致。从这个意义来说，装卸搬运基本上是均衡的、连续的、平稳的，具有节奏性。

在流通领域的装卸搬运虽然力求平衡作业，但随着车船的到发和货物的出入库，其作业是波动的、间歇的。装卸搬运作业的波动性程度一般可用波动系数进行定量描述。对波动作业的适应能力是装卸搬运的特点之一。

2. 稳定性与多变性

装卸搬运的稳定性主要是指生产领域的装卸搬运作业，这是与生产过程的相对稳定相联系的，特别是在大量生产的情况下更是如此，虽略有变化但也具有一定的规律性。在流通领域里，由于物质产品本身的品种、形状、尺寸、质量、包装、性质等各不相同，输送工具类型又各异，再加上流通过程的随机性等，所有这些决定了装卸搬运作业的多变性。因此，在流通领域里，装卸搬运应具有适应多变作业的能力，这是它的又一特点。

3. 局部性与社会性

生产领域的装卸搬运作业所使用的设备、设施，以及其管理工艺等涉及的面一般局限于企业内部。在流通领域里，装卸搬运恰恰相反，它涉及的面和因素是整个社会的。

因此，任何一个物流据点（车站、码头）的装货都有可能到任何一个物流据点去卸货，任何一个货主都有可能向任何一个收货人发货，任何一个发货点都可能成为收货点。所以，流通领域里所有装卸搬运作业点的装备、设施、工艺、管理方式、作业标准都必须相互协调，这样才能发挥装卸搬运活动的整体效益。

4. 单纯性与复杂性

在很多情况下，生产领域中的装卸搬运是生产过程中的一项生产活动，它只是单纯改变物料存放状态或改变空间位置，其作业较为简单。而流通过程中由于装卸搬运与运输、存储紧密衔接，为了安全和输送的经济性原则，需要同时进行堆码、满载、加固、取样、检验、分拣等作业，并且较为复杂。因此，装卸搬运作业必须具有适应这种复杂性的能力，这样才能加快物流的速度。

装卸搬运基本要求

(1) 严格遵守易燃、易爆及化学危险物品装卸运输的相关规定。

(2) 工作前应认真检查所用工具是否完好可靠,不得超负荷使用

(3) 装卸时应轻装轻放,重不压轻,大不压小,堆放平稳,捆扎牢固。

(4) 堆放物件不可歪斜,高度要适当,对易滑动物件要用木块垫塞。

(5) 用机动车辆装运货物时不得超载、超高、超长、超宽。如必须超高、越宽、越长装运,应按交通安全管理规定执行,要有可靠措施和明显标志。

(6) 装车时,随车人员要注意站立位置。车辆行驶时,不准站在物件和前拦板之间,车辆未停妥不得上下。

(7) 装运易燃易爆化学危险物品时,严禁与其他货物混装,要轻搬轻放。搬运场地不得吸烟,车厢内不得坐人。

(三) 装卸搬运的目的和作用

1. 装卸搬运的目的

(1) 提高生产力。顺畅的装卸搬运系统能够消除瓶颈,以维持和确保生产水平,使人力有效利用,减少设备闲置。

(2) 降低装卸搬运设备,主要是指减少每位劳工及每个单位货品的搬运成本,并减少延迟、损坏和浪费。

(3) 提高库存周转率,降低存货成本。有效的装卸搬运可以加速货品移动及缩短搬运距离,进而减少总作业时间,使得存货存置成本及其他相关成本都得以降低。

(4) 改善工作环境,增加人员、货品搬运的安全性。良好的装卸搬运系统能使工作环境大幅改善,它不但能保证物品搬运的安全,减少保险费率,而且还能使员工保持良好的工作情绪。

(5) 提高产品品质。良好的装卸搬运可以减少产品的毁损,使产品品质提升,减少客户的抱怨与投诉。

(6) 促进配销成效。良好的装卸搬运可增进系统作业效率,在缩短产品总配销时间,提高客户服务水平的同时,还能提高空间利用率,公司营运水平也可得到相应的提高。

2. 装卸搬运的作用

合理化的装卸搬运能够起到以下三个方面的作用。

(1) 降低物流费用。装卸搬运既是伴随生产过程和流通过程各环节所发生的活动,又是衔接生产各阶段和流通各环节之间相互转换的桥梁。因此,装卸搬运的合理化,对缩短生产周期、降低生产过程的物流费用、加快物流速度、降低物流费用等都起着重要的作用。

(2) 保障生产和流通各环节的顺利进行。装卸搬运活动本身虽不消耗原材料,不产生废弃物,不大量占用流动资金,不产生有形产品,但它的工作质量却会对生产和流通其他各环节产生很大的影响,或者生产过程不能正常进行,或者流通过程不畅。所以,装卸搬运对物流过程其他各环节所提供的服务具有劳务性质,具有提供“保障”和“服务”的功能。

(3) 装卸搬运是物流过程中的一个重要环节。装卸搬运制约着物流过程中的其他各项活动是提高物流速度的关键。无论在生产领域还是在流通领域,装卸搬运功能发挥的

程度都直接影响着生产和流通的正常进行,其工作质量的好坏关系到物品本身的价值和使用价值。

由于装卸搬运是伴随着物流过程其他各环节的一项活动,因此其往往不能引起人们的足够重视。可是,一旦忽视了装卸搬运,生产和流通领域轻则发生混乱,重则造成停顿。

例如,我国铁路运输曾由于忽视装卸搬运,出现过"跑在中间、窝在两头"的现象;我国港口由于装卸设备、设施不足,以及装卸搬运组织管理疏忽等原因,曾多次出现过压船、压港、港口堵塞的现象。所以,装卸搬运在流通和生产领域具有"闸门"和"咽喉"的特点,制约着物流过程各环节的活动。

由此可见,改善装卸搬运作业,提高装卸作业合理化程度,对加速车船周转,发挥港、站、库功能,加快物流速度,减少流动资金占用,降低物流费用,提高物流服务质量,发挥物流系统整体功能等,都具有十分重要的意义和明显的作用。

二、装卸搬运的类型

(一)按装卸搬运施行的物流设施、设备对象分类

按装卸搬运施行的物流设施、设备对象划分,装卸搬运可分为仓库装卸、铁路装卸、港口装卸、汽车装卸等。

1. 仓库装卸

仓库装卸是配合出库、入库、维护保养等活动,并且以堆垛、上架、取货等操作为主的装卸活动。

2. 铁路装卸

铁路装卸是对火车车皮的装进及卸出,特点是一次作业就实现一车皮的装进或卸出,很少有像仓库装卸时出现的整装零卸或零装整卸的情况。

3. 港口装卸

港口装卸包括码头前沿的装船,也包括后方的支持性装卸,有的港口装卸还采用小船在码头与大船之间"过驳"的办法,因而其装卸流程较为复杂,往往经过几次的装卸及搬运作业才能实现最后船与陆地之间货物的过渡。

4. 汽车装卸

汽车装卸一般一次装卸批量不大,由于汽车的灵活性,因此可以减少或根本减去搬运活动,而直接、单纯利用装卸作业达到车与物流设施之间货物过渡的目的。

(二)按装卸搬运的机械及机械作业方式分类

按装卸搬运的机械及机械作业方式划分,装卸搬运可分成吊车的"吊上吊下"方式、使用叉车的"叉上叉下"方式、使用半挂车或叉车的"滚上滚下"方式、"移上移下"方式及"散装散卸"方式等。

1."吊上吊下"方式

"吊上吊下"方式采用各种起重机械从货物上部起吊,依靠起吊装置的垂直移动实现装卸,并在吊车运行的范围内或回转的范围内实现搬运或依靠搬运车辆实现小搬运。由于吊起及放下属于垂直运动,因此这种装卸方式属于垂直装卸。

2. “叉上叉下”方式

“叉上叉下”方式采用叉车从货物底部托起货物，并依靠叉车的运动进行货物位移，搬运完全靠叉车本身，货物可不经中途落地直接放置到目的处。这种方式主要是水平运动，属于水平装卸方式。

3. “滚上滚下”方式

“滚上滚下”方式主要指港口装卸的一种水平装卸方式。利用叉车或半挂车、汽车承载货物，连同车辆一起开上船，到达目的地后再从船上开下，称为“滚上滚下”方式。

利用叉车的“滚上滚下”方式，在船上卸货后，叉车必须离船，利用半挂车、平车或汽车，拖车将半挂车、平车拖拉至船上后，拖车离船，而载货车辆连同货物一起运到目的地，再原车开下或拖车上船拖拉半挂车、平车离开。“滚上滚下”方式需要有专门的船舶，对码头也有不同要求，这种专门的船舶称为“滚装船”。

4. “移上移下”方式

“移上移下”方式是在两车之间（如火车及汽车）进行靠接，然后利用各种方式，不使货物垂直运动，而靠水平移动从一辆车上推移到另一辆车上。

“移上移下”方式需要使两种车辆水平靠接，因此站台或车辆货台需进行改变，并配合移动工具实现这种装卸。

5. “散装散卸”方式

“散装散卸”方式适用于对散装物进行装卸，一般从装点直到卸点，中间不再落地，这是集装卸与搬运于一体的装卸方式。

（三）按被装物的主要运动形式分类

按被装物的主要运动形式划分，装卸搬运可分为垂直装卸和水平装卸两种形式。

（四）按装卸搬运对象分类

按装卸搬运对象可分成散装货的装卸、单件货物装卸、集装货物装卸等。

（五）按装卸搬运的作业特点分类

按装卸搬运的作业特点可分成连续作业与间歇作业两类。连续作业主要是同种大批量散装或小件杂货通过连续输送机械，连续不断地进行作业，中间无停顿，货间无间隔。在货物量较大、对象固定、货物对象不易形成大包装的情况下适合采取这一方式。间歇作业有较强的机动性，装卸地点可在较大范围内变动，主要适用于不固定的各种货物，尤其适用于包装货物，大件货物、散粒货物也可采取此种方式。

（六）按运输工具分类

按运输工具装卸搬运可分为公路、铁路、船只、飞机等的搬运。

（七）按货物的包装形式、形状、式样分类

（1）个别搬运：将包装货物依次单个搬运。

（2）单元货载搬运：将货物装上托盘或装进集装箱搬运。

（3）散货搬运：对于类似石油一类的液体货物或小麦一类的颗粒状货物的搬运。

（八）按搬运机械分类

按搬运机械装卸搬运可分为输送机搬运、起重机搬运、叉车搬运和装料器、输入器搬

运等。

三、装卸搬运的合理化

如何使装卸搬运合理化是物流企业为提高效率、降低成本、改善服务和提高经济效益所应认真研究的问题。促使装卸搬运合理化是一项复杂的系统工程,涉及诸多方面,但一般而言,应遵循以下原则。

1. 提高机械化水平原则

对于劳动强度大,工作条件差,搬运、装卸频繁,动作重复的环节,应尽可能采用有效的机械化作业方式。例如,采用自动化立体仓库可以将人力作业降低到最低限度,而机械化、自动化水平将得到很大提高。

2. 减少无效作业原则

当按一定的操作过程完成货物的装卸搬运时,要完成许多作业。作业即产生费用,因此应避免无效作业,可采取多种措施,如减少作业数、使搬运距离尽可能缩短等。

3. 扩大产品单元原则

为了提高搬运、装卸和堆存效率,提高机械化、自动化程度和管理水平,应根据设备能力尽可能扩大货物的物流单元,如采用托盘、货箱等。目前发展较快的集装箱单元就是一种标准化的大单元装载货物的容器。

4. 提高搬运灵活性原则

物资装卸、搬运的灵活性是指物资进行装卸作业的难易程度。所以,在堆放货物时,事先要考虑到物资装卸作业的方便性。

装卸搬运的灵活性是指根据物料所处的状态,即物料装卸搬运的难易程度,可分为不同的级别。通常用活性指数0、1、2、3、4来表示,指数越高表明搬运的方便程度越高,越易于搬运。

0级:物料杂乱地堆在地面上的状态。

1级:物料装箱或经捆扎后的状态。

2级:箱子或被捆扎后的物料,下面放有枕木或其他衬垫,便于叉车或其他机械作业的状态。

3级:物料被放于台车上或用起重机吊钩钩住,即刻移动的状态。

4级:被装卸、搬运的物料,已经被起动、直接作业的状态。

5. 利用重力和减少附加质量原则

在货物搬运、装卸和堆存时,应尽可能利用货物的自重,以节省能量和投资。例如,利用地形差进行装货、采用重力式货架堆货等。在保证货物搬运、装卸和堆存安全的前提下,应尽可能减少附加工具的自重和货物的包装物质量。

6. 各环节均衡、协调原则

装卸搬运作业是各作业线环节的有机组成,只有各环节相互协调,才能使整条作业线产生预期的效果。应使装卸搬运各环节的生产率协调一致，相互适应，因为个别薄弱环节的生产能力决定了整个装卸搬运作业的综合能力，所以要针对薄弱环节采取措施，提高能力，使装卸搬运系统的综合效率提高。

7. 系统效率最大化原则

在货物的流通过程中，应力求改善包装、装卸、运输、保管等各物流要素的效率。由于各物流要素间存在着效益背反的关系，如果分别独自进行，则物流系统总体效率不一定能够提高，因此要从物流全局的观点来研究问题。

第三节　流通加工

流通加工是现代物流的主要环节和重要功能之一。一般认为，流通加工是在物品进入流通领域后，到达最终消费者、使用者之前，对物品所进行的物理性的或化学性的加工。流通加工可以保护物品的质量，促进市场销售，提高物流速度和物品的利用率。

一、流通加工的概念

（一）流通加工的定义、性质及其与生产加工的区别

1. 流通加工的定义

中国国家标准《物流术语》(GB/T 18354—2006)中关于流通加工的定义为：物品在从生产地到使用地的过程中，根据需要施加包装、分割、计量、分拣、组装、价格贴付、标签贴付、商品检验等简单作业的总称。

2. 流通加工的性质

流通加工在现代物流系统中主要担负的任务是提高物流系统对于用户的服务水平，有提高物流效率和使物流活动增值的作用。

1）流通加工的出现与现代生产方式有关

生产的集中化进一步引起产、需之间的分离，生产与消费之间存在着一定的空间差、时间差。少品种、大批量、专业化产品往往不能与消费者需要密切衔接，而弥补这一分离的方法就是流通加工。

2）流通加工的出现还与现代社会消费的个性化有关

随着经济增长、国民收入增加，消费者的需求出现多样化，生产过程的加工制造常常满足不了消费的需求，于是加工活动开始向流通领域转移，在发达国家的物流中心里存在大量的流通加工业务。

3. 流通加工与生产加工的区别

如前所述，流通加工是在流通领域进行的简单生产活动，具有生产制造活动的一般性质。但是，从根本上说二者之间有着明显的区别。生产加工改变的是加工对象的基本形态和功能，是一种创造的新的使用价值的活动。而流通加工并不改变商品的基本形态和功能，是一种完善商品使用功能，提高商品附加价值的活动。二者之间的区别如表 5-2 所示。

表5-2 流通加工与生产加工的区别

区　别	流通加工	生产加工
加工对象	进入流通过程的商品	原材料、半成品、零配件
所处环节	流通过程	生产过程
加工难度	简单	复杂
价值	完善或提高价值	创造价值及使用价值
加工单位	流通企业	生产企业
目的	促进销售、维护产品质量、实现物流高效率	消费

(二)流通加工产生的原因

流通加工之所以产生,并且越来越成为物流领域的一个主要的环节和重要的功能活动的根本原因,就在于它可以促进物流效率化的提高和满足消费者多样化的需求,同时也可以给流通业带来效益。具体而言,流通加工产生的原因有以下四个方面。

1. 弥补生产加工的不足

生产环节的加工往往不能完全满足消费者的需求,其原因包括以下三个方面。

(1) 生产资料的品种众多、规格多样、型号复杂,但仍然不可能满足生产需求的多样性。

(2) 商品生产企业数量众多、分布面广,技术水平不一,产生供给与消费之间的差距。

(3) 社会需求日趋复杂多样,生产企业不可能完全满足消费者对品种、花色、单位包装数量和规格型号的需要。

合理有效的流通加工可以有效地弥补上述不足,满足消费者的多样化需求。

知识拓展

有许多产品在生产领域的加工只能到一定程度,这是由于存在许多限制因素限制了生产领域不能完全实现终极的加工。例如,钢铁厂只能按标准规定的规格生产钢铁,以使产品有较强的通用性,使生产能有较高的效率和效益;木材如果在产地被制成木制品,就会造成运输的极大困难,所以原生产领域只能加工到圆木、板方材这个程度,进一步的下料、切裁、处理等加工则由流通加工完成。

这种流通加工实际是生产的延续,是生产加工的深化,对弥补生产领域加工不足有重要意义。

2. 方便客户的使用

在流通加工未产生之前,满足客户生产或消费需求的活动,如混凝土加工、钢板预处理等,一般由使用者或销售者承担。这不仅会增加下一生产环节的用时,还会因为设备投资大、利用率低和加工质量低而影响企业的经济效益,造成资源的浪费。这样的加工环节由流通环节来完成,可以根据使用部门的具体要求,将物品加工成可直接投入消费者使用的形式。

3. 增加流通企业的效益

通常情况下,物流环节不能直接创造价值。物流企业的利润一般只能通过向货主企业提供物流服务的途径而从生产企业的利润中转移过来。对于物流企业来说,发展流通加工就成为创造价值、增加收益的一项理想的选择。

如此一来,物流企业不仅可以通过运输、保管、配送等物流功能获得一部分从生产企业转移过来的价值,还能通过流通加工创造新的价值,从而获得更大的利润,这正是流通加工产生和发展的根本动力。

4. 创造更加方便的配送条件

简而言之,配送是指流通加工、整理、拣选、分类、配货、末端运输等一系列活动的总和。配送中心的服务能力在很大程度上受其所拥有的流通加工设备的种类、数量、技术先进程度等形成的加工能力的制约。

因此,流通加工就成为配送中心的前提,对配送中心业务的开展具有重要的影响。设备完善、技术先进的流通加工可以为配送创造更加方便的条件,提升配送的效率,增加配送企业的经济效益。

(三)流通加工的目的

流通加工可以提高物流活动的效率,满足消费者的多样化需求,同时还可以增加物流企业的经济效益。其目的具体表现在以下五个方面。

1. 强化流通阶段的保管功能

食品类商品的保鲜包装、罐装食品的加工等,可以保证在食品克服了时间距离后仍然可以保持其新鲜状态。

2. 回避流通阶段的商业风险

钢板、玻璃等产品的剪裁一般都是在接到客户的订单后才开始进行,这样就可以有效地避免商业上的风险。

3. 提高商品附加价值

蔬菜等原材料经过深度加工,如加工成半成品;稻米经过精加工,加工成免淘米等流通加工活动,可以明显提高产品的附加价值。

4. 满足消费者多样化的需求

例如,不同顾客对于商品的包装量有不同的要求,可以通过改变商品的包装量来满足不同的消费者的需求。

5. 提高运输保管效率

组装型商品,如组合家具等商品的运输和保管都采用散件形态,待出库配送前或者到达客户后再进行组装,这样可以大幅提高运输工具的装载率和仓库的保管率。

随着科学技术的发展和技术革新,流通加工的形态也在不断地增加,并且对流通领域也产生了重大的影响。一种全新的生产流通模式已经出现,并且以较快的速度发展。这就是在生产制造工厂并不完成加工对象的完全商品化,而是在最靠近消费者的地方才完成随后阶段的制品化工作的原因。

小贴士

经济全球化和国际分工的发展及采购全球化的趋势，促使产品的原材料和零部件往往由一个国家流向另一个国家，这样就使得原材料和零部件的物流环节和距离变得更长。因此，流通加工也会变得越来越重要。

总而言之，流通加工在提高物流效率，满足消费者多样化需求，以及降低物流成本，增加物流企业效益方面的作用会不断加大。

二、流通加工的类型

采用不同的标准，可以将流通加工划分为不同的类型。

(一) 按照流通加工的目的划分

按照流通加工目的的不同，可以将流通加工划分为以下五种。

1. 弥补性加工

弥补性加工是指对产品的规格大小(如钢板、玻璃等)、存在形状(如钢板卷材、原木等)，以及单位包装量等所进行的流通加工，以弥补生产环节的不足，满足不同客户和消费者的需求。

2. 服务性加工

服务性加工是指对以散件形式运输和保管的产品，在到达消费者时所进行的组装一类的流通加工。例如，自行车在销售时进行装配、拼装式家具在到达消费者时的组装等都属于这类流通加工。

3. 保护性加工

保护性加工是指对新鲜度要求比较高的食品类商品，如水产品、禽蛋产品和肉类产品等，以及易生锈的钢材、易腐烂的木材等生产资料，为了克服时间距离而采取的保鲜、冷冻或防锈、防腐等措施。

4. 销售性加工

销售性加工是指通过提高商品的附加值，方便消费者，同时可以促进销售的流通加工活动，如将蔬菜等原料加工成半成品等。

5. 物流性加工

物流性加工是指能直接提高物流效率而对某些特殊的产品所做的流通加工，如造纸用的木材磨成木屑的加工，“集中煅烧熟料，分散磨制水泥”的加工，以及石油气的液化加工等，都可以极大地提高运输效率。

(二) 按照流通加工的对象划分

按照流通加工对象的不同，可以将流通加工划分为以下三种。

1. 生产资料的流通加工

(1) 钢材流通加工。钢材流通加工主要是指为了方便客户使用，对板材、线材所进行的集中下料加工，以及线材的冷拉加工等。

(2) 水泥流通加工。水泥流通加工是指利用水泥加工机械和水泥搅拌运输车加工、运输混凝土。这种方式既可以节省现场作业空间,又可以降低成本。

(3) 木材流通加工。木材流通加工包括磨制木屑压缩运输和集中开木下料两种主要方式。前者主要适用于造纸木浆的原料——木屑的运输;后者则是将原木开裁成各种规格的锯材,以方便运输和适应客户的不同需要,还可以充分利用碎木屑,将其加工成合成板。

另外,平板玻璃、铝材等也可进行类似的流通加工。

2. 消费资料的流通加工

消费资料的流通加工包括纤维制品的缝制、整形熨烫和加贴标签,以及家具的组装等。这种流通加工既可以提高服务水平,同时也可以提高物流效率。

3. 食品流通加工

食品流通加工的类型多样,既有为了保鲜而进行的流通加工,也有为了提高物流效率的流通加工,还有半成品、快餐食品的流通加工。其具体类型如下。

(1) 冷冻加工。冷冻加工是指利用低温冷冻的方式,解决鲜肉、鲜鱼在流通中的保鲜和搬运装卸问题所进行的加工。

(2) 分选加工。分选加工是指对离散情况较大的农副产品,利用人工或机械的方式进行分选,以获得一定规格的产品的流通加工。

(3) 精致加工。精致加工是指在产地或销售地设置加工点,对农副产品进行择选、切分、洗净、分装等提高产品附加值的流通加工。

(4) 分装加工。分装加工是指为了满足消费者对不同包装量的需求,对大包装量的货物改为小包装量的流通加工。

三、流通加工的合理化

流通加工属于在流通领域进行的简单生产活动,具有辅助加工的性质。从这个层面上来看,流通加工可以看作生产过程的"延续",也是生产本身或生产工艺在流通领域的"延续"。如前所述,流通加工可以维护产品质量,促进销售,提高物流效益,但是也应该看到,流通加工不合理就会适得其反,即产生负面影响。这正是流通加工合理化问题提出的前提和必要性之所在。

为了更好地理解流通加工合理化的含义,有必要先来介绍流通加工不合理的表现。

(一) 流通加工不合理的表现

1. 流通加工地点设置不合理

流通加工地点设置即布局状况是否合理,是影响整个流通加工效应的重要因素。

(1) 衔接单品种大批量生产与多样化需求的流通加工地点设置不合理。为了衔接单品种大批量化生产与多样化需求的流通加工,加工地点一般应设置在靠近需求的地区,这样才有可能实现大批量的干线运输与多品种需求末端配送的物流优化。

如果将流通加工地点设置在生产地区,其不合理之处主要是:第一,多样化需求要求的多品种及小批量由产地向需求地的运输,将因距离太长而出现不合理;第二,在产地增加了一个加工环节,同时增加了短途运输、装卸、搬运等一系列物流活动,从而增加了物流成本。

(2) 方便物流的流通加工地点设置不合理。一般来说,为了方便物流的流通加工,应该将流通加工地点设置在产地。如果将其设置在需求地,则不能解决方便物流的问题,反而在流通中增加了一个中转环节,因此也是不合理的。

(3) 小范围地域内流通加工的地点设置不合理。即使是在产地或需求地设置流通加工地点是合理的,但在小范围内选址如果不正确,仍然有可能出现地点设置不合理的问题。这种不合理的主要表现有:道路设施落后,交通不便;流通加工与生产企业或客户之间距离较远;投资过高(如地价过高);环境不适宜(如扰民)等。

2. 流通加工方式选择不合理

流通加工方式涉及对象、工艺、技术,以及加工程度等因素。流通加工方式的确定实际上是流通加工与生产加工的合理分工问题。

流通加工是生产加工过程的延续,但绝不是对生产加工的替代,应该也只能是对生产加工的补充和完善。因此,如果工艺复杂,技术装备要求较高,或者加工可以由生产过程延续或容易解决,都不应该再设置流通加工。

另外,从宏观上考虑,流通企业不能利用市场一时的压力迫使生产者进行初级加工或前期加工,而流通企业完成装配与生产企业争夺效益较高的最终生产环节。总而言之,如果流通加工方式选择不合理,就会出现与生产夺利的现象,甚至有可能造成生产企业和流通企业两败俱伤的局面。

3. 流通加工效能不合理

如果流通加工过于简单,或者对生产、流通和消费者来说作用都不大,甚至盲目加工,不仅未能解决品种、规格、质量、包装等问题,未能发挥流通加工的效能,反而还会增加不必要的环节,这也是流通加工不合理的表现。

4. 流通加工成本不合理

流通加工不仅可以维护产品的质量,促进销售,降低物流成本,还可以增加物流企业的收益。但是,如果流通加工成本过高,投入多产出少,流通加工就不可能存在,更谈不上发展,流通加工的积极作用也就无从谈起。

(二) 流通加工合理化的要求

要实现流通加工的合理化,就要避免上述不合理的流通加工现象,综合考虑流通加工与配送、运输、商流等之间的关系,使相关的各种要素实现有机的最优化的配置,最大限度地发挥流通加工的积极作用。

实现流通加工合理化,主要应该从以下五个方面加以考虑。

1. 加工与配送相结合

加工与配送相结合是指将加工设置在配送地点(配送中心),这样既可以按照配送的需要及时进行加工,又可以使加工成为配送活动流程中与分货、拣货、配货密切相连的一环,保证经过加工的产品直接投入配货作业。这样就可以使流通加工与配送有机结合在一起,提高配送的服务水平。这种方式是流通加工合理化的重要方式之一,广泛应用于煤炭、水泥等产品的流通活动中。

2. 加工与配套相结合

加工与配套相结合是指对配套要求较高,而生产者不能完成全部配套的产品,由物流企业在流通过程中完成最后的产品配套工作的流通加工形式。这种形式可以有效地促进配套工作,从而提高流通作为连接生产与消费的桥梁与纽带的作用。

3. 加工与运输相结合

加工与运输相结合是指利用流通加工,实现干线运输与支线运输的有效衔接的流通加工形式。利用运输合理的要求,通过适当的流通加工,减少或避免干线运输转支线运输或支线运输转干线运输过程中的停顿,可以大幅提高运输速度及运输转载的水平。

4. 加工与商流相结合

加工与商流相结合是指从客户需要的角度出发,通过适当的流通加工(如钢板裁剪、原木开裁、改变包装量等)促进商品销售的流通加工的形式。

5. 加工和节约相结合

加工与节约相结合是指在进行流通加工时要充分考虑节约,尽可能地节约能源、节约设备、节省人力、减少耗费等,从而有效提高流通加工的综合效益。

(三) 流通加工合理化的标准

流通加工是否合理,最终的判断标准是其是否实现了社会效益和企业自身效益的最优化。流通加工企业与生产企业的区别主要是前者更要把社会效益放在首位(当然,所有的企业都要注重社会效益),这是流通加工的性质所决定的。如果流通加工企业为了追求自己的利益,不从宏观上考虑社会经济的需要,不适当地进行加工,甚至与生产企业争利,这就违背了流通加工的性质,或者其本身也就不属于流通加工企业了。

同步测试

一、填空题

1. 物流包装主要有________、________、________、________、________等几种功能。
2. 包装是生产的终点,又是________的始点。
3. 搬运指数越________,表明搬运的方便程度越高,越易于搬运。
4. 按包装在物流过程中的作用不同,其可分为________和________。
5. 装卸搬运的特点主要表现在________、________、________、________四个方面。
6. 按所使用机械及机械作业方式分类,装卸搬运可以分为________、________、________、________、________五种作业方式。
7. 按照流通加工目的的不同,可以将流通加工划分为________、________、________、________、________五种类型。

二、简答题

1. 装卸搬运合理化的原则是什么?
2. 简答包装合理化的发展趋势。
3. 简要说明物流活动中流通加工产生的原因及所要达到的目的。
4. 装卸搬运的目的和作用是什么?
5. 简答流通加工合理化的要求。

三、思考题

1. 深入某一包装企业,分析其包装合理化的关键要点,思考其包装合理化的改进措施。

2. 针对生产型企业和加工型企业,结合产品说明生产加工与流通加工的区别。

延伸阅读

亚马逊:物流之道

“我们要基于长远去创造更好的客户体验。”这是亚马逊创始人杰夫·贝索斯的理念。自1994年创立起,亚马逊就将电子商务当作一场马拉松长跑,在长达八年的亏损运营中打造了独步全球的“三驾马车”,除了声名显赫的网络服务(AWS)和Kindle出版业务(KDP)外,另一个更为隐秘的便是物流(FBA)。当中国电商企业笃信“以快制慢”法则、以烧钱做广告换取竞争优势时,亚马逊早就看到了电商的本质是零售企业,精细化运营才是核心竞争力。对于电商来说,用简洁、清新的网页吸引用户购物是第一步,仓储与配送才是最关键的检验。

一、出入库动态平衡

亚马逊中国北部和西部区库房区域总监周涛告诉记者,在库房里,商品是什么并不重要,长、宽、高才是衡量商品的重要因素。根据长、宽、高,确定每件商品的摆放位置、包装箱大小、包裹价格等。当这些数据扫描进系统之后,计算机与手持设备都会自动做出相关判断。从收货到上架,商品一般需要花费1～6小时,而小家电需要与供应商面对面验货,最多需要花费12小时就会入库完毕。

在入库环节,亚马逊最值得称道的是一货一位、一货多位、多货多位的存储方式。表面上看,同一种货物会散落在不同地方,但却“形散而神不散”,借由其强大的IT系统,以及规范化的产品管理与流程,拣货员从来都不会找不到货。货物放入仓库后,只有用户下单,它才有了自己最好的出库机会。如果不幸成为滞销品,那么也会“被迫”出库,返回厂家。

亚马逊运营中心出库流程很细致,一共包括15步:打印订单、拣货、合并货筐、配货、扫描检验、扫描包裹、分拣、移动包裹、订单发货,以及调拨分拣、调拨包裹、移动调拨箱、调拨发货、返厂包装、返厂发货。

拣货员在拣货时,会直接将打印出来的任务单用皮筋系在货物上。如果订单需要由几个分仓来拣货,那么拣货员会将集合单系在货物上。拣完货之后,货物就来到了包裹处理环节,每个客户的货物分别在一个货筐里,包装人员将这些货物扫描,并依据任务单验货。此时,IT系统会自动提示应该使用多大的包装盒,包装人员只需要按此进行包裹、贴上包裹单即可。最后,这些包裹将被放在传送带上,依次出库。

现在,亚马逊中国的网站上有28大类近600万种商品,这些商品每秒钟都在产生购买,各个运营中心的订单量时时发生变化。周涛告诉记者,拣货员何时批量拣货、订单何时发货,亚马逊都有自己的一套方法。“我们的原则是达到动态平衡,运营中心就是一个水池子，我们要保证订单量的变化与出库、发货的变化是协调的，让流入的水与流出的水一致，这样才是效率最高的。”周涛说道。

二、租赁仓储

每天傍晚，天津的运营中心都会给全国其他10个运营中心发出调拨车，这些车上装满了各式各样的调运货品。每天调拨的货物清单都是经过IT系统计算得来的。该钻研进销存的系统可以预测某个产品的某一型号在某个地区一天能够产生多少订单量，然后根据预测结果提前完成备货与调货。

“货物调拨能够较好地提升用户体验。亚马逊的商品显示是面向全国的，仓储也需要做到全国统一，而不是北京有货，其他地区无货。”而中国的电商在全国各地的物流基地就无法进行互相调拨，用户在购买时，需要按照所属的省份与大型城市察看有无货品。

亚马逊中国副总裁方淦告诉记者，中国市场很广，在华中、西北等地区购物人群较少，运营中心不会存放太多的货品；而华东、华北运营中心的品类较多，并且每个大区由于人群对象的不同存储的货物种类也不同。亚马逊在全球都有租赁仓储，这样做的好处是前期固定资本投入较少，不对当期的现金流产生影响。这样的做法让亚马逊能够有资金投入诸如IT系统、云服务基础设施的建设中。

相比之下，国内各大电商都选择需要消耗大量资金的自建仓储。京东曾宣布，将投资5亿元建设面积为19.7万平方米的华中电子商务港。据近期京东IPO（initial public offering，首次公开募股）前的全球分析师大会透露出来的数据，2011年，京东的物流费用占整体营收的6.6%，以212亿元的整体营收来计算，物流支出达到14亿元。“长期来看，自建仓储可以摊薄订单成本。但对于现在的电商来说，可能会产生致命的影响。”周涛认为，电商企业采取仓储租赁的形式较好，以牺牲当期现金流来投入自建仓储并不合算。

三、中国式创新

“在中国市场的一线城市，我们的发货速度是当日达或次日达，这是一种创新，提升了客户体验。”周涛告诉记者，在美国，一个订单三天送达是正常情况。

加快配送速度提升了用户体验，自然也提升了运营成本。方淦告诉记者，亚马逊“主要通过内部流程的优化来将这些增加的成本消化掉，而不是增加额外的运营成本”。而驱动这一流程优化的是以仓储管理系统为代表的IT系统。这套系统赫赫有名，被评价为亚马逊在全球进行业务扩张时的“撒手锏”。当亚马逊各个分公司的市场特征发生改变时，在其全球IT系统架构的基础上，各个分公司的IT架构也会做出改变，以适应变化。

“快速的配货与发货要求IT系统发生改变。以仓储为例，当日达的订单要求两小时内就要出库，次日达的订单要求3小时内出库，这需要系统依据此要求做出改变。”周涛告诉记者，由于订单量暴增，品类迅速增多，以及数据挖掘等商业智能的需求变化，IT系统每天都在发生变化。亚马逊中国内部会搜集系统改动的要求，并提出可行性的方案，然后提交给美国、印度的IT研发团队，逐步优化系统。

定时送货、当日达、次日达等变化是从中国研发出来，现在已经在全球做推广使用。例如，亚马逊中国自建配送队伍，加快发货速度的做法已经复制到多个全球人口集中的城市，如美国迈阿密。亚马逊在中国发现消费者点击商品时更喜欢弹出新窗口，而不是在原有页面上直接跳转。这些经验此前亚马逊并不知晓，如今也被复制到日本。

资料来源：中国冷链物流网资料汇编.

第六章

物流信息

◆ 知识目标 ◆

(1) 理解信息的概念和物流信息的定义,熟悉主要的物流信息应用技术。

(2) 掌握物流管理信息系统的主要构成及功能。

◆ 技能要求 ◆

(1) 掌握目前物流企业主要使用的几种物流信息技术。

(2) 能够运用物流信息化设备完成相关业务操作。

学习导航

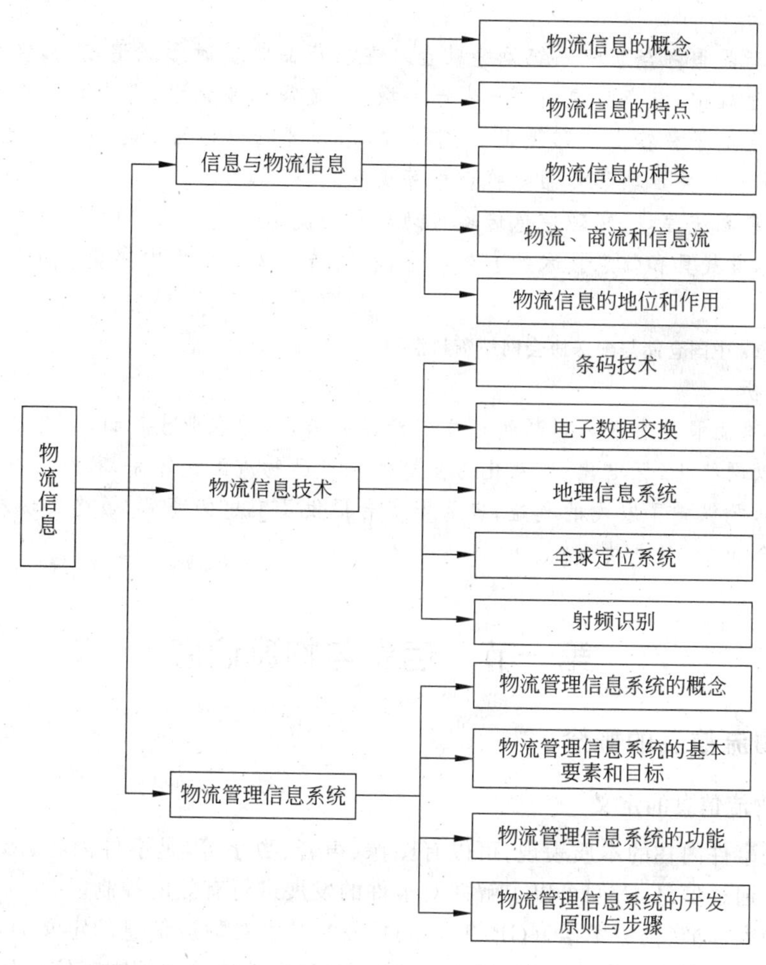

案例引导

加强信息化建设，发展生鲜农产品配送

家家悦集团股份有限公司（以下简称家家悦）是一家以连锁超市为主业，以区域物流一体化为支撑，以现代农业生产基地和食品加工产业链为保障，以生鲜农产品为特色的多业态综合性零售商。家家悦按照"发展连锁、物流先行"的战略，构建以网络化、标准化、信息化为支撑的农产品配送体系，服务城乡居民消费，扩大农产品采购规模，促进农民稳产增收。

家家悦自主研发生鲜仓储配送系统，提升生鲜农产品综合管理水平。

一是生鲜农产品全程标准化管理。由BI系统分析销售数据，制订最小订货量标准；门店订货、采购订货、物流收货、物流加工、物流分拣、门店收货及上架销售全程按标准件管理；源头按标准质量装筐，后续各工序不倒筐，门店直接按标准筐上架销售。

二是实现全程无纸化作业。生鲜农产品采购员通过手机APP接收订货及处理发货单;配送中心通过无线平板计算机进行分拣与装车发货,门店收货员使用无线触摸屏计算机进行收货。

三是农产品追溯与仓配系统无缝融合。在农产品收货时形成追溯码,在分拣、集货、装车及发货过程中,农产品追溯码与农产品数量、金额同步记录,并自动传送到门店电子秤;销售时,在电子秤签上打印商品追溯二维码,顾客扫码即可查看农产品生产者、配送者、销售门店及相关日期和食品检验合格等信息。

通过信息系统建设,实现信息传输自动化和物流运作高效化,门店订单响应速度大幅提升;通过标准载具和信息技术的有效结合,在物流一体化运作中实现生鲜农产品信息逆向可追溯。

资料来源:中国仓储与配送协会网站资料汇编.

引例分析

家家悦集团股份有限公司通过建立农产品基地,引导农业生产订单,推进农业产业化升级,构建以网络化、标准化、信息化为支撑的农产品物流配送体系,帮助农户解决农产品"卖难"问题,既保护了农民的利益,也为消费者提供了实惠的商品,最终实现农民增收、企业发展、社会受益、多方共赢。

第一节　信息与物流信息

一、物流信息的概念

(一)物流信息的定义

信息是事件内在的本质表现,可以有图像、声音、数字等,是事件内容、形式和发展变化的反映。通过信息,人们可以了解并对事件的发展进行有效的控制。

中国国家标准《物流术语》(GB/T 18354—2006)中对物流信息的定义为:"物流信息是反映物流各种活动内容的知识、资料、图像、数据、文件的总称。"物流信息是伴随物流活动产生的,在运输、仓储、配送、流通加工、包装、搬运等环节都会产生大量的信息,而这些信息又对物流活动的正常运作提供了支撑。

在现代物流中,物流的效率依赖于信息沟通的效率。物流企业可以通过信息为客户提供信息服务,畅通、准确、及时的信息可从根本上来保证物流的高质量和高效率。因此,在整个物流系统中,物流信息起着神经系统的作用。

(二)物流信息的功能

1. 交易功能

交易活动包括记录订货内容、安排存货任务、选择作业程序、装船、运价、收费及客户查询等。物流信息的交易功能就是记录物流活动的基本内容,其主要特征是程序化、规范化、交互性,强调整个信息系统的效率和集成性。

2. 管理功能

物流服务水平的高低和质量在很大程度上依靠信息进行控制。建立完善的考核指标体系对作业计划和绩效进行评价和鉴别，这是物流信息的一项重要功能。

3. 分析功能

物流信息可用来协助管理人员进行鉴别、评估和比较物流作业的水平高低，是管理人员事后对物流作业进行分析的重要依据，是对物流计划不断进行修正和改进的根据之一。

4. 战略功能

物流信息的重要性还体现在对高层管理人员在战略决策的帮助上。物流信息来自物流活动，经过提炼和挖掘所反映出的信息对物流管理决策往往具有重大的意义，是高层管理者进行战略方案选择时的重要参考依据。

二、物流信息的特点

物流活动离不开物流信息的支持，特别是现代物流中，物流信息更加丰富，其主要特点有以下三个方面。

（1）物流信息分布广。物流信息存在于物流的各个环节，由于运输的空间效应，物流信息有时可能跨越空间巨大，在地理上分布遥远。由于物流各环节构成一个系统，系统内部信息丰富，而系统外的信息也可能影响到物流活动，因此物流所及之处都会存在物流信息，甚至超出物流本身活动的范围。

（2）物流信息种类多。物流活动的多样化决定了物流信息的种类繁多。从采购到生产直至成品的销售，其中既有运输信息，又有仓储信息，还有销售信息。不仅组织内部的信息，甚至相关机构和组织的物流信息也非常重要，而且这些信息有原始信息，也有加工后产生的信息。

（3）物流信息动态性强。物流的动态性决定了物流信息的动态性非常强，特别是在现代物流中，运输速度加快，仓储由“静态”变为“动态”，所有信息变化快，而且客户的要求也非常高。

三、物流信息的种类

（一）根据物流的功能划分

物流活动的基本要素包括运输、仓储与保管、装卸搬运、包装、配送、流通加工等，其中每个环节都产生大量的信息，同时也需要大量的信息支持，如运输中的里程、运价等，仓储中的库存信息等。

（二）根据物流信息的来源划分

1. 物流系统内部信息

物流系统内部信息主要是指伴随着物流活动而产生的信息，如采购的数量、供应商的资料等采购信息，下游经销商的订货量、订货时间等销售信息。这些信息量非常大，并以网络形式传递，如图 6-1 所示。

2. 物流系统外部信息

物流系统外部信息是指物流活动之外，但是对物流活动能够产生影响的信息，如国家产业发展政策、物流人才培养等宏观信息，甚至天气和道路交通情况等具体的微观信

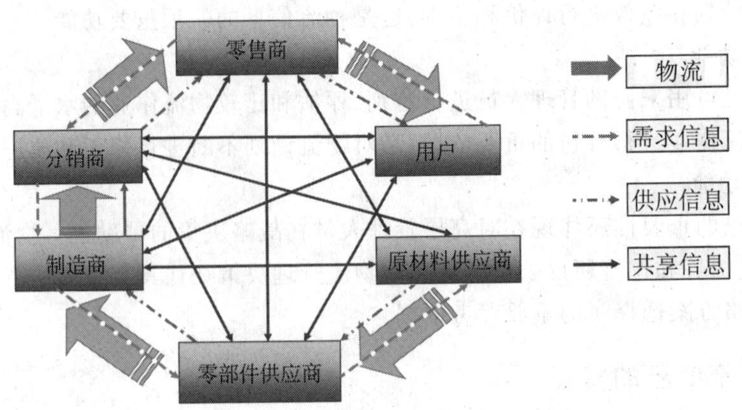

图 6-1 物流系统内部信息传递模型

息等。

（三）根据物流信息的层次划分

1. 操作管理信息

操作管理信息主要是指由具体作业层面产生和运用的信息，如运输中车辆的调度管理、仓库的出入库信息等。

2. 一般行业信息

一般行业信息是指行业规定、技术及行业内的信息，如竞争对手的信息、国家的规定和政策的变化等。

3. 决策管理信息

决策管理信息是指通过信息技术整理得出的具有决策参考价值的重大信息，如公司的经营数据，包括财务信息在内的机密数据，它们是高层进行战略决策的依据之一，只有高层的管理人员才可以看到。

四、物流、商流和信息流

（一）信息流的产生

物流是物质实体在空间和时间上的移动。随着物流活动的进行，不断地产生着反映物流活动的信息，包括物流信息和商流信息，如计划、价格、运量、库存量等。此外，物流系统由于受外界环境因素的影响，如有关上级管理者的意见、供需状况的变化、运输能力等，组织物流活动还应与系统外进行广泛的信息交换。

这些内外信息的传递和交换构成了信息流。物流和信息流相辅相成，互为条件。如果将物流视为研究对象，那么信息流就是研究对象的伴随物。研究信息流归根到底还是为研究物流服务的，同时只有考虑了信息子系统后，物流系统才是一个反馈系统。

（二）物流信息与商流信息

从其信息的载体及服务对象来看，流通过程的信息流又可分成物流信息和商流信息两类。这两类信息中，有一些是交叉的、共同的，又有许多是商流及物流特有的、非共同的东西。

1. 物流信息

物流信息主要是物流数量、物流地区、物流费用等信息。物流信息中的库存量信息不但是物流的结果，也是商流的依据，是两种信息流的交汇处。所以，物流信息不仅作用于物流，也作用于商流，是流通过程中不可缺少的决策依据。

2. 商流信息

商流信息主要包含和进行交易有关的信息，如货源信息、物价信息、市场信息、资金信息、合同信息、付款结算信息等。商流中交易、合同等信息不但提供了交易的结果，也提供了物流的依据，是两种信息流主要的交汇处。

五、物流信息的地位和作用

物流信息是物流系统的功能要素之一，其地位与作用主要表现在以下四方面。

(1) 物流信息是物流系统整体的中枢神经。物流系统是一个有着自身运动规律的有机整体。物流信息经收集、加工、处理，成为系统决策的依据，对整个物流活动起着运筹、指挥和协调的作用。如果信息失误，则运筹、指挥活动便会失误。

(2) 物流信息是物流系统变革的决定性因素。物流是国民经济的服务性系统，社会经济秩序的变革必将要求现有的物流系统结构、秩序随之变革。物流信息化既是这种变革的动力，也是这种变革的实质内容。物流信息系统是把各种物流活动与某个一体化过程连接在一起的通道。

(3) 运输信息系统对运输的促进作用。

信息化、智能化已经成为21世纪现代交通运输发展的方向。

智能交通运输系统。智能交通运输系统是指综合利用信息技术、数据通信传输技术、电子控制技术及计算机处理技术对传统的运输系统进行改造而形成的新型系统。这种以信息技术为基础的交通软件系统，包括交通监视指挥、交通疏导控制、交通信息服务、交通安全报警、交通事故勘查、交通电子收费等子系统。

信息技术在智能交通运输系统中的作用。交通运输业的能源消耗是其主要支出成本，从发达国家的经验来看，利用信息技术提高交通运输业的效率，降低成本非常重要。

信息化、智能化的交通运输系统可以通过降低运输中的不合理现象来提高运输的效率，从而扩大运输能力。例如，通过在交通运输服务业中加大信息化建设，提高信息的共享，从而可以有效地避免诸如迂回运输和空驶等不合理的运输现象。

小贴士

我国交通部特别提出要“进一步加快推进交通信息化建设”，从交通运输动态信息的采集和监控、交通信息资源的整合开发与利用、交通运行综合分析辅助决策和交通信息服务四个方面来实现重点突破。

实现全行业跨区域、跨业务部门的综合管理，全方位提升政府科学决策水平，增强市场监管、应急处理和公共服务的能力，全面提高交通行业的整体运转效率，推动交通管理体制改革、机制创新和政府职能转变，为“十三五”交通发展目标的顺利实现提供支撑和保障。

(4) 库存信息提升库存管理水平。要使库存既能保证生产的稳定性、连续性,提高用户服务水平,又能使库存量维持在最低限度,降低成本水平,这就需要有效的库存管理,而有效的库存管理是要靠畅通的信息流作为支撑的。

案例提示

大数据是构建智慧物流的基础

"大数据"的经典定义可以归纳为四个V:海量的数据规模(volume)、快速的数据流转和动态数据体系(velocity)、多样的数据类型(variety)和巨大的数据价值(value)。

京东商城依托物流的优势而快速崛起,目前已经成为自营B2C电商的领头羊。其整个物流系统日处理数量达到百万级,大促销期间甚至高达上千万,物流操作人员多达数十万,庞大的业务规模下,智慧化物流系统成为迫切需求。

青龙系统作为支撑京东物流的核心系统,不仅保证了京东物流的准时高效,同时还保证了极高的用户体验。在京东的不断发展过程中,青龙系统也逐渐为外界瞩目,从2012年研发版本1.0到6.0的演进过程中,我们逐步认识到以大数据处理为核心的系统是构建智慧物流的关键。

资料来源:中国物流与采购联合会资料汇编.

第二节 物流信息技术

现代信息技术的快速发展在物流的各个环节中都有广泛的应用,这也是现代物流发展的重要标志之一,从信息的采集、处理到传输都离不开计算机的参与。特别是互联网的迅猛发展,使物流中分散的技术得到了快速集中和传输,物流信息技术的应用也达到了一个前所未有的水平。

物流信息技术主要包括条码、电子数据交换(electronic data interchange,EDI)、地理信息系统(geographical information system,GIS)、全球定位系统(global positioning system,GPS)、射频识别(radio frequency identification,RFID)等。

一、条码技术

(一) 条码的概念

条码技术是在计算机应用中产生发展起来的一种广泛应用于商业、邮政、图书管理、仓储、工业生产过程控制、交通运输、包装、配送等领域的自动识别技术。它最早出现在20世纪40年代,是"由一组规则排列的条、空及其对应字符组成的,用以表示一定信息的标识"。

条码自动识别系统由条码标签、条码生成设备、条码识读器和计算机组成。

条码由信息系统控制打印生成，主要有以下四个方面的优点。

(1) 录入速度快。条码可以瞬间录入数据，比键盘的录入速度快，解决了快速输入数据的问题，在零售业得到了广泛的应用。

(2) 可靠性高。利用条码技术进行数据录入的出错率低于百万分之一，比键盘录入或其他人工方式的录入要可靠得多。

(3) 简单实用。条码标签制作简单，对设备和材料没有特殊要求，识别设备操作简单。

(4) 采集信息量大。传统的一维条码一次可采集几十位字符的信息；二维条码更可以携带数千个字符的信息，并有一定的自动纠错能力。

条码的缺点主要表现在有时不能被读取，特别是条码在不平整或污损的情况下。

(二) 条码的构成

一个完整的条码由两侧的静区、起始字符、数据字符、校验字符和终止字符所组成，如图 6-2 所示。

静区	起始字符	数据字符	校验字符	终止字符	静区

图 6-2 条码的结构

(1) 静区：通常为白色，位于条码的两侧，其作用是提示阅读器准备扫描条码符号。

(2) 起始字符：条码符号的第一位字符，它的特殊的条、空结构用于识别一个条码符号的开始。阅读器首先确认此字符的存在，然后处理由扫描器获得的一系列脉冲。

(3) 数据字符：由条码字符组成，用于代表一定的原始数据信息。

(4) 校验字符：在条码制中定义了校验字符。有些码制的校验字符是必需的，有些码制的校验字符则是可选的。校验字符是通过对数据字符进行一种算术运算而确定的。当符号中的各字符被解码时，译码器将对其进行同一种算术运算，并将结果与校验字符比较。若两者一致，说明读入的信息有效。

(5) 终止字符：条码符号的最后一位字符，它的特殊的条、空结构用于识别一个条码符号的结束。阅读器识别终止字符，便可知道条码符号已经扫描完毕。

起始字符、终止字符的条、空结构通常是不对称的二进制序列，这一非对称允许扫描器进行双向扫描。当条码符号被反向扫描时，阅读器会在进行校验计算和传送信息前把条码各字符重新排列为正确的顺序。

(三) 条码的类别

条码有很多种类，按照条码的维数可以分为一维条码和二维条码。

小贴士

常用的一维条码

一维条码目前最为常用，主要有 EAN 条码、39 条码、交叉 25 条码、UPC 条码、128 条码、93 条码等，其中 EAN 码主要用于商品识别，是国际通用的符号体系。

1. 一维条码

一维条码自问世以来,很快便得到了广泛的应用。然而由于一维条码的信息容量相对较小,如商品上的条码仅能容纳13位阿拉伯数字,因此更多的商品信息只能依赖数据库的支持,离开了预先建立的数据库,这种条码对信息的代表作用就显得有所不足。

下面简要介绍一维条码中最常用的EAN条码。

EAN条码有两种类型,EAN-13码表示13位数据,即由13位数据组成,是国际商品编码协会在全球推广应用的一种商品条码。EAN-8条码则表示8位数据。

EAN-13条码主要由以下几部分组成:前两位(或三位)数为国家代码,表示此产品生产的国家或地区;接着的5位数代表制造商;再接下去的5位数则代表此产品的代码,用于确认此产品的特征、属性等,由厂商自行编码;最后一位是校验码,用以校验厂商识别、商品项目代号的正确性,如图6-3所示。例如,我国的代码为690～692,日本的代码是49,澳大利亚的代码是93等。

2. 二维条码

二维条码除了具有普通一维条码的优点外,还具有信息容量大、可靠性高、保密防伪性强、易于制作、成本低等优点。

美国符号科技(Symbol Technologies, Inc.)公司于1991年正式推出名为PDF417的二维条码,简称为PDF417条码,即便携式数据文件,如图6-4所示。

图6-3 EAN-13条码示例图

图6-4 PDF417二维条码

PDF417条码

PDF417条码是一种高密度、高信息含量的便携式数据文件,是实现证件及卡片等大容量、高可靠性信息自动存储、携带并可用机器自动识读的理想手段。

PDF417条码具有的特点:①信息容量大,比普通条码信息容量高几十倍;②编码范围广,可数字化的信息有照片、指纹、掌纹、签字、声音、文字等;③保密、防伪性能好;④译码可靠性高;⑤制作成本低;⑥条码形状可以改变。

二维条码作为一种新的信息存储技术,现已广泛地应用在国防、公共安全、交通运输、医疗、工业、商业、政府等领域。很多国家的驾驶证、医疗证及护照都采用了这种技术。

(四) 条码的识读设备

条码由专门的条码打印机打印制作,由条码扫描仪识读条码信息。在配送中心内一般采用有线或无线条码扫描仪,如图6-5所示。

图 6-5 条码扫描仪

条码的识读过程

条码的识读过程是由从识读器光源发出的光线照射到条码符号上面，反射回来的光经过光学系统成像在光电转换器上，产生电信号，信号经过电路放大以后产生模拟电压，该电压与反射回来的光的强度成正比，经过滤波整形，产生与模拟型号对应的方波信号，经过译码器解释为计算机可以直接接受的数字信号。

常见的条码识读设备有掌上型条码扫描仪、便携式条码识读器、光笔式条码识读器、台式条码扫描仪、激光自动识读器等几种。其中，便携式条码识读器带有键盘、显示屏、声响指示等，这种识读装置具有用户编程功能，可以脱机单独使用，便于流动采集资料，特别适合像仓库盘点这样的流动性作业采集资料，数据采集以后暂存在自带的内存中，一定时间以后再转移到计算机中。

（五）条码的作用和意义

条码作为一项成熟的技术，具有即时、准确、可靠和经济等优点，在物流信息系统中已经普及应用，特别是在以下三个方面得到了广泛的应用。

1. 自动销售系统

条码记录着各式各样的产品信息，在超级市场中，数万种的商品信息全靠条码技术来完成，极大地提高了物流效率，改变了零售业的面貌。在沃尔玛（Wal-Mart）的惊人崛起中也可以找到条码的贡献。

2. 仓储管理系统

在现代仓储管理中，入库、分类、出库、盘点等环节中已基本完全实现条码管理。大量的物流信息包含在条码之中，这意味着操作员每在一处扫描一个条码，该条码就能将他所在的位置通知计算机，从而使系统能够对操作员的行动发出指令。条码的应用也使仓库的自动化管理成为可能。

3. 产品追溯系统

条码可以用在产品的追溯上，如在食品安全等应用上。条码可以记录产品的生产厂家、运输单位及销售环节等诸多信息。我国已经在 2008 年的奥运食品中全面使用包括条码在内的多项技术，其中包括安全追溯系统。

条码在订货、进货、存放、拣货和出库等方面的应用极大地提高了物流运作的效率和准确性，并且最终也提高了客户的满意程度。

二、电子数据交换

(一) EDI的概念

EDI产生于20世纪60年代,EDI的含义是指"按照标准化的格式,利用计算机的网络进行业务数据的传输和处理"。EDI是商业贸易的一种工具,它将商业文件,如订单、发票、装箱单、运单、报关单等单据按照统一的标准化的格式编制成计算机能识别和处理的格式,在计算机之间进行传输。

EDI具有以下一些特点。

(1) EDI是企业之间传输商业文件数据的一种形式,EDI的使用对象是有经常性业务联系的企业。

(2) EDI所传送的资料是一般业务资料,如发票、订单等,而不是一般性的通知。

(3) EDI传输的文件数据采用共同的标准并具有固定格式,如联合国EDI FACT标准,这也是其与一般E-mail的区别。

(4) EDI通过数据通信网络(一般是增值网和专用网)来传输数据,由收送双方的计算机系统直接传送、交换资料,尽量避免人工的介入操作。

(5) EDI与传真或电子邮件的区别表现在:后者需要人工阅读判断处理才能进入计算机系统,需要人工将资料重复输入计算机系统中,浪费人力资源,也容易发生错误。

(二) EDI的优势和局限性

EDI的优势主要在于节省时间、提高质量和降低成本。在节省时间方面,EDI相对于人工传送的传送时间已经明显缩短,并且由于不需要人工干预,因此也降低了成本,同时还避免了接收的错误,提高了质量。

EDI应用推广至今,使用EDI最多的产业可划分为以下四类。

(1) 贸易运输业:快速通关报检,减少贸易运输空间、成本与时间的浪费,经济地使用运输资源。因此,有时EDI也称为"无纸贸易",以预示未来贸易的发展。

(2) 制造业:通过推广即时响应以减少库存量及生产线待料时间,降低生产成本。

(3) 零售行业:减少商场库存量与空架率,以加速商品资金周转,降低成本;建立配送体系,以完成产、存、运、销一体化的供应链管理。

(4) 金融业:通过电子转账支付来减少金融单位与用户间交通往返的时间与现金流动风险,并缩短资金流动所需要的处理时间,提高客户资金调度的弹性。

企业要实现传统的EDI,商业伙伴必须采取以下步骤:达成商业合作的某种协议,选取某种增值网;商业伙伴订购或自己编写客户软件,对双方所使用的两种数据集合的格式进行映射;每当有新的商业伙伴加入时,都要编写新的软件,以便将发送方的数据集合翻译成接收方所能识别的格式。当一个新的商业伙伴加入时,上述步骤就要从头做起。

因此,程序的复杂和成本上的巨大投入使传统的EDI不仅实现起来很难,而且代价很大。更糟的是,每对商业伙伴都需要一种专用的解决方案。所以,在很长的一段时间中,只有大企业在使用EDI。最新出现的EDI模式是"基于因特网的商务网",它是利用XML、因特网、基于因特网的服务和数据库连接等技术建立起来的一个商业伙伴网络。

知识拓展

EDI和电子邮箱之间既有联系又有区别。从通信的角度来说，EDI和电子邮箱是相似的，但是它们之间也有比较明显的区别。例如，电子邮箱是通过交换网络将人与人联系起来，使人和人之间可以通过交换网络快速准确地交换信息；而EDI则是通过交换网络将两个计算机系统联系起来，如将服装进出口公司的计算机系统与海关的计算机系统联系起来，以此简化报关手续。

三、地理信息系统

（一）GIS的定义

GIS是由"计算机软硬件环境、地理空间数据、系统维护和使用人员四部分所组成的空间信息系统，可对整个或部分地球表层（包括大气层）空间中有关地理分布数据进行采集、储存、管理、运算、分析显示和描述"。

GIS是融合计算机图形学和数据库技术于一体，用来储存和处理空间信息的高新技术，它把地理位置和相关属性有机地结合起来，根据用户的需要将空间信息及其属性信息准确真实、图文并茂地输出给用户，以满足城市建设、企业管理、居民生活对空间信息的要求，借助其独有的空间分析功能和可视化表达功能进行各种辅助决策。

其核心是管理、计算、分析地理坐标位置信息及相关位置上属性信息的数据库系统。GIS主要用于采集、模拟、处理、检索、分析和表达地理空间数据，是一种特定的十分重要的空间信息系统。

小贴士

GIS的特点

（1）公共的地理定位基础。

（2）具有采集、管理、分析和输出多种地理空间信息的能力。

（3）系统以分析模型驱动，具有极强的空间综合分析和动态预测能力，并能产生高层次的地理信息。

（4）以地理研究和地理决策为目的，是一个人机交互式的空间决策支持系统。

（二）GIS的作用

GIS应用于物流分析，主要是指利用GIS强大的地理资料功能来完善物流分析技术。例如，利用GIS开发物流系统分析软件，完整的GIS物流分析软件集成了车辆路线模型、网络物流模型、分配集合模型和设施定位模型等。

设施定位模型：将GIS应用于物流网络模型，可以解决诸如根据供求的实际需要并结合经济效益等原则，在既定区域内设立多少个仓库、每个仓库的位置、每个仓库的规模，以及仓库之间的物流关系等问题。

网络物流模型：该模型可以解决物流网点布局的问题。例如，将货物从M个仓库运往N个商店,每个商店都有固定需求量,因此需要确定由哪个仓库提货送到哪个商店所耗的运输代价最小,以此寻求最有效的分配货物路径问题。

车辆路线模型:用于解决一个起始点、多个终点的货物运输中如何降低物流作业费用,并保证服务质量的问题,包括决定使用多少辆车、每辆车的路线等。

分配集合模型:可以根据各个要素的相似点把同一层上的所有或部分要素分为几个组,用以解决确定服务范围和销售市场范围等问题。例如,某一公司要设立Y个分销点,要求这些分销点要覆盖某一个地区,而且要使每个分销点的顾客数目大致相等。

海尔的GIS

海尔引入了GIS,从而提高了其空间分析功能,在售后服务系统中增加了地理信息处理能力。GIS包含全国所有的县级道路网和200个城市的详细道路信息,还记录了全国100多万条地址信息。在如此海量的地理信息基础上,售后服务系统可以在很短时间内计算出距离用户最近的网点,以及网点到用户家的详细路径描述和距离,并及时将这些信息派送到最合理的服务网点。

应用GIS之后,海尔的售后服务流程变为这样:用户打电话报修,之后接线员登记用户信息,关键是位置信息。接线员记录后,系统自动匹配用户地址,计算出距离用户最近的网点,之后自动将维修信息派送到网点,网点维修工程师再上门服务。

整个地址匹配和服务商挑选工作由系统自动完成,无须手工操作,堵住了服务漏洞。同时,系统的快速反应也远不是手工能比的,以前要花几十秒甚至几分钟查找的信息,现在系统自己匹配,每次处理的时间缩短到0.1秒以内,大幅提高了客服部门的效率。

在GIS的支持下,海尔客服部门现在每天可以处理10万次左右的服务请求,得以满足全国用户的需求。

资料来源:中国仓储与配送协会资料汇编.

四、全球定位系统

(一)全球定位系统概述

全球定位系统是由一组卫星所组成的,24小时提供高精度的全球范围的定位和导航信息的系统。

全球定位系统是20世纪70年代由美国陆、海、空三军联合研制的新一代空间卫星导航定位系统 。其主要目的是为陆、海、空三大领域提供实时、全天候和全球性的导航服务。

全球定位系统由空间部分、地面监控系统和用户接收系统三部分组成。

1. 空间部分

由24颗卫星均匀分布在6条轨道面上组成空间卫星网,其中有3颗备用工作卫星,每条轨道面与地球轨道面的交角是 55°，轨道高度约为 20183 千米，运行周期约为 12 小时（717.88 分钟），发射频率为 1575.42 兆赫兹（L1 波段）和 1227.60 兆赫兹（L2 波段）。

全球各地用户随时可见 4 颗以上的卫星，捕获星上发出的距离码，并计算出自己的位置。卫星上有准确的时钟，可同时用于定时和时间同步。

2. 地面监控系统

地面监控系统由主控站、监测站、地面跟踪站组成，其工作过程为：监测站负责接收卫星发播的信号，并将数据传送到主控站；主控站通过大型数据处理计算机计算出每颗卫星的轨道和卫星改正值、卫星星历和钟差等；经过处理的数据由主控站传到地面跟踪站，每天发送给卫星一次。

3. 用户接收系统

用户接收系统的功能是接收卫星发播的信号，并据此求得距离观测量和导航电文，计算出接收系统的位置及速度。

全球定位系统的主要特点是全天候、全球覆盖、三维定速定时高精度、快速省时高效率以及应用广泛。

（二）全球定位系统的功能

全球定位系统融合了目前国际上先进的信息技术和高科技成果，安装了网络全球定位系统的车辆将会实现许多功能。

1. 实时监控功能

系统可以在任意时刻发出指令，查询安装了全球定位系统的运输车辆所在的地理位置（经度、纬度、速度等信息），并在电子地图上直观地显示出来；车辆出车后就可立即掌握其行踪，若有不正常的偏离、停滞或超速等异常现象发生，网络全球定位系统工作站显示屏就能立即显示并发出警告信号，并可迅速查询纠正，避免危及人、车以及货物安全的情况发生；货主可登录查询货物运送状况，实时了解货物的动态信息，真正做到让客户放心。

2. 双向通信功能

全球定位系统用户可使用语音功能，与驾驶员进行通话或使用安装在车辆上的移动设备的汉字液晶显示终端进行汉字消息收发对话，从而实现动态调度功能，进行科学调度，提高实载率，尽量减少空车时间和空车距离，充分利用运输车辆的运能。

3. 数据分析功能

用户可事先规划车辆的运行路线、运行区域、何时应该到达什么地方等，并将该信息记录在数据库中，以备随后查询、分析使用，进一步优化路线。管理人员可随时调出车辆以前的工作资料，并可根据各部门的不同要求制作不同的形式报表，使各管理部门能更快速、更准确地做出判断。

（三）全球定位系统的应用

全球定位系统在物流中的应用，主要是由全球定位系统与电子地图、无线电通信网络及计算机车辆管理信息系统相结合组成的导航系统，它可以实现车辆跟踪和交通管理等许多功能，如图 6-6 所示。

1. 车辆跟踪

利用全球定位系统和电子地图可以实时显示车辆的实际位置，并可以任意放大、缩

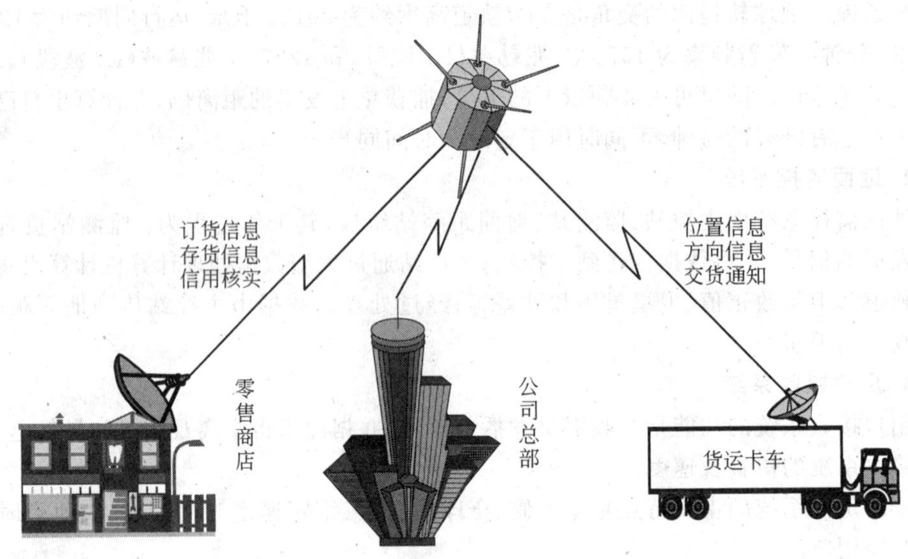

图 6-6 物流卫星通信系统

小、还原、换图,使目标始终保持在屏幕上;还可实现多窗口、多车辆、多屏幕同时跟踪,对重要车辆和货物进行跟踪运输。

2. 提供出行路线的规划和导航

规划出行路线是汽车导航系统的一项重要辅助功能,如自动线路规划,由驾驶员确定起点和终点,由计算机软件按照要求自动设计最佳行驶路线,包括最快的路线、最简单的路线、通过高速公路路段次数最少的路线等;人工线路设计,由驾驶员根据目的地设计起点、终点和途经点等,自动建立线路库。线路规划完毕后,显示器能够在电子地图上显示设计线路,并同时显示汽车运行路径和运行方法。

3. 信息查询

为用户提供主要物标,如旅游景点、宾馆、医院等数据库,用户能够在电子地图上根据需要进行查询。查询资料可以文字、语言及图像的形式显示,并在电子地图上显示其位置。同时,监测中心可以利用监测控制台对区域内任意目标的所在位置进行查询,车辆信息将以数字形式在控制中心的电子地图上显示出来。

4. 话务指挥

指挥中心可以监测区域内车辆的运行状况,对被监控车辆进行合理调度。指挥中心也可随时与被跟踪目标通话,实行管理。

5. 紧急援助

通过全球定位系统和监控管理系统可以对遇有险情或发生事故的车辆进行紧急援助。监控台的电子地图可显示求助信息和报警目标,规划出最优的援助方案,并以报警声、光提醒值班人员进行应急处理。

全球定位系统是近年来开发的极具开创意义的高新技术之一,它必然会将在诸多领域中得到越来越广泛的应用。相信随着我国经济的发展,以及高等级公路的快速修建和全球定位系统技术应用研究的逐步深入,其在道路工程和交通运输中的应用也会更加广泛和深入,并发挥出更大的作用。

五、射频识别

(一) RFID 的概念

RFID 是指通过射频信号来识别目标对象并获取相关数据信息的一种非接触式的自动识别技术。RFID 出现于 20 世纪 80 年代,随后逐渐走向成熟的一项自动识别技术。

自动识别特指通过机器进行的识别。近年来,自动识别技术在许多服务领域、货物销售与后勤分配方面、商业部门、生产企业和物流管理等领域得到了快速的普及和推广。

自动识别技术的目的是提供关于个人、动物、货物和商品的相关信息。与之相关的识别技术还有如条码识别、语音识别、IC 卡识别等,其特点对比如表 6-1 所示。

表 6-1 不同的识别技术特点对比

系统参数	条码识别	光学符号识别	语音识别	生物计数测量法	IC 卡识别	射频识别系统
典型的数据量/字节	1～100	1～100	—	—	—	—
数据密度	低	低	高	高	很高	很高
机器阅读的可读性	好	好	费时间	费时间	好	好
个人阅读的可读性	受制约	简单容易	简单容易	困难	不可能	不可能
受污染/潮湿影响	很严重	很严重	—	—	可能(接触)	没有影响
受光遮盖影响	全部失效	全部失效	—	可能	—	没有影响
受方向和位置影响	很小	很小	—	—	一个插入方向	没有影响
用坏/磨损	有条件	有条件	—	—	接触	没有影响
购置费/电子阅读设备	很少	一般	很高	很高	很少	一般
工作费用(如打印机)	很少	很少	无	无	一般(接触)	无
未经准许的复制/修改	容易	容易	可能	不可能	不可能	不可能
阅读速度(包括数据载体使用)	慢	慢	很慢	很慢	慢	很快
数据载体与阅读器之间的最大距离	0～50cm	<1cm(扫描器)	0～50cm	直接接触	直接接触	0～5m 微波

(二) RFID 系统的组成与功能

RFID 系统是指由射频标签、识读器、计算机网络和应用程序组成的自动识别和数据采集系统。

1. 射频标签

标签(tag)相当于条码技术中的条码符号,用来存储需要识别传输的信息。按照不同的标准,标签有许多不同的分类方法。按照获取电能的方式不同,可以把标签分成主动式标签和被动式标签;按照其内部使用存储器的不同,可以分为只读标签和可读写标签;根据标签中数据存储能力的不同,可以分为仅用于标识目的的标签与便携式数据标签。

主动式标签自身带有电池供电,读写距离较远,同时体积较大,与被动标签相比成本更高,也称为有源标签;被动式标签从阅读器产生的磁场中获取能量,具有很长的使用寿命,比主动标签更轻更小,读写距离较近,也称为无源标签。

2. 识读器

识读器有时也称为阅读器或信号接收机。根据支持的标签类型不同与完成的功能不同,识读器的复杂程度也有显著不同。阅读器的基本功能就是提供与标签进行数据传输的途径。同时,识读器还提供相当复杂的信号状态控制、奇偶错误校验与更正功能等。识别数据信息和附加信息按照一定的结构编制在一起,并按照特定的顺序向外发送。

识读器通过接收到的附加信息来控制数据流的发送。一旦到达阅读器的信息被正确接收和解译后,识读器则通过特定的算法决定是否需要发射机对发送的信号重发一次,或者指导发射器停止发信号,即"命令相应协议"。使用这种协议,即便在很短的时间、很小的空间阅读多个标签,也可以有效地防止"欺骗问题"的产生。

3. 天线

天线是标签与阅读器之间传输数据的发射接收装置。在实际应用中,系统功率、天线的形状和相对位置都会影响到数据的发射和接收,因此需要专业人员对系统天线进行设计和安装。

(三) RFID 系统的分类

根据 RFID 系统完成的功能不同,可以大致将 RFID 系统分成四种类型:EAS(electronic article surveillance,电子商品防盗窃)系统、便携式数据采集系统、物流控制系统以及定位系统。

1. EAS 系统

EAS 是一种设置在需要控制物品出入口的 RFID 技术。这种技术的典型应用场合有超市、图书馆、数据保密中心等。当未被授权的人从这些地方非法取走物品时,EAS 系统会发出警告。

在应用 EAS 技术时,首先在物品上粘附 EAS 标签,当物品被正常购买或者合法移出时,在结算处通过一定的装置使 EAS 标签失效,物品就可以被取走。物品经过装有 EAS 系统的门口时,EAS 装置能自动检测标签的活动性,如果发现活动性标签,EAS 系统就会发出警告。

EAS 技术的应用可以有效地防止物品被盗,不管是大件商品还是很小的商品。应用 EAS 技术,物品不用再锁在玻璃橱柜里,可以让顾客自由地观看、选择,这在自选日益流行的今天有着非常重要的现实意义。典型的 EAS 系统一般由三部分组成:①附着在商品上的电子标签、电子传感器;②电子标签灭活装置,以便授权商品能正常出入;③监视器,在出入口形成一定区域的监视空间。

EAS 系统的工作原理:在监视区,发射器以一定的频率向接收器发射信号。发射器与接收器一般安装在零售店、图书馆的出入口,形成一定的监视空间。当具有特殊特征的标签进入该区域时,会对发射器发出的信号产生干扰,这种干扰信号也会被接收器所接收,再经过微处理器的分析判断,就会控制警报器的鸣响。

根据发射器所发出的信号不同及标签对信号干扰原理的不同，EAS可以分成许多种类型。关于EAS技术的研究方向是标签的制作，人们正在讨论EAS标签能不能像条码一样，在产品的制作或包装过程中加进产品，成为产品的一部分。

2. 便携式数据采集系统

便携式数据采集系统使用带有RFID阅读器的手持式数据采集器采集RFID标签上的数据。这种系统具有比较大的灵活性，适用于不宜安装固定式RFID系统的应用环境。手持式阅读器(数据输入终端)可以在读取数据的同时，通过无线电波数据传输(radio frequency data communication，RFDC)或其他方式实时地向主计算机系统传输数据；也可以暂时将数据存储在阅读器中，再分批地向主计算机系统传输数据。

3. 物流控制系统

在物流控制系统中，固定布置的RFID阅读器分散布置在一定的区域，并且阅读器直接与数据管理信息系统相连。信号发射机是移动的，一般安装在移动的物体和人身上。当物体、人流经过阅读器时，阅读器会自动扫描标签上的信息并把数据信息输入数据管理信息系统储存、分析、处理，以达到物流控制的目的。

4. 定位系统

定位系统用于自动化加工系统中的定位及对车辆、轮船等提供运行定位支持。阅读器放置在移动的车辆、轮船或者自动化流水线中移动的物料、半成品、成品上，信号发射机嵌入操作环境的地表下。信号发射机上存储有位置识别信息，阅读器一般通过无线方式或者有线方式连接到主信息管理系统。

(四) RFID在物流中的应用

采购、储存、生产制造、包装、装卸、运输、流通加工、配送、销售到服务诸环节是供应链上环环相扣的流程。在供应链的每个部分，企业必须实时地、精确地掌握整个供应链上的商流、物流、信息流和资金流的流向和变化，使这四种流及各个环节、各个流程都协调一致、相互配合，如此才能发挥其最大经济效益和社会效益。

然而，由于实际物体的移动过程中各个环节都处于动态之中，信息和方向常常不断变化，影响了信息的可获性和共享性。而RFID正好可以解决这些难题。

在物流的很多环节上RFID都可以发挥重大作用，下面举例说明。

1. 零售环节

使用RFID可以对最小单位的货物进行控制，对于零售端的销售更有利，包括货架上的促销、防窃、消费者行为分析等均能做个别产品的管理；同时，商家和生产企业可以在清楚地掌握库存的基础上，合理安排生产和物流配送。

2. 仓储环节

采用了RFID解决方案的仓储管理系统，可以使管理人员实时了解掌控每个被管理对象(物品)的性质、状态、位置、历史变化等信息，并根据这些信息采取相应的管理对策和措施，达到提高使用单位的运营水平和管理质量的目的，从而实现快速供货，并最大限度地减少储存成本。

3. 运输环节

在运输管理中，在途运输的货物和车辆贴上RFID标签，运输线的一些检查点上安装上

RFID接收转发装置。RFID接收转发装置收到RFID标签信息后，连同接收地的位置信息上传至通信卫星，再由卫星传送给运输调度中心，送入数据库中。RFID在门禁管理、动物跟踪以及车辆识别、高速公路收费、大宗货物跟踪和监控等领域都有广泛的应用。

4. 制造行业

在生产制造环节应用RFID技术可以完成自动化生产线运作，实现在整个生产线上对原材料、零部件、半成品和产成品的识别与跟踪，减少人工识别成本和出错率，提高效率和效益。以汽车制造业为例，目前在汽车生产厂的焊接、喷漆和装配等生产线上都采用了RFID技术来监控生产过程。

目前RFID在推广应用中还有一些问题需解决，还处在一个初级阶段，产业链条没有完全建立，配套环境也不完全成熟，而且一个主要的原因是成本问题。因此，通过市场的驱动，让技术的进步来推动成本的降低，还需要一段时间。

第三节　物流管理信息系统

一、物流管理信息系统的概念

物流管理信息系统是"由计算机软硬件、网络通信设备及其他办公设备组成的，服务于物流作业、管理、决策等方面的应用系统"。

从本质上来说，物流管理信息系统利用信息技术，通过信息流，将各种物流活动连接成一个整体。通过对物流中的各种信息进行实时、集中、统一管理，使物流、资金流和信息流协调运行和企业正常运转。因此，物流管理信息系统是企业信息系统的基础，是企业信息化的基础，物流活动必须以信息为基础。

二、物流管理信息系统的基本要素和目标

(一) 物流管理信息系统的基本要素

物流管理信息系统是企业管理信息系统的一个子系统，和一般信息管理系统一样，该系统的主要结构包括信息输入、数据库管理和输出。

1. 信息输入

输入的信息可能来自多个方面，如公司运营记录、客户信息、公开的数据和公司的相关规定等。对于不同类型的企业，输入的信息可能有所不同。例如，生产企业的物流信息管理系统中，输入信息主要包括原材料的采购、生产的状况及销售的信息等；而作为第三方物流的管理信息系统，其主要的数据有订单处理、仓储配送管理和结算处理等。

2. 数据库管理

对数据库的管理涉及选择数据的存储、检索，选择所使用的分析方法，以及选择将采用的基本数据加工方法。数据处理是信息系统最基本的特性。当人们最早将计算机引进商业时，其目的在于减少那些重复工作量巨大的工作，如计算发票并编制会计记录。

如今，填制采购订单、制作提单和打印运费单成了相当普通的数据处理活动，同时人们还可以利用数据进行一些数据查找和分析工作，帮助物流管理人员规划、控制物料的流动。

数据分析是信息系统最复杂、最新的应用领域。信息系统可能包含任意多个数学和统计学模型，这些模型对解决公司特殊的物流问题具有一般意义或特别意义。这些模型会将信息转换成问题的解，以支持经营决策。

3. 输出

输出部分是物流信息系统中最重要的要素，也是用户与系统接触的界面。输出通常有多种类型，并以多种形式传输。最常见的输出类型就是一定形式的报告或是单据，也可能是一些决策所需要的分析结果。管理人员根据管理信息系统的输出数据做出科学决策，从而提高企业的竞争优势，为组织创造新的价值。

（二）物流管理信息系统的目标

物流管理信息系统的总体目标就在于从企业的商流和由商流引发的物流中提取与物流相关的信息，进行存储、处理、汇总、分析和流程控制，从而得到经过提炼的、物流企业所需要的信息，一方面服务于物流企业自身的经营管理需要；另一方面服务于客户的需要。要达到这一目的，物流管理信息系统就必须要做到以下三点。

1. 实现对企业资源的整合

对物流企业自有或租用的房屋、物料、设备、人员进行管理，包括物流网点、仓库、货物、运输资源、加工设备、操作人员等，并能实时报告资源状态，随业务流程跟踪物流服务资源的使用情况。这样就可以集成企业的小系统，整合企业的信息资源，消除信息孤岛现象。

2. 实现对内外业务的支持

对订单、仓储、配货、流通加工、货运代理等物流业务的服务提供全过程支持，同时也对采购、结算、客户关系等经营管理行为进行支持，还要支持与外部的资源租用、单据传输等合作业务。对其中所产生的信息进行存储、处理、汇总和分析，并对业务流程进行控制，对彼此关联的业务活动进行协同。通过信息管理系统的参与，物流活动可以加快响应速度，提高客户服务水平，使企业在“快鱼吃慢鱼”的激烈竞争中立于不败之地。

3. 提供部分决策支持

在对资源的管理和对业务的支持过程中，物流管理信息系统要收集和整理相关的原始信息，为决策提供充足的信息支持。同时，物流管理信息系统对信息的处理结果也为决策者提供了科学的数据，这些数据甚至可以为企业业务流程的再造提供有效的参考。

三、物流管理信息系统的功能

物流管理信息系统所包含的功能往往受企业的管理思想和理念的影响，同时也受到企业管理方式与业务模式的制约，其一般功能如图 6-7 所示。

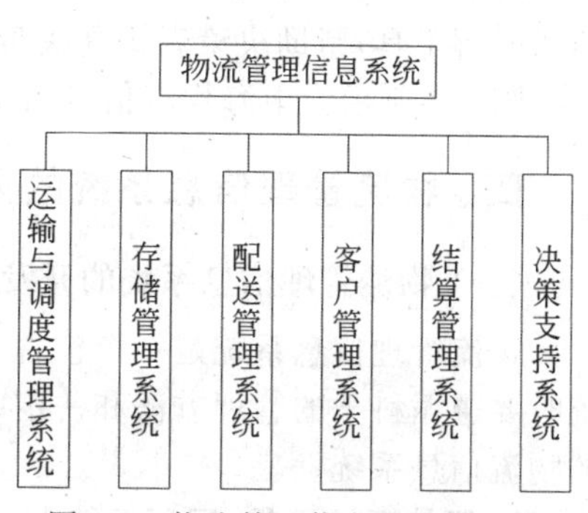

图 6-7　物流管理信息系统的功能

（一）运输与调度管理系统

运输与调度管理系统包括运输任务的生成，如装运单、运单的制作，条码的制作等；运输过程的管理，如信息的查询、车辆的定位、货物的签收情况等；费用结算的管理，如对每一票业务的结算报表制作，以及收费状态的处理。

(二) 存储管理系统

存储管理系统包括采购计划的制订、查询和打印报表;采购合同的管理,如合同录入、合同生成、合同查询、合同审核等;出入库管理,如出入库的单据录入、查询、修改、调整及统计报表的打印输出等。

(三) 配送管理系统

按照即时配送原则,配送管理系统可以满足生产企业按照合理库存生产的原材料配送管理,满足商业企业小批量多品种的连锁配送管理,满足共同配送和多级配送管理;支持在多供应商和多购买商之间的精确、快捷、高效的配送模式;支持大容量并发配送模式;支持多种运输方式;结合先进的条码技术、GPS/GIS技术和电子商务技术,实现智能化配送。

(四) 客户管理系统

通过对客户资料的收集、分类、存档、检索和管理,全面掌握不同客户群体的客户性质、客户需求、客户信用等信息,为客户提供最佳服务,如解决方案、价格、市场、信息等各种服务内容;及时处理客户在合作中遇到的各类问题,妥善解决客户合作中发生的问题,培养长期的忠诚的客户群体。

客户管理系统包括客户登录管理、客户资料管理、会员管理、客户身份验证、客户查询等功能模块。

(五) 结算管理系统

对企业所有的物流服务项目实现价格集中管理,包括多种模式的仓储费用、运输费用、装卸费用、配送费用、货运代理费用、报关费用、三检费用、行政费用、办公费用等的计算;根据规范的合同文本、货币标准、收费标准自动产生结算凭证,为客户及物流企业(仓储、配送中心、运输等企业)的自动结算提供完整的结算方式。

(六) 决策支持系统

使用决策支持系统可以及时地掌握商流、物流、资金流和信息流所产生的信息并加以科学地利用,在数据仓库技术、运筹学模型的基础上,通过数据挖掘工具对历史数据进行多角度、立体的分析,实现对企业中的人力、物力、财力、客户、市场、信息等各种资源的综合管理,为决策者提供分析问题、建立模型、模拟决策过程和方案的环境,调用各种信息资源和分析工具,帮助决策者提高决策水平和质量。

图6-8所示为中海物流信息系统模型,图6-9所示为该企业的信息平台架构。

四、物流管理信息系统的开发原则与步骤

(一) 物流管理信息系统的开发原则

物流管理信息系统是一个包含多个子系统的复杂系统,因此在开发网络管理信息系统时要遵循科学的管理方法和一定的原则,循序渐进地开发一个适合物流系统总体目标的物流信息系统。

1. 坚持系统思想,运用系统方法

物流活动是一个系统,物流管理信息系统同样也是一个系统,因此在开发时,对新系

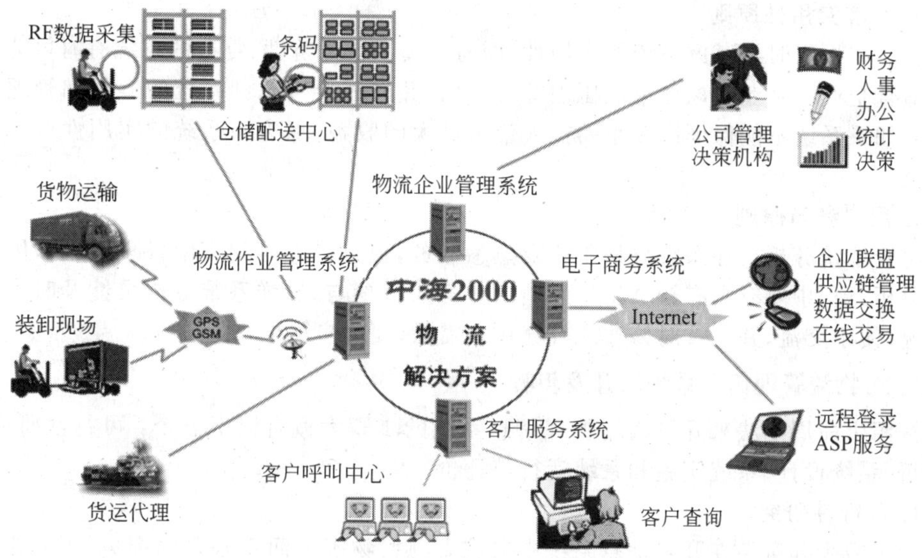

图 6-8　中海物流信息系统模型

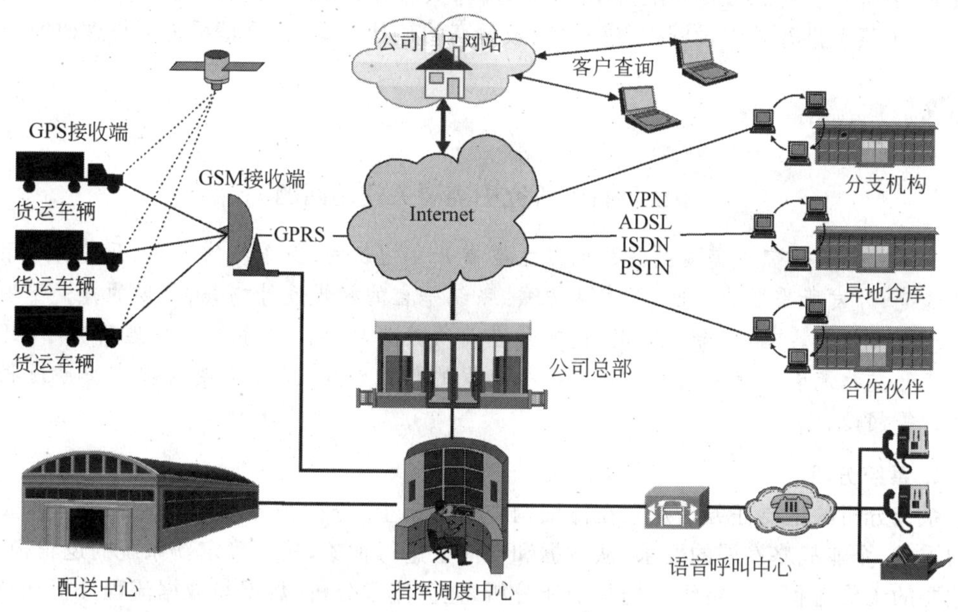

图 6-9　中海物流信息平台架构

统目标的确定、逻辑模型的设计必须坚持系统思想，运用系统方法进行分析与综合，而不应该从解决单个问题入手。

2. 内部条件与外部环境相结合

物流管理信息系统的运行不但受到企业内部人、财、物等资源的限制，还受到外部环境因素的制约，如政府的有关法令法规、自然环境、协调系统、市场情况等。进行系统分析时，必须把内部条件与外部环境相结合起来。

3. 经济实用性原则

企业在投入时要考虑系统的实用性,同时还要考虑经济性,复杂的系统有时可能并不一定适合企业。企业应该尽可能压缩开发费用,并且还要考虑到系统的运行和管理维护费用。如果系统不能保证以较小的投入带来最大的收益,那么该系统的实用性就无法得到保证。

4. 用户参与原则

尽管系统分析员在系统分析阶段要熟悉业务,但是毕竟时间有限,缺乏实践,因此在系统分析过程中要有具有较强工作经验的业务人员参与,这样系统分析员能及时掌握用户情况,便于交流,并能及时修改或补充用户需求,使用户尽早熟悉系统。

(二) 物流管理信息系统的开发步骤

按照生命周期法来开发物流管理信息系统的步骤大概有以下五个:可行性研究、系统分析、系统设计、系统实施和系统运行与评价。

1. 可行性研究

为了减少和避免在开发信息系统中造成人、财、物等方面不必要的损失,事先必须组织有关部门中有实际工作经验的领导和管理人员,对拟开发的管理信息系统的主要问题从技术、经济和管理三方面进行全面深入的调查、研究、分析和比较,提出若干个可行方案,并向决策者推荐其中投资少、进度快、效益高的最佳方案,这就是系统可行性研究。

系统可行性研究中需要关注的问题

系统可行性研究中需要关注的问题主要有开发的目的、新系统的定界、开发所采用的技术规范、开发所需要的时间、开发的方式、系统平台的初步设计方案、需要的投资费用及预计产生的效益,并给出开发方案,提交给企业决策者决策。在系统可行性研究中,还要研究待开发物流管理信息系统与现有业务流程的相互影响,是否需要对现有业务流程进行改造等问题。

2. 系统分析

系统分析的主要任务是建立在详细调查的基础上,分析企业生产经营管理工作及用户的需求、企业战略发展的要求,从数据和功能上进行抽象,从而确定新系统的逻辑模型。其主要的工作流程包括组织机构与功能分析、业务流程分析、数据与数据流程分析和功能数据分析,其中可能包括多次修改完善。

大量的实践活动证明,系统分析阶段工作的好坏直接影响物流管理信息系统的成败。因此,在该阶段必须要进行大量细致的工作,正如俗话所说"磨刀不误砍柴工"。

3. 系统设计

系统设计的主要任务是依据系统分析阶段所建立的逻辑结构,确定系统的软件结构和功能模块之间的关系,设计系统实现的物理方案,即将系统分析阶段的"做什么"变成"如何实现"。

小贴士

系统设计阶段的主要工作有总体结构设计、模块结构与功能设计、数据库文件设计、数据的输入/输出设计以及安全的设计等，其中同样包含大量的修改工作。

4. 系统实施

系统实施主要包括程序的设计和系统的调试、人员的培训和数据准备等活动。

编程的任务由程序员完成，由于编程工作量巨大，因此一般由多人协作完成；人员培训一般由系统分析设计人员来担任，对业务人员和操作员进行培训；数据准备由业务人员提供，目的是满足系统试运行的需要。实施过程中如果有问题，则修改程序，如满意则进入下一阶段的工作。

5. 系统运行与评价

系统运行阶段的任务是日常运行管理、评价、监理审计，然后分析运行结果。如果运行结果良好，则送管理部门，指导生产经营活动；如果有问题，则对系统进行修改、维护或者是局部调整。对系统的评价一般包括系统功能是否达到了预期的目标，如输出信息的可靠性、处理的速度、工作人员操作的繁简程度等；最主要的在于数经济效益方面的，包括一次性投资、维护费用与系统带来的效益相比，对企业来说非常重要。

在系统运行若干年之后，系统运行的环境可能会发生较大的变化，这时用户会提出开发新系统的要求，这标志着旧的系统生命的结束、新系统的诞生。

一、填空题

1. 物流信息的功能包括________、________、________、________。

2. 物流管理信息系统的基本要素包括________、________、________。

3. RFID 系统是由________、________、________、________组成的自动识别和数据采集系统。

4. 贸易伙伴之间使用________来传递信息，其被认为是电子商务发展的初级形式。

5. ________是一种在全球范围内提供定位和导航信息服务的系统，它可以实现车辆跟踪和交通管理等功能。

6. 条码由一组规则排列的条、空及其对应字符组成的，用以表示一定信息的标识。条码自动识别系统由________、________、________、________组成。

7. 在整个物流系统中，________起着神经系统的作用。

二、简答题

1. 物流信息具有什么特点？

2. 简述电子数据交换技术的特点、优势和局限性。

3. 简述全球定位系统的构成和主要特点。

4. 简要说明 RFID 在物流中的应用。

5. 简述物流管理系统的目标。

三、论述题

1. 论述物流信息的地位和作用。
2. 论述物流信息系统的开发所应遵守的基本原则。

延伸阅读

物联网技术在危化品仓库中集成应用

中外运化工国际物流有限公司(以下简称中外运化工物流)是招商局集团旗下为化工行业客户提供综合化工供应链物流服务的专业子公司,其秉承可持续发展理念,为化工行业客户提供绿色供应链解决方案。

一、企业信息化进程遇到的主要困难和问题

由于传统仓储作业主要依赖客服的单证和现场人员的经验,因此差错率高。现场作业人员由于缺乏对作业量的统筹分析,导致分配不均衡且人员流动性高。仓储资源没有可靠数据进行分析,使得经营策略得不到优化。另外,化工物流又是高度重视安全生产的一个行业,各类事故处理及隐患的排查和预警亟须得到灵活快速地控制。面对目前实际运营中的难点,中外运化工物流先后投入WMS、综合安防平台、综合消防平台等信息化管理系统。然而由于系统数量多,专业性强,使得管理成本居高不下。另外,各系统管理数据相对独立,使得业务、资源、安全的综合分析相对片面。

二、如何推进、组织信息化实施方案来解决上述问题

在项目实施前期,中外运化工物流通过多次多部门的需求沟通,整理并确认了各部门实际需要,成立了以仓储部牵头,各部门协同配合的信息化推进工作小组,汇集各部门业务骨干和技术专家等进行核心问题的攻坚,并且主要业务部门指定信息化过程中的专门指定对口人员,保证及时有效地推进。由于信息化专业性特征比较明显,中外运化工物流与行业内著名的IT企业相互合作探讨,在系统设计阶段就让系统开发服务商参与项目,让专业人做专业事。在采购技术方面,中外运化工物流积极探索世界上流行的最新技术,在整个平台打造上采取模块化、简约化的设计产品,傻瓜式的操作流程,降低操作难度,减少推广期间的复杂性。

信息技术并不能彻底解决物流最底层的问题,即货物的搬运。线上可以完成单据流转和商务流转,但实际物品的流转则需要线下科技的支撑。中外运化工物流解决该问题的思路是物联网技术的深度融合。在线下高效运营技术方面,中外运化工物流采用专用物联网技术创新。

(1) 条码技术,将传统物流跟踪到单的模式转变为物品最小包装单位。

(2) 各类传感器,目前在GPS设备的基础上扩展3G视频、主动安全防范设备及温度记录仪。

(3) 中转场站配置自动化设备来提升作业效率和确保安全保障,如智能叉车和自动传送履带等设备。

本项目通过各系统集成管理,较原设施新增以下几项主要核心功能。

(1) 手机APP培训考试模块:对司机库违规进行分类量化统计,一方面可为供应商考核提供依据;另一方面在外来人员风险上实现针对性预防。

(2) WMS预约管理模块：解决现场车辆到场时间不可控的问题。通过有序的排班，使得现场作业有条不紊，人员分配更加科学，作业效率大幅提升。

(3) WMS订单管理模块：提供实时、宏观的仓储业务数据，规避了传统在WSM中导出数据列表的统计方式，使得管理者能更直观地分析并调整管理策略。

(4) 3D仿真式货位管理模块：提供直观的仓库货位实时情况，并在库存管理方面提供准确的宏观数据，为仓储策略、化学品禁忌管控提供有效依据。

(5) 智慧消防管理模块：通过为所有消防设施绑定唯一的二维码的方式，在后台建立独立的设施巡检记录数据库，并按巡检记录分析设施状态，做到设施状态的实时监测和巡检工作的量化管理。

(6) 出入口管理模块：通过接入企业的门禁系统、车牌识别系统、车辆检查系统、访客系统，能够实现外来人员数据、车辆信息的查询与统计。

(7) 事故应急指挥调度模块：提供强大的应急业务管理和应急智能决策能力，在突发事故时能够对应急救援工作提供支持信息；同时，还满足了企业日常应急资源管理、应急培训演练的需要。

(8) GIS模型仿真展示模块：等比例将仓库现场地图以3D模型展示，并集成消防、安防等设备的位置信息。实时监测各系统报警信号，一旦发生报警或设备故障，均能在地图模型中给予直观的警告。

由于项目实施时间上的要求，中外运化工物流也大力学习同行先进的系统实施经验。项目小组不仅在中外运系统内调研兄弟单位内的先进理念和思想，而且还和行业内的知名物流系统服务商探讨各种业务场景下的最优解决方案，为系统实施提供强有力的支持。

资料来源：中国物流与采购联合会资料汇编.

第七章

第三方物流

◆ 知识目标 ◆

（1）了解第三方物流的概念及特征。

（2）熟悉第三方物流企业的发展战略。

（3）了解第三方物流企业的类型。

◆ 技能要求 ◆

（1）掌握第三方物流企业合同管理内容。

（2）能够结合实例分析第三方物流企业的优势和不足。

学习导航

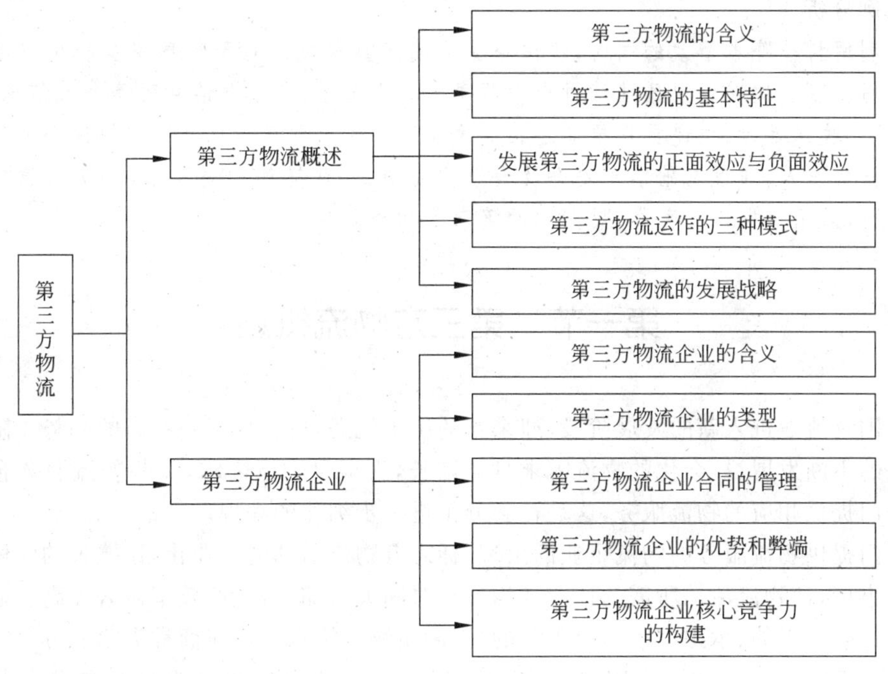

案例引导

"数字化"驱动第三方物流发展

在人们的印象里,快递业是一个劳动密集型产业。事实上,近年来随着数字化浪潮来袭,各行各业都在颠覆传统的路上大步前行,快递业也不例外。面对已经到来的大量包裹常态化时代,各家快递企业纷纷加大对科技的投入,通过数字化转型和技术创新降本增效,加快从"汗水型"向"智慧型"的转变。

《2018年中国快递发展指数报告》显示,2018年中国快递发展指数为814.5,同比提高23.6%,行业加速进入高质量发展阶段。中国快递业务量规模连续五年稳居世界第一位,占据全球快递包裹市场一半以上。

"快递业不仅在'长块头',也在'长肌肉',正从规模驱动转向技术驱动。"在2019年全球智慧物流峰会开幕式上,交通运输部原副部长、中国快递协会会长高宏峰表示,数字化技术正在推动物流行业升级,每天1.8亿包裹更加依赖技术。他举例说,小小的电子面单,五年来服务了近800亿个包裹,节约资金160亿元,节约纸张3200亿张,它代表科技进步的力量。

从手写地址到电子面单,从人工分拣到自动化流水线——全国24小时、全球72小时的新物流时代正在走来。依靠科技创新提升快递的服务质量和运行效率,成为各大快递企业争抢的新高地。阿里巴巴集团CEO、菜鸟网络董事长张勇在畅想智慧物流前景时说:"未来的物流一定是从数字化到数智化,数智世界将是我们共同面临的时代。数字化是智慧物流的初心和基石。”

资料来源：中国快递协会网站资料汇编.

引例分析

在利用科技降本增效的同时，快递企业也越发重视技术对于信息安全和用户隐私保护的作用。多家快递企业已陆续推出隐藏寄收件人全名、部分电话号码等个人信息的“隐私面单”。收送件时，快递员需要通过扫描才能获得完整配送信息。一些快递企业设立了数据安全负责人，通过基础信息安全及大数据安全、区块链等相关技术，切实保障数据的安全运行，为用户提供更可靠、更周到的第三方物流服务。

第一节　第三方物流概述

我国物流业进入新的发展阶段，迎来新的历史机遇，也出现了一些新的趋势。随着市场经济的不断发展，社会化的物流需求日益增长，为满足物流需求，一些物流服务企业和组织专门提供相应的物流服务，这是社会分工进一步细化的表现。

专门提供物流服务的物流企业的出现，标志着物流活动的专业化，让擅长的人做自己擅长的事情，使物流活动所需的社会平均劳动时间大大缩短，生产效率显著提高。通常把能提供最高水平的、承担完整物流服务的、以满足物流需求的供应商称为第三方。第三方物流(third party logistics，TPL 或 3PL)是现代物流社会化和专业化的先进企业组织形式。

在全球经济一体化的影响下，中国正在成为第三方物流发展极为迅速的国家之一。我国第三方物流处于发展初期，未来市场潜力很大。制造企业对物流服务商提出了高端的物流服务需求，要求物流企业能够提供专业化、定制化、供应链一体化解决方案等物流服务。在商品流通领域中，不同业态需要不同的物流服务模式。例如，传统的批发市场需要增加储存、加工、配送、网上交易等物流功能；大型连锁零售企业要构建自己的物流系统，强化核心竞争力；依托网络的无店铺销售的企业更多地将物流业务委托外包给专业物流企业；烟草、医药、化学危险品、冷链等专业性强的物流需求也将更多地依靠专业物流企业来提供。这些都为第三方物流的发展提供了广阔的空间。

一、第三方物流的含义

第三方物流也被称为委外物流或是合约物流，是指生产经营企业为集中精力做好主业，把原来属于自己处理的物流活动，以合同方式委托给专业物流服务企业，物流服务企业在一个较长的时期内向委托方提供部分或全部物流服务的一种个性化、系列化的现代物流方式。

第三方物流是相对“第一方”发货人和“第二方”收货人而言的，是由第三方物流企业来承担企业物流活动的一种物流形态。第三方物流既不属于第一方，也不属于第二方，而是通过与第一方或第二方的合作来提供其专业化的物流服务，它不拥有商品，不参与商品的买卖，而是为客户提供以合同为约束、以结盟为基础的、系列化、个性化、信息化的物流代理服务。

随着信息技术的发展和经济全球化趋势，越来越多的产品在世界范围内流通、生产、销售和消费，物流活动日益庞大和复杂，而第一、二方物流的组织和经营方式已不能完全满足社会需要；同时，为参与世界性竞争，企业必须确立核心竞争力，加强供应链管理，降低物流成本，把不属于核心业务的物流活动外包出去。于是，第三方物流应运而生。

凡是由社会化的专业物流企业按照货主的要求所从事的物流活动都可以包含在第三方物流范围之内。最常见的第三方物流服务包括设计物流系统、EDI 能力、报表管理、货物集运、选择承运人、货运代理、海关代理、信息管理、仓储、咨询、运费支付、运费谈判等。由于服务业的方式一般是与企业签订一定期限的物流服务合同，因此有人称第三方物流为“合同契约物流”。

第三方物流一般可分为资产基础供应商和非资产基础供应商两类。对于资产基础供应商而言，他们有自己的运输工具和仓库，通常实实在在地进行物流操作；而非资产基础供应商则是管理公司，没有或租赁资产，他们提供人力资源和先进的物流管理系统，发挥专业管理顾客的物流功能。广义的第三方物流可定义为两者的结合。

近几年，我国的第三方物流市场以每年 16%～25%的速度增长。虽然我国物流行业发展很快，但目前我国第三方物流信息化应用的水平还比较低。据统计，大量第三方物流企业的信息化水平还停留于 GPS、RFID 等初级阶段，这类企业占据第三方物流企业总数的 50%以上。我国的物流企业中，中小企业占了大部分。绝大多数中小物流企业尚不具备运用信息技术处理物流信息的能力。拥有信息系统的企业，其信息化需求也多数属于底层需求，基础信息系统建设是目前信息化建设的主要内容。

由此可见，我国第三方物流企业的发展任重而道远。同时，中小企业在选购物流信息化系统时，虽然最主要考虑的是成本问题，但还要考虑企业未来的需求。大多数物流信息系统的成本较高，很多功能又用不上，但企业发展壮大之后有可能就非常需要，这就要求产品拥有全生命周期的特性，可以随着企业自身的发展和业务拓展而进化。当今市场上，除了博科资讯，其他物流供应链管理软件厂商还不具备提供此类产品的能力，缺少适合中小物流企业的信息系统严重制约了这类企业信息化的普及。

此外，还有一部分已经初具规模的物流企业，其信息化基础相对来说已经有了一定的基础，已经开始考虑业务流程与管理流程的优化问题。这也是来自降低成本、加快周转等经济上的压力，目的是帮助企业提高自己的核心竞争力。这些优化通常集中在几个最能产生效益的环节，如仓储管理、运输管理、订单管理等局部环节。这类规模较大的物流企业占物流企业总数的 30%左右。这种只针对局部供应链流程的信息化建设，结果通常表现为一些孤立的信息系统，难以互联互通，实现整合。

供应链的信息化整合不能仅满足于提供精细的分别针对分销、零售、仓储、运输等环节的软件产品，而是要旗帜鲜明地贯彻供应链一体化的思想。通过“操作层”“决策层”“供应链电子商务层”这一结构清晰的框架，为物流企业提供着眼于全面资源整合的信息化解决方案，这样才能从上至下解决企业所存在的问题。

第三方物流企业的信息化建设目标应是针对整个企业的供应链综合管理，实施企业级的信息系统建设。这样才能跨越部门的界限，实现各个部门的数据和信息的互联互通，并在此基础上实现信息的集中查询和集中发放。我国第三方物流企业应在借鉴西方发达国家的第三方物流发展经验的基础上，广泛运用计算机技术及通信技术提高企业自身的运输效率和服务能力，增强核心竞争力，也只有这样，才能在市场竞争中将企业做大做强。

二、第三方物流的基本特征

(一) 关系合同化

第三方物流是通过契约形式来规范物流经营者与物流消费者之间的关系的。物流经营者根据契约规定的要求，提供多功能直至全方位一体化物流服务，并以契约来管理所有提供的物流服务活动及其过程。另外，第三方物流发展联盟也是通过契约的形式来明确各物流联盟参加者之间责权利相互关系的。

(二) 服务个性化

首先，不同的物流消费者存在不同的物流服务要求，第三方物流需要根据不同物流消费者在企业形象、业务流程、产品特征、顾客需求特征、竞争需要等方面的不同要求，提供针对性强的个性化物流服务和增值服务；其次，从事第三方物流的物流经营者也因为市场竞争、物流资源、物流能力的影响需要形成核心业务，不断强化所提供物流服务的个性化和特色化，以增强物流市场竞争能力。

(三) 功能专业化

第三方物流所提供的是专业的物流服务。从物流设计、物流操作过程、物流技术工具、物流设施设备到物流管理必须体现专门化和专业水平，这既是物流消费者的需要，也是第三方物流自身发展的基本要求。

(四) 管理系统化

第三方物流应具有系统的物流功能，这是第三方物流产生和发展的基本要求。第三方物流必须建立现代管理系统才能满足运行和发展的基本要求。

(五) 信息网络化

信息技术是第三方物流发展的基础。在物流服务过程中，信息技术发展实现了信息实时共享，促进了物流管理的科学化，极大地提高了物流效率和物流效益。

三、发展第三方物流的正面效应与负面效应

(一) 发展第三方物流的正面效应

1. 有利于促进物流社会化、专业化

我国长期实行计划经济，生产、流通、消费各环节互相分割，各物流有关行业、部门、企业均自成体系，独立运作的思想理念和运作模式根深蒂固，严重影响物流效率。为此，大力发展第三方物流是实现物流社会化和专业化的重要手段。第三方物流企业凭借自己专业的设施与设备、先进的信息处理平台、庞大的物流网络及丰富的专业知识和经验，可以提高货主企业的物流水平与效率，从而降低货主企业的成本。

2. 有利于企业优化资源配置,发展核心业务

现代物流领域的设施、设备、信息系统等的投入是相当大的,而且由于物流需求的不确定性和复杂性,导致投资有巨大风险。采用第三方物流服务可以避免这些投资风险,从而实现资源优化配置,将有限的人力、财力集中于核心业务,如产品研发、市场拓展、工艺改进和产品制造等。

3. 有利于减少库存

企业过去往往需要采取高库存的策略,以防止缺货和快速交货。然而,如今借助第三方物流企业策划的物流计划和实时运送手段及强大的信息系统,可以实现以信息换库存,既能减少无效库存数量,缩短库存时间,又能加快存货流动速度,从而最大限度地盘活库存,减少库存,改善企业的现金流量,实现成本优势。

4. 有利于降低物流成本

专业的第三方物流服务提供者利用规模生产的专业优势和成本优势,通过提高各环节能力的利用率节省费用,使企业能从分离费用结构中获益。例如,采用第三方物流可以为企业节省购买车辆、对物流信息系统等的投资,还可以节省有关员工的开支。

5. 有利于提高信息处理和挖掘能力

采用第三方物流服务,可以利用第三方物流的信息技术、信息分析、管理优化的能力,将原始数据转为可指导工作的信息,进而有助于更快响应市场需求变化,适应产品生命周期越来越短的挑战。

不难看出,使用第三方物流可能给客户企业带来多方面的利益,但这并不意味着使用第三方物流有百益而无一害,事实上,使用第三方物流也存在明显的负面效应。

(二)发展第三方物流的负面效应

1. 降低物流的控制能力

由于企业物流交给第三方物流企业来完成,因此会致使企业对物流的控制力大幅降低,具体表现在双方协调出现问题的情况下,可能会出现物流失控的现象,即第三方物流企业不能完全理解并按客户企业的要求来完成物流业务,从而降低客户服务指标。另外,在沟通不充分的情况下,容易产生相互推诿的局面,影响物流效率。

2. 增加客户关系管理的风险

使用第三方物流服务,客户关系管理存在很大的风险,主要体现在以下两方面。

第一,削弱了同客户的关系。由于生产企业通过第三方物流企业完成产品的递送甚至是售后服务工作,从而大幅减少了同客户直接接触的机会,因此减少了直接倾听客户意见和密切客户关系的机会,这对建立稳定的客户关系无疑是非常不利的。

第二,客户资料有被泄密的危险。众所周知,在激烈的市场竞争中,客户就是上帝,客户资料是企业非常重要的资源之一,如果客户资料被泄露,其后果是难以想象的。尽管在第三方物流服务关系中,相互对对方的信息保密是重要的合作基础,但信息越是在更多的企业间共享,其泄密的可能性就越大,因为第三方物流企业不仅自己要掌握信息,有时还不得不同众多的第二方物流企业共享客户信息。

3. 增添企业战略机密泄露的危险

物流是企业战略的重要组成部分,从采购渠道的调整到市场策略,从经营现状到未来预期,从产品转型到客户服务策略,第三方物流企业通过执行物流任务得到了相关的信息,然后借助先进的信息处理平台对有关数据进行分析、挖掘,可得到企业战略秘密,从而大幅增加了企业核心战略被泄露的危险。

4. 出现连带经营风险

一般企业会与第三方物流企业建立长期的合作关系,双方一旦合作成功,要解除合作关系往往成本很高。但如果第三方物流因为自身经营不善,可能将直接影响客户企业的经营,特别在和约解除过程中,客户企业要选择新的物流服务商,并建立稳定的合作关系,这往往需要很长的磨合期,有的甚至超过半年。在磨合期内,客户企业将不得不面对新服务商因产品不熟悉、信息系统结合不好等造成的服务失败。这种连带经营风险应当引起各方足够的重视。

总之,21世纪的第三方物流将凭借规模经营优势、专业化优势、知识人才优势和细致化个性化服务优势,有效地为企业节省投资和费用,减少库存,降低风险,提供增值服务,使货主企业专注主业,增强核心竞争力,全面提升企业形象,平衡优化总成本,从而成为货主企业获得竞争优势的重要战略伙伴。

小贴士

根据中国仓储协会对国内物流供求状况调查所得,工商企业采用第三方物流的比例较低,只有20%~30%,远低于欧美国家,说明第三方物流在我国的发展较落后,处于发展初期,呈地域性集中分布,近80%的收益都来自长江三角洲和珠江三角洲地区。

四、第三方物流运作的三种模式

(一)传统外包型物流运作模式

传统外包型物流运作模式是指第三方物流企业独立承包一家或多家生产商或经销商的部分或全部物流业务。

第三方物流企业各自以契约形式与客户形成长期合作关系,保证了自己稳定的业务量,避免了设备闲置。这种模式以生产商或经销商为中心,第三方物流企业几乎不需专门添置设备和业务训练,管理过程简单。订单由产销双方完成,第三方物流只完成承包服务,不介入企业的生产和销售计划。

目前我国大多数物流业务就是这种模式,实际上这种方式比传统的运输、仓储业相比并没有太大进步。这种模式最大的缺陷是生产企业与销售企业以及与第三方物流之间缺少沟通的信息平台,会造成生产的盲目和运力的浪费或不足,以及库存结构的不合理。

(二)战略联盟型物流运作模式

战略联盟型物流运作模式是指第三方物流包括运输、仓储、信息经营者等以契约形式结成战略联盟,内部信息共享和信息交流,相互间协作,形成第三方物流网络系统。联盟可包括多家同地和异地的各类运输企业、场站、仓储经营者,理论上联盟规模越大,可获得的总体效益越大。在信息处理方面,可以共同租用某信息经营商的信息平台,由信息经营商负责收集处理信息,也可连接联盟内部各成员的共享数据库(技术上已可实现),实现信息共享和信息沟通。

这种模式比起第一种模式有两方面的改善：首先，系统中加入了信息平台，实现了信息共享和信息交流，各单项实体以信息为指导制订运营计划，在联盟内部优化资源。同时，信息平台可作为交易系统，完成产销双方的订单和对第三方物流服务的预定购买。其次，联盟内部各实体实行协作，某些票据联盟内部通用，可减少中间手续，提高效率，使得供应链衔接更顺畅。例如联盟内部各种经营方式的运输企业进行合作，实现多式联运，一票到底，可大幅节约运输成本。

这种方式联盟成员是合作伙伴关系，实行独立核算，彼此间服务租用，因此有时很难协调彼此的利益，在彼此利益不一致的情况下，要实现资源更大范围的优化就存在一定的局限。例如，A地某运输企业运送一批货物到B地，而B地恰有一批货物运往A地，为减少空驶率，B地承包这项业务的某运输企业应转包这次运输，但A、B两家在利益协调上也许很难达成共识。

（三）综合物流运作模式

第三种模式就是组建综合物流公司或集团。上海华宇物流集物流的多种功能——仓储、运输、配送、信息处理和其他一些物流的辅助功能，如包装、装卸、流通加工等，组建完成各相应功能的部门。综合第三方物流大大扩展了物流服务范围，对生产商可提供产品代理、管理服务和原材料供应，对经销商可全权代理为其提供配货送货业务，可同时完成商流、信息流、资金流、物流的传递。

综合物流项目必须进行整体网络设计，即确定每一种设施的数量、地理位置、各自承担的工作。其中，信息中心的系统设计和功能设计及配送中心的选址流程设计都是非常重要的内容。综合物流是第三方物流发展的趋势，组建方式有多种渠道，但也容易出现重复建设、资源浪费问题。

五、第三方物流的发展战略

基于我国当前中小企业的实际状况，我国第三方物流的发展战略应突出以下六点。

（一）资源战略

物流企业发展第三方物流，需要集中把握和有效运用企业经营资源，主要表现包括以下三个方面。

（1）准确认识和深入分析企业经营资源的基础状况，正确选择第三方物流发展的方向。

（2）积极探索企业资源的有效配置方式，有力促进第三方物流发展的速度。

（3）认真研究企业资源的可持续发展问题，确保第三方物流的健康发展。

因此，中小企业要实施战略资源，以供应链管理重构业务流程，构筑第三方物流发展优势，就应把握资源转换方式，不断提高资源产出效益。

（二）联盟战略

物流企业发展第三方物流需要本着“优势互补、利益共享”的原则，借助产权方式、契约方式实行相互合作，共同拓展物流市场，降低物流成本，提高物流效益。首先是物流资源的联盟,将中小工业企业分散的物流资源、物流功能要素通过一定的方式联合在一起,形成物流一体化的资源优势;其次是物流地理区域和行业范围的联盟,根据各行各业中小企业的特性,在一定地理区域或一定行业范围内实行物流联盟,形成高效直辖市运作体系;最后是与中小企业建立发展第三方物流的联盟,通过组建服务协会,协调和指导物流企业与中小工业企业在发展第三方物流中的各种关系。

(三)服务战略

物流企业发展第三方物流必须依托中小工业企业的发展,做到“来自中小企业、服务于中小企业”。其主要把握三点:第一,必须依据中小工业企业的实际需要,设计和提供个性化物流服务理念;第二,必须关注市场需求变化,提供保障企业产品服务质量的服务措施;第三,必须深刻理解中小企业物流规律,建立完善的物流运作与管理服务效益。

(四)创新战略

物流的发展过程就是一个不断创新的过程。物流企业发展第三方物流,实施创新战略,首先要创新观念,打破传统思想,借鉴国际先进物流管理思想,与中小企业实践有机结合起来,探索具有中小企业物流特色的新思想和新方法;其次要创新组织,充分运用现代信息技术手段,借助中小企业数量大而广的特点,建立网络化物流新型组织;然后要创新服务,深入研究中小工业企业物流需求,通过引进、模仿和创新物流技术手段,不断设计、创新和提供有效的物流服务;最后要创新制度,既要建立以产权制度为核心的现代企业制度,也要根据发展需要建立完善的、合理的物流管理体制。

(五)品牌战略

物流企业发展第三方物流必须确立品牌战略,充分发挥品牌效应,获取良好效益。首先要树立物流发展的精品名牌意识,严格制订各项物流质量标准,这样才会不断提高物流服务水平;其次要引进先进技术手段,设计创造物流服务的精品名牌意识,设计物流服务的精品内容、名牌项目;最后要强化物流技术与管理人员素质培训,建立优秀的物流人才队伍,确保企业名牌战略的实现。

(六)信息化战略

广泛采用信息技术,加快科技创新和标准化。引用信息技术是构建现代物流体系的重要组成部分,也是提高物流服务效率的重要技术保障。第三方物流企业应积极利用EDI、互联网等技术,通过网络平台和信息技术将企业经营网点连接起来,建立自己内部的第三方物流信息管理系统。第三方物流信息管理战略既可以优化企业内部资源配置,又可以通过网络与用户、制造商、供应商及相关单位联结,实现资源共享、信息共用,对物流各环节进行实时跟踪、有效控制与全程管理。

例如,日本的第三方物流配送企业都十分注重研究探索物流配送的新技术、新方法,以不断提高物流服务质量,降低物流成本,增强在市场上的竞争力。在日本物流企业中使用的可拆卸式货架、移动式商品条码扫描设备等都是非常方便实用的物流工具,物流配送企业中的商品条码和计算机管理系统应用非常普遍,实现了商品入库、验收、分拣、出库等物流作业全过程的计算机管理与控制,既提高了效率,又加强了管理。

应该说第三方物流的发展是建立在物流运营的低成本和高效率的基础上的,先进实用的物流信息化技术不仅可拓展物流企业的盈利空间，也使得第三方物流在物流竞争中具有更多的优势，从而促进整个第三方物流业的快速发展。

第二节　第三方物流企业

一、第三方物流企业的含义

第三方物流企业是指为公司提供全部或部分物流服务的外部供应商。第三方物流企业提供的物流服务一般包括运输、仓储管理、配送等。在此过程中，第三方物流企业既非生产方，又非销售方，而是在从生产到销售的整个物流过程中进行服务的第三方，其一般不拥有商品，只是为客户提供仓储、配送等物流服务。

第三方物流企业大部分是从传统的运输、仓储、货运代理等企业演变而来的，有些第三方物流企业往往是一些大型运输企业的分公司。目前，我国在运输业务方面影响比较大的运输企业正在或将要把第三方物流作为企业新的发展方向。

传统的运输企业发展第三方物流的优势在于其子公司能利用母公司的运输资产，扩展运输功能，提供更为综合的物流服务。大多数运输企业拥有丰富的客户资源，而且往往都是比较稳定的客户关系。

国外从以陆运、空运为主的快运快递公司发展起来的著名第三方物流企业有美国的联合包裹（UPS）、美国的联邦快递（FedEx）、荷兰的天地（TNT）、敦豪（DHL，敦豪总部设在比利时布鲁塞尔，德国邮政集团持有它100%股权）。

国外从海运演变而来的第三方物流企业有从美国总统轮船发展而来的APLL（美集物流），从马士基航运发展而来的马士基物流。

国内从海运演变而来的第三方物流企业有中国远洋物流有限公司，它是中远集团旗下的子公司，是由中国远洋控股股份有限公司和中远太平洋有限公司合资组建的。中国远洋物流有限公司的规模和实力居国内市场领先地位，是我国最大的第三方物流企业。

中国远洋物流有限公司的奋斗目标是“做最强的物流服务商，做最好的船务代理人”，致力于为国内外广大客户提供现代物流，国际船舶代理，国际多式联运，公共货运代理，空运代理，集装箱场站管理，仓储，拼箱服务，铁路、公路和驳船运输，项目开发与管理及租船经纪等服务。该公司连续三次在“中国货运业大奖”评选中荣获多项最佳奖。

从货运代理企业转型为第三方物流企业的国外企业有瑞士德讯集团，瑞士德讯集团是一家总部位于瑞士的运输和物流公司，它是世界上最大的无轮经营的公共承运人。

案例提示

在2019年中国货运代理物流百强企业评比中，锦程国际物流集团连续15年蝉联中国国际货运代理物流百强民营第一名。

自1990年成立以来，锦程国际物流集团始终秉持“创新并永远走在别人的前面”的企业精神，率先推出了资源整合、电子商务和集中采购的商业模式，积极打造互联网创新服务平台,依托行业内最大规模的24小时呼叫中心、互联网在线服务平台及600家分支机构,形成了覆盖全球的物流服务网络。

对科技创新、信息技术及电子商务的重视与投入,使锦程国际物流集团构建起线上与线下相结合的全新的商业服务模式,最大限度地降低了客户的物流运输成本,提高了货物流通效率。通过为客户提供专业、全面、全航线、低成本、高效、标准化的物流解决方案和在线物流服务,锦程国际物流集团已成为全球最具实力和竞争力的现代综合物流服务商之一。

资料来源:中国国际货运代理协会资料汇编.

美国最大的大件货物物流公司——伯灵顿全球货运物流有限公司(Bax Global),是美国财富杂志500强之一布林克集团(BRINK'S)旗下的独资公司,其在过去30多年来一直是空运、海运和供应链管理行业享有盛誉的专业公司。

还有从大公司的物流部门演变而来的第三方物流公司。在第三方物流公司成立之前,它们通常是母公司中从事物流业务的部门,为母公司提供需要的物流服务。在国外此种类型的著名企业是卡特彼勒(Caterpillar)物流公司。该公司于1987年成立,是大型跨国公司Caterpillar公司的独立子公司,卡特彼勒是目前世界上最大的土方工程机械和建筑机械的生产商,也是全世界柴油机、天然气发动机和工业用燃气涡轮机的主要供应商。我国的海尔集团组建的海尔物流公司、美的集团成立的安得物流和光明集团公司的领鲜物流都属于这种形式的第三方物流公司。

此外,还有从港口码头、电子分销商和财务信息咨询服务公司演变而来的第三方物流企业,如从电子分销商演变而来的英迈国际、Arrow、Avnet等第三方物流公司。从知名的第三方物流公司的具体情况来看,我国的第三方物流企业目前还不是很发达。

二、第三方物流企业的类型

第三方物流企业是一个具有实质性资产的企业公司,对其他公司提供物流相关服务,如运输、仓储、存货管理、订单管理、资讯整合及附加价值等服务;或与相关物流服务的行业者合作,提供更完整服务的专业物流公司。

(一)根据第三方物流企业的核心能力和历史因素划分

资产型第三方物流企业的资产有两种类型:第一种类型的资产是指机械、装备、运输工具、仓库、港口、车站从事实物物流活动,具有实物物流功能的资产;第二种类型的资产是指信息资产,包括信息系统硬软件、网络及相关人才等。

传统物流和现代物流的区别在于传统物流服务企业只依靠第一种类型资产,而现代物流企业具备两种类型的资产。

1. 资产型第三方物流企业

(1) 以提供运输服务为主的物流企业大多是大型运输企业的分公司,其主要优势是利用母公司的运输资产,其资产包括车队、船队、飞机、仓库、装卸搬运机械等。

(2) 以提供仓储服务为主的物流企业是过去从事公共或合同仓库与配送物流供应商,在更大的范围内扩展物流服务。它们以传统的业务为基础,进一步开展存货管理、仓储与配送等物流活动。对于拥有物流设施的企业来说,它们转为提供综合物流服务更为容易。

资产型第三方物流企业的主要优点包括两个方面:第一,可以向货主企业提供稳定的、可靠的物流服务;第二,由于资产的可见性,这种物流企业的资信程度也比较高,这对货主企业来说非常具有吸引力。

资产型第三方物流企业的主要缺点也包括两个方面:第一,因为需要建立一套物流工程系统,因此需要有很大的投资,同时维持和运营这一套系统仍然需要大量经常性的投入;第二,虽然这套系统可以有效地提供高效率的确定服务,但是很难按照货主企业的需求进行灵活性的改变,因此往往会出现灵活性不足的问题。

2. 非资产型第三方物流企业

这类企业不拥有或租赁物流资产,一般是通过系统数据库和咨询服务来提供物流管理服务。他们提供人力资源和系统,专业管理顾客的各种物流功能。非资产型第三方物流企业大体可分为以下四类。

(1) 以提供货物代理为主的物流企业。

(2) 以提供信息和系统服务为主的物流企业。

(3) 提供物流增值服务为主的物流企业。

(4) 第四方物流公司。

第四方物流公司是一个供应链的集成商,是供需双方及第三方物流的领导力量,它是在第三方物流发展到一定历史阶段,逐步分化独立出来的物流业态形式。它不是物流的利益方,而是通过拥有的信息技术、整合能力及其他资源来提供一套完整的供应链解决方案,以此获取一定的利润。第四方物流公司帮助企业实现降低成本和有效整合资源,并且依靠优秀的第三方物流供应商、技术供应商、管理咨询及其他增值服务商为客户提供独特的和广泛的供应链解决方案,简单理解就是专门提供物流咨询和物流规划的方案。国内比较有名的第四方物流企业主要有成都亿博、北京中物联、上海欧麟、深圳创新源和上海司顿等。

第四方物流企业的三种发展模式

(1) 协助提高者:以第三方物流服务商为服务对象,为其提供技术支持、管理咨询、战略咨询等相关服务。

(2) 方案集成商:以供应商(货主)为服务对象,为其提供整套供应链解决方案及相关服务,包括选择运输和仓储服务商、库存管理、价格谈判、物流信息系统构建及客户服务等。

(3) 产业革新者:以多个行业为服务对象,通过整合和协调各种资源,为不同行业开发或优化供应链提供解决方案。

(二)按第三方物流企业提供的主要服务划分

1. 运输型物流企业

运输型物流企业拥有一定数量的运输设备,并具备网络化信息服务功能,可利用信息系统对运输货物进行状态查询、监控。其主要从事货物运输,包括货物快递服务或运输代理服务,并且规模较大;可以提供门到门、站到门、门到站等运输服务。

2. 仓储型物流企业

仓储型物流企业拥有一定规模的仓储设施、设备运输车辆、飞机等,拥有网络化信息服务功能,可利用信息系统对货物进行状态查询和监控。其主要从事仓储业务,为顾客提供货物的储存、保管、中转、配送服务以及商品经销、流通加工等服务。

3. 综合服务型物流企业

综合服务型物流企业自有或租用必要的运输设备、仓库等设施,具有一定运营范围的货物集散和分拨网络。其拥有网络化信息服务功能,为客户提供运输、货运代理、仓储、配送等多种物流服务;可以根据客户的需要,为客户制定整合物流资源的运作方案,提供契约性的综合物流服务。

三、第三方物流企业合同的管理

第三方物流合同是第三方物流服务活动的当事人之间设立、变更、终止权利义务关系的协议。第三方物流的一个重要特点就是物流服务关系的合同化,第三方物流通过合同的形式来规范物流经营者和物流消费者之间的关系。第三方物流企业经营者根据合同的要求提供多功能直至全方位一体化的物流服务,并依照合同来管理其提供的所有物流服务活动及过程,因此第三方物流又称为合同制物流或契约物流。

(一)第三方物流合同的特征

与一般的民商事合同相比,第三方物流合同具有以下三个特征。

1. 第三方物流合同的主体相对较为复杂

第三方物流合同中的主体包括物流服务提供者、物流服务需求者及物流活动实际旅行者三类。

(1)物流服务提供者是物流合同中主要的一方,一般是第三方物流的专业经营者。

(2)物流服务需求者是物流合同中的另一方,主要包括各种工业企业、批发零售企业及贸易商等。

(3)物流活动实际履行者即物流服务需求者和提供者,是第三方物流合同的基本主体。物流服务提供者有时会把海运、陆运、通关、仓储、装卸等环节的一部分或全部分包给他人,委托他们完成相关业务,使其参与物流合同的实际履行,如运输企业、港口作业企业、仓储企业、加工企业等,物流合同的实际履行方成为第三方物流法律关系不可或缺的主体。

2. 第三方物流合同内容具有广泛性和复杂性

在物流现代化发展过程中,提供第三方物流服务的企业从简单的存储、运输等单项活动转为提供全面的物流服务,其中包括物流活动的组织、协调和管理,设计最优物流方案,物流全程信息的收集、管理等。提供第三方物流服务的企业大体上又可以分为资产型物流公司和非资产型物流公司。

资产型物流公司又有以提供运输服务为主和提供仓储服务为主等不同类型，非资产型物流公司又有以提供货物代理为主、提供信息和系统服务为主、提供增值服务为主等不同类型。业务的专业化和多样化使第三方物流合同的内容涉及运输、储存、装卸、搬运、包装、流通加工、配送、信息处理等诸多环节，合同当事人的权利义务关系也因此呈现出多样性、广泛性和复杂性等特点。

3. 通常是具有混合合同特征的无名合同

第三方物流合同涉及环节众多，合同的内容具有广泛性和复杂性。单一的物流服务合同在性质上容易确定，如纯粹的运输合同法律关系或仓储合同法律关系，其合同名称就是运输合同或者是仓储合同，属于合同法上的有名合同。

第三方物流合同往往是综合的物流服务合同，是集运输合同、委托合同、仓储合同、加工合同等各种合同于一身的混合合同，因而物流经营者的法律地位也是集存货人、托运人、委托人、代理人等各种身份于一身的混合地位。在我国合同法中并没有物流合同的概念和相关规定，在合同法分则中分别对15类有名合同做了规定，包括涉及物流服务关系的运输合同、保管合同、仓储合同、委托合同、承揽合同等；而且在物流活动实践中，也很少把合同称为物流合同是因为物流活动大多还是体现为运输合同。

传统物流纸质单据所面临的问题

在物流供应链中，企业与企业之间、个人与企业之间的信用签收凭证大部分还在纸质单据与手写签名的阶段，这些纸质单据不仅作为运营凭证使用，还作为结算凭证使用。纸质单证会严重限制智慧物流的发展，以快运承运业务为例，目前纸质委托书导致的业务痛点主要包括以下四个方面。

(1) 纸质单据拖累结算周期，导致承运商体验差。纸质单据一般是在线下传递，会导致信息流与单据流不一致，过多的运营异常导致对账差异大，结算周期长，严重影响承运商的现金周转及回款情况，双方需要花费一定时间在核定账目异常等具体事务上，造成了负面的用户体验。

(2) 对账被动，账单回收率难控。纸质对账单发送和回收机制不完善，造成管理上的欠缺，经常会有纸质账单收不回来的情形出现，从而造成对账管理难度大，对账单的回收率和对账率难控。

(3) 手工对账覆盖面窄，准确性难以保障。纸质单据的线下化迫使过多人工参与对账，人工对账存在较大的数据差异性，如前后信息不对称。对于对账产生的差异，需要花费大量时间和人力进行核查，准确性难以保障。

(4) 有纸化办公带来的成本管理上的浪费。由于传统内审外审的要求，造成有纸化对账单的存在，因此势必在材料成本和管理成本方面造成浪费，而通过无纸化可大幅度避免这些浪费的产生。

物流企业与客户签订的合同大多数是运输合同,但物流合同往往又超出运输合同的范围,如合同中要求物流企业对委托托运的货物进行包装修补、集装箱拼箱、装箱或者拆箱,这时物流企业与客户签订的合同就有了加工承揽的性质与特点,这些远远不是一个运输合同所能涵盖的。因此,把这种综合的物流服务合同称为运输合同就是不准确的。

综上所述,通常来说第三方物流合同,特别是综合的物流服务合同,其法律性质应该是具有混合合同特征的无名合同。

(二)我国调整第三方物流合同的主要法律依据

从法律效力角度来看,现行有关物流服务活动的法律法规主要分为以下三类。

(1)法律:如《中华人民共和国合同法》等,这类规范性文件的法律效力最高,是从事物流业务应遵循的基本法。

(2)行政法规:如《中华人民共和国海港管理暂行条例》《中华人民共和国航道管理条例》等,这类规范性文件的法律效力仅次于法律,数量众多,在我国的物流立法中占有重要地位。

(3)由中央各部委颁布的规章:如《关于商品包装的暂行规定》《铁路货物运输规程》等,这类规范性文件的法律效力次于法律、行政法规,带有强烈的部门色彩。

除此之外,还有部分国际条约、国际惯例、地方性法规以及物流技术规范等形式。

从法律的内容上来看,调整物流环节中物流经营活动的法律规范也比较复杂。首先,广泛适用于物流活动各环节的法律主要有《中华人民共和国民法通则》《中华人民共和国合同法》等,其中,由于物流合同实质上是民商事合同,因此《中华人民共和国合同法》是调整整个物流活动最重要、最基本的法律;其次是适用于物流某一环节的法律规范,包括运输环节的法律规范、搬运配送环节的法律规范、包装环节的法律规范、仓储环节的法律规范、流通加工环节的法律规范等,如《中华人民共和国海商法》《铁路货物运输管理规则》《国内水路货物运输规则》《港口货物作业规则》等;如果是涉外物流活动,还有国际公约和国际惯例来调整,如《国际铁路货物联运协定》《统一国际航空运输的某些规则的公约》(华沙公约)等;除此之外,还有调整物流作业的技术规范。

知识拓展

电子签名与区块链存证的法律效力

1. 电子签名

近年来,电子技术的飞速发展使我们越来越依赖于电子技术产品、数字化通信网络和计算机等,使得信息载体的存储、传递、统计、发布等环节均实现了无纸化。随着电子签名的证据价值在法学研究与法学实践中得到较为普遍的认可,这也使讨论电子签名法律地位问题的时机日渐成熟。1999年颁布实施的《中华人民共和国合同法》及2005年颁布的《中华人民共和国电子签名法》确立了电子签名的法律效力,《中华人民共和国电子签名法》提出可靠的电子签名与手写签名或者盖章具有同等的法律效力;同时《中华人民共和国合同法》中也说明数据电文和纸面合同一样，是书面形式的一种，具备相同的法律效力。

2. 区块链存证

区块链作为新兴的技术也已经逐渐被司法机构认可，最高院出台《最高人民法院关于互联网法院审理案件若干问题的规定》(以下简称《规定》)。此规定对于实现“网上纠纷网上审理”，推动网络空间治理法治化具有重要意义。《规定》共有23条，主要包括四个方面，即明确案件管辖范围、确立在线审理机制、搭建在线诉讼平台及完善在线诉讼规则。

其中，《规定》在第11条中明确指出，当事人提交的电子数据，通过电子签名、可信时间戳、哈希值校验、区块链等证据收集、固定和防篡改的技术手段或者通过电子取证存证平台认证，能够证明其真实性的，互联网法院应当确认。

总之，第三方物流合同有其不同于一般民商事合同的法律特征，合同的当事人之间可能形成不同的法律关系，形成不同的权利、义务关系，受到《中华人民共和国合同法》《中华人民共和国海商法》等不同法律的调整，而不同法律调整的结果可能使发生物流争议时的处理结果大为不同。以货物运输合同为例，对于货物的灭失和损坏，在承运人损害赔偿责任的归责原则问题上，我国《中华人民共和国合同法》《中华人民共和国铁路法》《中华人民共和国民用航空法》规定的是严格责任，而《中华人民共和国海商法》规定的则是不完全过错责任；此外，关于赔偿限额、责任期间、免责事由等方面的规定也存在较大的差异。

因此，作为第三方物流合同当事人，首先要注意签订好物流服务合同，明确有关合同不同的法律关系和法律性质，确定责任分担，控制合同风险；其次，要注意提高物流法律意识，仅有物流专业知识还不够，也要对物流法律进行深入的了解，这样才能准确使用物流相关法律来妥善处理各种物流活动争议和纠纷，保障物流当事人的合法权益。

案例提示

区块链存证案例

2018年6月28日，全国首例以区块链为存证的案件在杭州互联网法院一审宣判，法院支持了原告采用区块链作为存证方式，并认定了对应的侵权事实。

2018年9月9日，北京互联网法院正式挂牌成立，该院电子诉讼平台正式对社会公众开放。抖音短视频诉百度旗下伙拍小视频信息网络传播权纠纷案成为北京互联网法院受理的第一案。《每日经济新闻》记者获悉，该案由第三方平台北京“中经天平”进行区块链取证。

2018年12月23日，由北京互联网法院为主导，与国内领先区块链产业企业共建的电子证据平台天平链，运行三个月以来已在线采集证据数据超过100万条，与北京高级人民法院、北京互联网法院等17家单位共同成为“天平链”上的数据存证节点。

资料来源：中国物流与采购联合会资料汇编.

四、第三方物流企业的优势和弊端

（一）第三方物流企业的优势

第三方物流企业的优势如下。

(1) 企业可以专心从事自己所熟悉的业务,将资源配置在核心事业上。由于任何企业的资源都是有限的,因此很难成为业务上面面俱到的专家。为此,企业应把自己的主要资源集中于自己所擅长的主业上,而把物流等辅助功能留给专业物流公司。例如美国通用汽车的萨顿工厂通过与赖德专业物流公司的合作,取得了良好的效益。萨顿集中于汽车制造,而赖德管理萨顿的物流事务,赖德从分布在美国、加拿大和墨西哥的300个不同的供应商那里进行所有必要的小批量采购,并使用特殊的决策支持系统软件来有效地规划路线,使运输成本降到最小化。

(2) 灵活运用新技术,实现以信息换库存,降低成本。当科学技术日益进步时,专业的第三方物流企业能不断地更新信息技术和设备,而普通的单个制造公司通常一时难以更新自己的资源或技能;不同的零售商可能有不同的、不断变化的配送和信息技术需求,此时,第三方物流企业能以一种快速、更具成本优势的方式满足这些需求,而这些服务通常都是制造商一家难以做到的。

(3) 减少固定资产投资,加速资本周转。企业自建物流需要投入大量的资金购买物流设备,建设仓库和信息网络等专业物流设备。这些资源对于缺乏资金的企业,特别是中小企业是一个沉重的负担。而如果使用第三方物流企业,不仅可以减少设施的投资,还解放了仓库和车队方面的资金占用,加速了资金周转。

(4) 提供灵活多样的顾客服务,为顾客创造更多的价值。以仓储服务为例,通过第三方物流企业的仓储服务,可以满足客户仓储需求,而不必因为建造新设施或长期租赁而调拨资金并在经营灵活性上受到限制。如果是终端产品供应商,利用第三方物流企业还可以向最终客户提供超过自己所能提供给他们的更多样的服务品种,为顾客带来更多的附加价值,从而提高顾客满意度。

(二) 第三方物流企业的弊端

第三方物流企业在为企业提供上述便利的同时,也存在一些弊端。

(1) 企业不能直接控制物流职能,不能保证供货的及时性和准确性,不能保证顾客服务的质量。

(2) 第三方物流企业设计的方案通常都是针对不同的客户进行量身定制的,不具有广泛适用性,因此第三方物流公司不具有规模经济性。第三方物流公司在为客户减少配送成本的同时,随之而来管理成本却会上升,因此为货主节约的最终成本非常有限。

(3) 传统上,企业可以通过优化库存、利用地区服务代理商和第三方物流公司来满足客户不断增长的需要。但当客户需要包括电子采购、订单处理能力、虚拟库存管理等方面的前沿业务需求时,企业会发现第三方物流提供商缺乏当前所需要的综合技能、集成技术、战略和全球扩张能力。

案例提示

广州元邦物流公司

元邦物流全称广州元邦物流有限公司,是由中国元邦运输(集团)、元邦太平洋有限公司合资组建的规模和实力居市场领先地位的现代物流企业，是我国目前最大的中外合资第三方物流企业。元邦物流是中国元邦运输集团(COSCO)下属的、规模和实力位于国内行业前列的第三方物流企业。

元邦物流为国内外广大货主和船东提供现代物流、国际船舶代理、国际多式联运、公共货运代理、空运代理、集装箱场站管理、仓储、拼箱服务，铁路、公路和驳船运输、项目开发与管理及租船经纪等服务。

元邦物流总部在广州，下设大连、长沙、武汉、上海、宁波、厦门、佛山、深圳、中山、东莞10个区域城市，在上海、佛山、深圳和长沙设有代表处，并与国内外50多家货运代理企业签订了长期合作协议；在中国国内29个省、市、自治区共建立了300多个业务网点，形成了功能齐全的物流网络系统。

元邦物流凭借国际化的网络优势，在细分市场的基础上，重点开拓了汽车物流、家电物流、项目物流、展品物流，为客户提供高附加值服务。

资料来源：中国物流与采购联合会资料汇编.

五、第三方物流企业核心竞争力的构建

第三方物流是物流业发展到一定阶段的必然产物，是物流服务专业化、社会化的一种经营业态。

第三方物流企业的核心竞争力是指第三方物流企业在提供物流服务过程中，有效地获取、协调和配置企业的有形和无形资源，为顾客提供高效服务和高附加价值，使顾客满意并使企业获得持续竞争优势的能力。企业核心竞争能力不仅由技术因素决定，还与企业经营理念、员工精神状态、道德标准等非技术因素有密切关系，是其技术水平、生产运行能力、管理能力和经济实力的综合体现。因此，可以将第三方物流企业核心竞争力构建内容归纳为物流资源的整合能力、物流业务的运作能力、物流服务的创新能力、物流信息技术的应用能力、物流品牌的塑造能力、物流市场的营销能力。这六个方面的能力是相互区别又相互联系、相互促进的。

(一) 物流资源的整合能力

物流资源的整合能力是指根据企业的发展战略和市场需求对有关的资源进行优化配置，把企业内部彼此相关但却彼此分离的职能、把企业外部参与共同的使命又拥有独立经济利益的合作伙伴整合成一个为客户服务的系统，以形成企业的核心竞争力，并寻求资源配置与客户需求的最佳结合点。

另外，任何物流活动的开展对社会交通运输、仓储、物流公共设施、信息及社会物流环境等有很强的依赖性。因此，如何整合物流资源是第三方物流企业核心竞争力的关键内容。基于企业战略定位的物流资源整合可以有效地获得战略性经营资产，完善物流服务功能，充分利用社会资源，创造良好的外部环境，提高物流效率。

第三方物流企业的资源整合范围可分为内部资源和外部资源。内部资源主要有人力、设备设施、信息、资金、无形资产等，外部资源主要包括用户、供应商、投资商、政府、标准组织、咨询机构等。从资源整合的对象来看，可分为客户资源整合、能力资源整合、信息

资源整合;从整合的方式来看,可分为兼并重组、合资合作、协议联盟、租赁托管、建立信息共享或交易平台等。

(二)物流业务的运作能力

由于物流服务是不可储存的,服务过程就是客户的消费过程,任何差错都会对客户产生不良影响,因此物流企业只有具备较高的业务运作能力,才能实现低成本、高水平服务的目的。因此,物流运作能力是物流企业最基本、不可或缺的能力,是物流企业竞争优势的基本体现。

物流业务运作的内容可分为三个层次:一是整套物流实施方案的运作能力,这要求各功能业务相互配合、紧密衔接、高效运转,保证整个流程低成本高效进行;二是具体物流功能业务的运作,这要求具体物流功能内部的各作业环节运作高效、准确、安全;三是具体作业(操作)的运作,具体包括制订科学的工作与作业方法,确定先进的作业时间定额和操作规范等。

(三)物流服务的创新能力

企业的核心竞争力为企业独自拥有,并不易被竞争对手所模仿、抄袭或经过努力可以很快建立。第三方物流企业要保持其核心竞争能力,必须不断满足市场及客户新的需要,开展增值服务,其实质即为持续创新。

第三方物流企业创新能力主要体现为:一是体制创新,对我国大多数传统物流企业来说,可以通过资产重组、股份制改造、合资合作等方式来完善公司治理结构,实现企业体制创新;二是组织创新,建立基于信息平台的、具有快速反应能力的扁平化物流组织结构,以适应过程化管理和决策权限前移及分散的需要;三是服务内容创新,从单一功能性的服务扩展到基于核心业务能提供整个物流方案的实施服务;四是管理方式的创新,如提供电子商务物流服务、定制服务、“门到门”服务、“套餐”服务等。

(四)物流信息技术的应用能力

核心竞争力是在企业演进过程中经过长时间知识、技术和人才积累逐渐形成的,先进技术尤其是信息技术的应用则是第三方物流企业核心竞争力的主要标志。现代信息技术的广泛应用大幅降低了物流过程的交易费用、资源的整合成本,提高了服务的响应速度、运作的便捷性与效率。

物流信息技术的应用主要包括两个方面:一方面条码与自动识别技术和物流信息管理系统。条码与自动识别技术具有数据高速自动输入、高读取率、低误读率、容易操作、设备投资低等优点,是有效解决物流数据采集、录入、处理、传输“瓶颈”的工具。另一方面物流信息管理系统是以物流信息传递的标准实时化、存储的数字化、物流信息处理的计算机化为基础的物流业务与企业管理平台。建立健全物流信息系统是物流企业获得竞争优势的必要条件。

(五)物流品牌的塑造能力

由于服务产品具有无形性、无专利性,因此用户对服务质量的判断会更多地依赖于品牌。品牌是一种名称、名字、标记或设计，或是它们的组合运用，其功能是借以辨认服务提供者或服务产品，且使之与竞争对手区分。因此，品牌是物流企业最大的无形资产。

物流企业塑造服务品牌主要从三个方面进行：一是强化品牌意识，将其纳入战略管理层次来进行。二是建立健全物流服务标准，运用“大规模定制”理论与方法来实现服务的低成本和个性化。物流服务标准包括物流服务技术标准、物流服务工作标准、物流服务作业标准。三是提高服务质量(包含物流工作质量和物流工程质量)，质量是产品的生命，也是创建良好品牌的保证。

(六) 物流市场的营销能力

核心竞争力支持企业进入各种更有生命力的市场，为企业现有的各项业务提供一个坚实的平台，又是发展新业务的引擎，是差别化竞争优势的源泉。营销能力反映第三方物流企业在发展过程中的市场影响力，它通过将潜在的竞争优势转为现实利润优势而直接或间接地影响物流企业的核心竞争力。

基于战略联盟的物流服务合同多为中长期(如发达国家第三方物流的服务合同一般都在5～7年)，在有限的客户市场中，谁的营销能力强，谁就可能先扩大市场份额，在竞争中占据有利地位，而竞争对手想挖走客户往往需要付出更大的代价。因此，市场营销能力是企业核心竞争能力不可缺少的内容。

提升第三方物流企业市场营销能力的主要途径：一是树立先进的营销理念，如品牌营销理念、知识营销理念、文化营销理念、关系营销理念、特色营销理念、绿色营销理念、创新营销理念等；二是制定合理的营销策略，包括服务产品策略、价格策略、合作策略、促销策略等。

一、填空题

1. 第三方物流具有________、________、________、________、________的基本特征。
2. 第三方物流是相对________和________而言的一种物流运作主体。
3. 第三方物流合同中的主体包括________、________、________三类。
4. 第三方物流的三种模式是指________、________、________。

二、简答题

1. 简答第三方物流的内涵。
2. 简答非资产型第三方物流公司的分类。
3. 我国调整第三方物流合同的主要法律依据有哪些？
4. 第三方物流企业有哪些优势和弊端？

三、思考题

1. 分析资产型第三方物流公司的优缺点。
2. 思考如何构建第三方物流企业的核心竞争力？

延伸阅读

第三方汽车供应链物流综合服务商
——重庆长安民生物流股份有限公司

一、企业简介

重庆长安民生物流股份有限公司(以下简称长安民生)成立于2001年8月,是一家极富专业精神的第三方汽车供应链物流综合服务商。长安民生已同长安汽车、长安福特、长安马自达、长安铃木、北奔重汽、德尔福、伟世通、西门子威迪欧、伟巴斯特、台湾六和、宝钢集团、正新轮胎、杜邦、本特勒、富士康等国内外近千家汽车制造商、零部件供应商及原材料供应商建立了长期的合作关系,为客户提供国内外零部件及并运输、散杂货运输、大型设备运输、供应商仓储管理、生产配送、模块化分装、商品车仓储管理及发运、售后件仓储及发运、KD件包装、保税仓储、物流方案设计、物流咨询与培训等全程一体化物流服务。

长安民生在全国设立了27个分支机构,业务网点遍布全国,建立了8个仓储发运基地、3个水运中转站/码头、4个铁路中转站、8个长安福特PDC、3个取货点,整体掌控整车公路运力近6000辆,水路滚装船29艘,零部件运输车辆超过1000辆,为实现未来全国网点间的多式联运、高效协同联动提供了可能性。

二、企业通过信息化技术要解决的突出问题

(一) 应用背景

通过大数据云平台数据应用解决方案,将汽车物流作业中多维、分散、复杂数据和衔接碎片数据进行高效整合,端到端的打通数据孤岛,构建企业数据库,逐渐满足数据一体化、层次化、实时化、可视化要求。一方面,通过数据驱动各类资源要素(人机料)进行优化和创新,降低闲置率,提高利用率,从而实现资源一体化管理;另一方面,通过对各维度数据的深度挖掘分析,描绘客户画像、车队画像及司机画像,形成了透视成本结构、智能预测预警、客情监控、精准营销、业务运作管理等能力,为助力企业快速高效地将数据资产转变为商业价值。

(二) 需求痛点

完成三个一体化需求:数据一体化、建设一体化、资源一体化。大数据云平台的应用犹如添加一张天网,结合现有的地网(仓库、场站、码头、堆垛等)和人网(各节点上人员的协同和协作),解决需求者和生产者之间的供需关系,从而做好基于"货、车、人、仓"的精准匹配和自动化运营。

解决数据处理能力弱的痛点:传统物流企业数据存储采用FCSAN技术,总体并不具备大数据体量处理、治理和深度挖掘及AI算法的能力。通过大数据云平台,实现数据和资源的整体管控和高效处理,并对经营情况、成本机构的透视管理、预测预警等高阶辅助决策能力提供数据上的支持。

三、信息化进程面临问题和解决措施

(1) 在项目实施过程中,电子地图服务能力所需要的大数据技术能力定位是至关重要的,也是本项目的重点、难点之一。通过对百度地图、G7地图进行用户、地址、数据、监

控等维度对比,明确了鹰眼电子地图的能力要求,也明确了大数据云平台的技术构建要求。

(2) 由于本项目对网络、大数据服务器、数据准确性、业务操作能力等都具有较高的要求,在项目实施过程中,通过提前调研和部署,制定上线应急预案,以保证项目正常实施和正常运行。

四、信息系统平台下一步的改进方案、设想

(一) 下一步计划

(1) 通过大数据平台不断集中并完善整个长安体系物流生态链数据,并基于数据的挖掘分析,从而进一步实现全国网络布局分析、线路及区域成本透明化、承运商绩效管理及长安民生自有标准里程建设,达到数据驱动生产,从而选择合适的承运商、设立精品线路,进一步提升效率,降低成本。

(2) 通过大数据云平台的数据载体——鹰眼电子地图,集成展示不同 IoT 生产设备数据,实现汽车物流端到端全链可视跟踪,并对滞留、晚到等事件及时进行预警、报警,并对全国重要站点的可用运力实时监控及预测。目前,系统推广先从供应链 ANTE 出口项目及整车重庆基地开始。

(二) 对物流信息化的建议

(1) 物流企业在实施信息化时,要同步考虑对流程的优化再造,不要拘泥于对传统流程的改善,应加入先进生产方式、先进物流设备的思考,以实现信息化系统对企业未来发展的支持。

(2) 在实施信息化项目前,要站在行业的视角对信息化系统进行顶层设计,不局限于本企业,提高系统的技术领先性、可复制性,以打造行业级的信息化产品为目标,从而推动整个行业信息化能力的提升和应用。

(3) 在整个信息化建设过程中,要注意参照国家和行业标准进行设计应用,对未形成标准的则需要协同相关方统一认知并形成标准,避免未来在多方协同应用过程中出现数据的不统一。

资料来源:中国物流与采购网资料汇编.

第八章

电子商务与物流

◆ 知识目标 ◆

(1) 了解电子商务和物流的相互关系。

(2) 熟悉我国物流现状和主要问题。

(3) 掌握现代物流的基本特征。

◆ 技能要求 ◆

(1) 掌握不同物流模式的特点,能对电子商务物流企业进行简单的评判及选择。

(2) 具备操作物流软件的作业能力。

学习导航

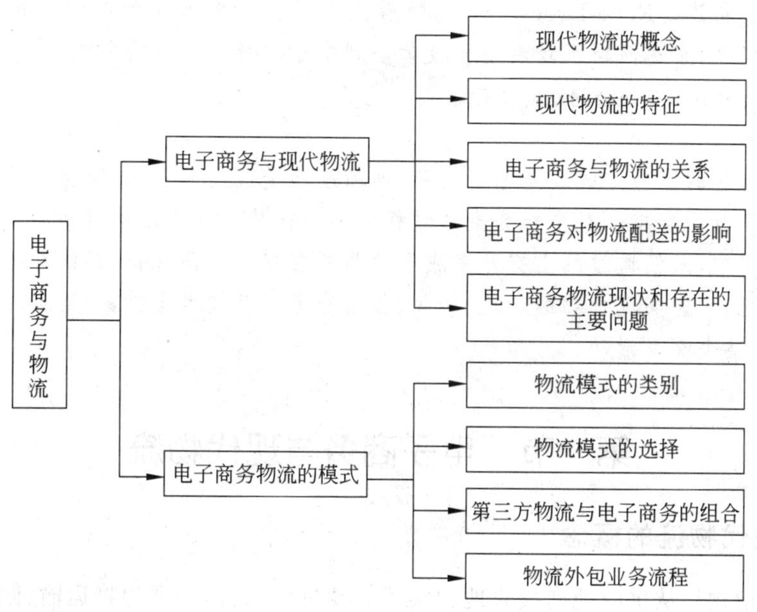

案例引导

匈牙利布达佩斯机场着力成为中国电商配送和物流基地

据国外媒体近日报道，随着中国和亚洲与欧洲跨境电商发展的日益旺盛，匈牙利首都布达佩斯机场计划投资5000万欧元用于建设货运处理枢纽，成为货运城市，强化其作为亚洲与中东欧跨境电商贸易中的核心地位。该机场的货运战略是通过与中国航空机场的合作建立直达布达佩斯的货运航班，着力成为主要针对中国电商的配送和物流基地。

据悉，新设施将使匈牙利港口处理能力提升近1倍，至25万吨，其中包括5万吨的快递货运。2018年该机场货运处理量为14.6万吨。

2019年年初，布达佩斯机场派人来华沟通其机场作为中东欧电商关口的新职能及作用。据悉，当时参加讨论的企业有中国的韵达、申通、顺丰及青岛和厦门机场等。布达佩斯机场首席货运官Rene Droese表示，建成货运城市就可以改变现在货物集散地太分散的现状，大幅提升操作效率，同时可有效降低企业经济负担。

机场已经搭起了桥梁，只等企业入驻。目前，土耳其Celebi航空公司和英国的Menzies航空公司已经在布达佩斯机场的货运城锁定了2.2万平方米的仓储资源。有了占地1.2万平方米的仓库，Celebi的年处理能力可以从原来的9万吨提升至14万吨，而且该公司还将拓展其仓储面积至1.5万平方米。早在2017年，TNT快递和DHL快递就已在布达佩斯机场建立货运设施。

目前，布达佩斯机场的主要货运客户是卢森堡货运航空Cargolux每周七次从中国香港和郑州往返的业务，俄罗斯航空货运企业Air Bridge Cargo也运输从中国和亚洲进口的货物抵达布达佩斯。由于中国和亚洲电商货物的增加,布达佩斯机场的货运量还有一部分是客机腹仓搭载而来的,如中国航空、东方航空公司等,将西安和成都等中国城市与布达佩斯紧密相连。Rene Droese 表示,随着比利时列日机场作为中国货物的西欧货运枢纽地位的确立,布达佩斯机场希望积极参与到中东欧货运市场的角逐中。

资料来源:中国快递协会网站资料汇编.

引例分析

无论是传统的贸易方式还是电子商务,商品生产是流通的基础,而生产的顺利进行需要各个物流环节的支持。整个社会生产过程实际上就是系列化的物流活动。在跨境电子商务交易过程中,人们通过网上交易完成了商品所有权的交割过程,最终必须要通过强有力的物流支持,才能实现货物的送达、接收、售后服务以及技术支持,从而实现商品的实质性转移,完成整个交易活动。

第一节 电子商务与现代物流

一、现代物流的概念

物流是指物品从供应地向接收地的实体流动过程,具体表现为将运输、储存、装卸、搬运、包装、流通加工、配送、信息处理等基本功能的有机结合。

配送是指在经济合理区域范围内,根据客户的要求对物品进行拣选、加工、包装、分割、组配等,并按时送达指定地点的物流活动。物流与配送关系紧密,在具体活动中往往交织在一起,为此人们常常把物流配送连在一起表述。

在商品交换关系出现时,就有了商品的物理移动,传统意义上的物流在工业化时代的行业划分主要是商品的仓储和运输,而物流管理的概念是在20世纪50年代的美国,随着发达商品经济的出现而产生的,其发展历程和概念的形成经历了漫长的道路。

电子商务的出现使物流这一概念得到了强化并有了更丰富的内涵。到20世纪末期,计算机和网络广泛用于商务活动中,互联网传递数字化信息优势凸显时,物流才受到了空前未有的重视。物流被当作电子商务的关键要素和企业的经营策略以及降低商品成本的重要手段,被广泛称为“第三利润源泉”。

二、现代物流的特征

电子商务下的现代物流和传统意义的物流相比,呈现出以下几个特征。

(一) 信息化

物流信息化是电子商务的必然要求,是一切基于电子商务物流配送活动的基础。物流信息化表现为物流信息的商品化、物流信息收集的数据库化和代码化、物流信息处理的电子化、物流信息传递的标准化和实时化、物流信息存储的数字化等。

在物流信息化过程中,将涉及许多信息技术的应用。没有物流的信息化,许多先进的技术设备都不可能应用于物流领域,尤其是计算机网络技术在物流配送中的应用中将会变得极其重要，并且会彻底改变传统物流的面貌。实现物流配送信息化后，物流配送的过程就像是一条流水线，把原来分散经营的各个物流配送环节系统化，将它们有效地整合、提升，使之成为具有增值功能的综合物流配送系统。

（二）自动化

自动化的核心是信息化基础上的机电一体化，自动化可以扩大物流作业能力、提高劳动生产力、减少物流作业的差错等。物流自动化的设施非常多，如自动识别系统、自动分拣系统、自动存取系统、货物自动跟踪系统等。

这些设施在发达国家已普遍应用于物流作业流程中，而在我国由于物流业起步晚，发展水平低，距离自动化技术的应用还有一定的差距。

（三）网络化

市场经济的发展使专业分工越来越细，一个加工企业的部件大部分都是外购的，生产企业与零售商所需的原材料、中间产品、最终产品大部分由不同的物流配送中心提供，社会化的配送可以进行集约化、合理化物流，从而大量节约流通费用。由于需要供求多批次、少批量的货物，且双方通常不处在同一地理区域中，因此要想快速、低廉地将产品交付，物流的网络化必不可少。

网络化有两层含义：一是物流配送系统的计算机通信网络，包括物流配送中心与供应商或制造商的联系要通过计算机网络，与下游顾客之间的联系也要通过计算机网络；二是组织的网络化，按照客户订单组织生产，生产采取分散形式，即将全世界的资源都利用起来，采取外包的形式进行生产和供销的重新组合，实现网络化经营。

（四）智能化

智能化是物流自动化、信息化的一种高层次应用，物流作业过程中大量的运筹和决策，如库存水平的确定、运输路径的选择、物流经营管理的决策支持等问题都需要借助于大量的知识才能解决。各种专家系统、机器人等相关技术已经有了比较成熟的研究成果。为了提高物流现代化的水平，物流的智能化已经成为电子商务下物流发展的一个新趋势。

（五）社会化

社会化程度的高低是现代物流配送和传统物流配送的一个重要区别。在电子商务模式下，交易虽然少了中间环节从而降低了成本，但是由于需求商往往需要多批次、少批量的货物，而且消费者所购的只是单一的商品，因此为了有效提高物流效率，必需要实现信息共享，充分利用社会资源，组建专业的物流企业。

建立这样的配送体系后，使专业物流企业有了专业物流管理人员和技术人员，其充分利用专业化的物流设备、设施，发挥专业化物流运作的管理经验，可以将地理上分散的仓库通过网络连接起来，进行统一的管理和调配，使其服务半径和货物集散空间放大，以便于求取得整体最优的效果。

三、电子商务与物流的关系

电子商务带来了对物流的巨大需求，推动了物流的进一步发展，而物流也在促进电子商务的发展，二者之间互相依存，共同发展。

电子商务与物流的关系可以表现在以下几个方面。

(一) 物流是电子商务的基本要素

电子商务的任何一笔交易都包含着信息流、资金流、物流。其中信息流、资金流都可以完全通过信息网络完成,唯独物流是实物的传递,不能通过信息网络完成。

消费者通过信息检索找到了自己需要的商品,并在购销合同签订后进行网络支付,这时已经实现了信息流、资金流,而商品实体并没有因此而移动,电子商务的活动并未结束,只有商品和服务真正转移到消费者手中,商务活动才得以告终了结。

(二) 物流是实现电子商务的保证

物流实际上是以交易的后续者和服务者的姿态出现的,如果消费者所购的商品没有物流体系来保证送达,电子商务快速、便捷的优势便得不到发挥,落后的物流使计算机和网络节约的时间和劳动被抵消,消费者最终仍然会放弃这种方式,转向他们认为更为安全的传统购物方式。

由此可见,物流是电子商务中的一个关键环节,是商品和服务的最终体现,是实现电子商务的根本保证。

(三) 物流是当前电子商务发展的制约因素

物流配送,表面上看起来传统而简单,实质上是电子商务活动过程中较难实施的一个环节。我国现代物流业起步晚、水平低,在20世纪末引进电子商务时并不具备能够支持电子商务活动的现代化物流水平,不少企业曾因为没有配套物流系统的支持而倒闭,或因为不能有效地降低物流成本而亏损,物流一度成了电子商务的“瓶颈”。

物流成本过高、物流配送效率低下、配送服务质量差,严重影响着电子商务的快速发展。

(四) 物流是实现“以顾客为中心”理念的根本保证

“以顾客为中心”是电子商务的核心理念之一,而物流是实现这一理念的最终保证。这是因为在整个电子商务的交易过程中,大部分环节都在虚拟环境中进行,只有物流是直接服务于最终顾客的,人们关注的热点问题之一是送货时间与安全。因而,物流服务水平的高低决定了顾客的满意程度,同时也决定了电子商务的形象和地位。

四、电子商务对物流配送的影响

(一) 电子商务改变了原来的物流配送观念

传统的物流配送企业往往要具有大面积的仓库。电子商务系统中的配送企业是将分散在各地的分属不同所有者的仓库通过网络系统连接起来,组成“虚拟仓库”,并进行统一管理和调配使用。因此,电子商务系统中的配送企业的服务范围和货物集散空间都放大了很多,它在组织资源的规模、速度、效率和资源的合理配置方面都比传统的物流配送要优越。

(二) 电子商务强化了物流配送的地位

电子商务产生之前,物流活动集中在整个社会再生产的上游,物流的“最后一公里”基本上是消费者自己承担，配送并不是交易的必要环节，地位不高，发展也不快。

在电子商务时代，营销的命运与配送业务连在一起，没有配送，电子商务就无法实现，发展电子商务可以更快、更有力地促进和推动物流业的发展和物流体系的完善。同时，电子商务使制造业与零售业实现“零库存”，实际上是把库存转移给了配送中心，因此，配送中心成为整个社会的仓库。配送的作用和地位大大提高，从某种程度上说，电子商务时代的物流方式就是配送。

随着电子商务的进一步推广与应用，物流滞后对其发展的制约越来越明显，物流对电子商务活动的影响被越来越多的人注意。电子商务使物流受到重视的同时，也给物流提供了解决矛盾的手段。

（三）电子商务降低了物流成本

传统的物流配送依靠原始的人工方式管理，周期长、流程烦琐，缺货和积压都会造成浪费。在网络支持下的物流技术可以使物流配送周期大幅缩短，使整个物流配送管理过程变得简单，有效率，且费用更低。任何一个有关配送的信息和资源都会通过网络管理在几秒钟内传到相关部门，环节的简化和时间的节约都在一定程度上降低了物流成本。

（四）电子商务促进了物流管理水平的提高

电子商务高效率和全球性的特点，要求物流也必须建立一个适应电子商务运作的高效率的物流系统，只有实现物流的“电子化”，才能满足电子商务的需要，大力发展电子商务将推动物流技术的应用。

只有提高物流的管理水平，建立科学、合理的管理制度，将科学的管理手段和方法应用于物流管理当中，才能确保物流的畅通进行，实现物流的合理化和高效化，以促进电子商务的发展。

传统物流与现代物流的区别

（1）传统物流只提供简单的位移，现代物流则提供了增值服务。

（2）传统物流是被动的服务，现代物流是主动的服务。

（3）传统物流实行人工控制，现代物流实施信息管理。

（4）传统物流无统一服务标准，现代物流实施标准化服务。

（5）传统物流侧重点到点或线到线的服务，现代物流构建全球服务网络。

（6）传统物流是单一环节的管理，现代物流是整体系统的优化。

五、电子商务物流现状和存在的主要问题

在经济发达的国家，物流已经接近100年的历史，我国国民经济的发展的需求和电子商务的大力促进，也使物流得到前所未有的发展。2006年，“大力发展物流业”首次被列入国家规划中，使物流业逐渐形成了新兴产业。

为了应对全球金融危机，2009年国务院出台保持我国的经济增长，拉动国内消费政

策,把物流作为十大振兴行业之一。但是我国的物流起步较晚,特别是能够支持电子商务活动的现代化配送还存在诸多问题,主要表现在以下方面。

(一)物流资源配置不适应

最近几年在我国涌现出大量的物流公司,物流企业数量虽具有一定的规模,但是有不少是原来的储运公司摇身一变挂了物流的牌子,能适应现代电子商务的物流企业数量仍然很少、规模也很小;同时,电子商务配送数量也没有达到物流所需的规模化运作要求,分散的配送网络不利于物流企业的集中配送,在少量的供给条件下,物流企业因无法分摊较高的固定成本而也难以降低服务价格。

电子商务对物流的要求与物流企业所提供的供给差距很大,一方面车辆空驶、仓库闲置,另一方面又有很多企业在寻找车辆和仓库。

(二)物流配送成本较高

由于物流配送没有规模,难以产生效益,因此物流配送中心也没有能力来更新现有的配送设备。设备的落后加之非专业化的物流配送服务体系,导致了物流配送的成本过高,配送的效率低下。

发达国家的物流成本占商品总成本的10%~12%,中等发达国家占总成本的15%~16%,我国的物流成本则占总成本的20%以上。高昂的配送成本转嫁到消费者身上,最终使电子商务成了一种奢侈的消费方式而远离大众,方便、快捷的优势丧失殆尽。

(三)服务水平存在差距

物流企业提供的配送不仅仅是送货,而应是最终协助电子商务公司完成售后服务,如跟踪产品订单,提供销售统计、报表等,提供更多增值服务内容,增加电子商务公司的核心服务价值。但多数企业的物流信息管理尚未实现自动化,信息资源的利用也未实现跨部门、跨行业整合,服务网络和信息系统不健全,电子商务企业与独立的配送公司信息平台脱节,导致出现配送延迟、差错率高等,出现让商家与客户都不满意的现象。

(四)物流配送的社会环境需要完善

在传统的条块分割的体制安排下,物流的许多活动被割裂至各个部门,如交通运输、邮电通信、对外贸易等,部门之间信息封闭,致使各运输方式之间的转运环节耗费大量时间和成本。

此外,海关管理程序、物资采购等方面的一些规定也影响了物流业综合服务水平的提高和业务领域的拓展,进而制约了物流业的发展,这与电子商务的要求也是背道相驰的。因此,物流发展要跨越部门和地区的限制,要做到统一化、标准化,就更需要建立一部完备的物流法规,才能适应社会化大生产、专业化流通的要求。

第二节　电子商务物流的模式

用什么样的模式和方法实现物流配送,对不同行业和规模的电子商务有不同的要求。

一、物流模式的类别

物流模式主要有以下三类。

（一）自营物流

自营物流是企业早期物流活动的重要特征。企业为了提高物流效率和服务水平，往往自己组建物流队伍，对物流进行管理，使物流成为营销环节的一部分。

自营物流有利于企业掌握对顾客的控制权，管理方便，但是成本较高。自营物流由企业直接支配物流资源，控制物流职能，能做到供货的准确和及时，以保证顾客服务的质量，有利于维护企业和顾客间的长期关系。但由于需要投入大量的资金购买物流设施、建设仓库和信息网络，因此，对于货流量不大而又缺乏资金的企业，特别是中小型企业来说却是一个沉重的负担。

知识拓展

京东物流可以用“自己玩”的概念来表达，它就是一个以服务为主的京东商城上的自营物流，辐射入驻商家的物流配送和仓储体系，形成了一个购物、仓配、快递和售后的闭环体验。这样做的最大好处就是可以有效实现物流的质量管控，也可以为它的合作伙伴们提供从平台到物流的一站式解决方案。同时，也可以为京东在线下的各种O2O探索提供火力支撑点。

但其缺点也很明显，人力密集型的物流领域覆盖面越广，其成本越高，神经末梢的管控能力也就越差。而且物流不是一个标准件生产流程，而是一个服务体验过程，很难像京东上售卖的标准化商品那样实现完全的数字化管理。

（二）外包物流

与自营物流相对应的是将物流外包，它以签订合同的方式，在一定期限内将部分或全部物流活动委托给专业物流企业来完成。物流企业利用专业设施和物流运作的管理经验，汇集社会物流需求，为客户定制专属物流计划。这是促使物流社会化、合理化的有效途径。外包物流是物流规模不大、资金有限和配送分散的中小型企业采用的主要方式。

（三）物流联盟

物流联盟是指货主企业选择少数关系稳定且有较多业务往来的公司形成合作关系，统一使用物流资源，达到规模效益。但是由于现在我国的企业之间存在低水平竞争，许多可以共享的资源被视为商业秘密，行业管理发挥的作用十分有限，缺乏有效的组织和信息沟通，所以目前发展缓慢。

二、物流模式的选择

企业在进行物流决策时，应当从电子商务下的物流的特点及企业自身的实际情况出发，并结合物流业发展趋势来考虑。

不同企业到底选择何种物流模式，需综合以下三方面进行考虑。

(一)根据企业的业务规模和资金实力

资金充裕的大中型企业有能力建立自己的物流配送体系,制订合适的物流需求计划,保证物流服务的高质量。同时,过剩的物流网络资源还可外供给其他企业,所以,可以开发自己的物流配送体系。小型企业则受资金、人员及核心业务的限制,物流管理效率难以提高,因此,应当把物流管理交由第三方专业物流代理公司。例如,麦当劳公司就拥有自己的货运公司,其每天把汉堡包等保鲜食品运往中国各地,以保证供货的及时准确。

(二)根据企业的物流管理能力及现有的物流网络资源

当企业物流管理能力强,网络资源丰富时,可自营物流。例如,我国的某网站就依托上海正广和饮用水公司完善送水网络(3个配送中心、100个配送站、200辆小货车、1000辆"黄鱼车"、1000名配送人员),开发建设了自己的物流配送体系。

联合利华上海有限公司则选择了与上海友谊集团储运公司合作,利用友谊集团储运公司经验丰富的储运企业和就近的库房,形成了物流伙伴。

(三)通过确定企业自身的核心业务来选择物流模式

如果企业的核心业务不包括物流,就应将物流管理外包给从事该业务的专业公司去做,这样从原材料供应到生产,再到产品的销售等都是由专业物流企业来完成的。例如,计算机行业的Compaq和戴尔公司分别将非核心业务的物流外包给英国第三方物流服务商Exel物流集团和美国联邦快递,而自己却专注于计算机研发的核心业务。

总之,如何迅速而准确地实现物流配送是企业在经营方面必须解决的重要课题。其目的在于充分发挥企业人、财、物及时间等方面的资源优势,加强其核心业务的形成,降低物流成本,提高物流服务水平。

三、第三方物流与电子商务的组合

(一)第三方物流的崛起

1. 第三方物流是现代服务行业

第三方物流是物流专业化的形式,它的特点是有专业的物流设施和丰富的客户需求,能使用先进的技术降低物流成本,提高物流质量。随着市场竞争的不断深化和升级,当代企业建立竞争优势的关键已经由节约原材料的第一级别和提高劳动生产率的第二级别转向建立高效的外包物流系统的第三级别。

我国第三方物流市场在发展中细分,第三方物流企业在竞争中整合,第三方物流政策环境在进一步改善,中国第三方物流将在新的起点上快速发展。

2. 第三方物流与电子商务货主是伙伴关系

第三方物流企业的经营效益直接同货主企业物流效率、物流服务水平以及物流系统效果紧密联系、利益一体化,与对象企业的关系不是竞争对手而是战略伙伴,往往能通过物流服务使产品创造新的价值,不只是一方多赢利,另一方就少赢利的传统交易方式,而是为客户节约的物流成本越多,所获得的利润率就越高。

3. 第三方物流使用电子商务技术提高经营水平

第三方物流将有限的资源集中于某些业务,使规模经济得以实现。规模经济同时催生了信息化要求，应用第三方物流管理软件，运用信息化技术提高运输质量和运输效率，提高对客户服务的能力，从而提高核心竞争力，是很多第三方物流企业应对市场竞争的必然选择。

4. 第三方物流面临国际企业竞争

中国第三方物流市场和西方国家第三方物流市场的发展状况相差很大。近些年开始活跃于中国的UPS、DHL等世界物流巨头和中国第三方物流企业绝大多数的中小型企业一直沿着不同的路线发展各自的业务。然而，依据中国加入世界贸易组织的承诺，金融业、商业批发与零售业、物流业等领域在2005年12月11日面向外资开放，国内物流市场的局面也已悄然变化。

一方面，我国成为世界制造基地，原材料采购、成品销售、进出口贸易快速增长，大幅促进了第三方物流需求量的增长。另一方面，进入我国的国外物流企业依仗其强大的物流网络、丰富的运输经验、先进的技术水平，分去了部分物流服务需求量，本土第三方物流企业也开始感觉到来自跨国物流商的强势竞争压力；但总的来看，跨国生产、零售企业带来的需求量的增加会大大多于国际物流公司在我国的服务供应量，而这部分需求空间便会由我国第三方物流企业来满足。

（二）B to B 电子商务与第三方物流

企业间的B to B电子商务主要有两种情况：一种是原材料、半成品或零部件的采购或供应；另一种是成品的批发销售。

目前的交易采用第三方物流的比例不高，一半以上的生产企业的原材料主要采用供应方物流，原因在于两种情况：一种是目前的第三方物流企业供应链整合能力较差，不能为企业提供一揽子物流解决方案，企业难以通过实施第三方物流达到降低成本、加快资金周转、提高竞争力的目的；另一种是物流在B to B企业战略中处于比较重要的地位，认为不能依赖第三方物流，必须掌握在供应链中的主导权，要与原材料供应商结成战略合作伙伴关系，因而往往不愿意依赖第三方物流，故而普遍采用供应方物流和自营物流。

（三）B to C 电子商务与第三方物流

B to C企业的经营主要分两种情况：一种是交易的对象中有大量音像、在线图书、软件、在线游戏等虚拟化产品或服务，可以在线交货，避开物流配送；另一种是交易的对象主要是有形产品，必须借助物流配送。

在B to C企业中，规模较大的公司（如亚马逊公司）建有自己的物流系统，可以将一部分货物由自己的物流系统来配送处理；由于面对全球市场，不能处理所有物流业务，因此，将部分海外物流业务外包给第三方。规模较小的B to C企业无力组建自己的物流系统，较小规模的业务量也不足以支撑一个自营物流体系，这些企业大多采用第三方物流。

知识拓展

“菜鸟”的理念是“一起玩”，它其实就是一个整合平台，整合多个快递公司的资源，形成一个物流数据平台。其目的是为阿里电商平台提供更为优化的物流配送服务体验，其实这也是阿里电商产业链中的一环,并非简单的只是整合资源,而是变成一个购买社会化服务的"外挂"。

"菜鸟"的最大优势就是通过同盟军的方式来快速完成覆盖,成本极低,灵活性较大。但同时,由于"入伙"的快递公司只是一个相对松散的联盟,因此在管控能力上较弱。

(四) C to C电子商务与第三方物流

我国的C to C电子商务发展势头迅猛,2004年的C to C交易额为41.6亿元,而2005年就猛增长到139.24亿元,2006年达到230亿元。2008年,淘宝宣布全年销售额为999.6亿元,与2007年的433亿元相比较,同比增长了131%。近年来淘宝"双十一"销售额增长更加迅猛,淘宝网"双十一"一天的交易额2017年为1682.69亿元,2018年为2135亿元,而到了2019年更是高达2684亿元。C to C交易多为小件商品,且交易批量小,物流费用所占的比例较高。

目前的C to C电子商务多数是使用公用的交易平台,个人在网站上发布商品信息,买方在网页上浏览选择商品后下订单成交。C to C交易平台上客户一般无力承担也没有必要建立自营物流体系,基本上靠第三方物流来完成,选择的承包商一半以上是邮政快递。

小贴士

大和宅急便业务开始于1976年,他们通过开展新型的配送服务,创造了"宅急便"这样一个物流服务品牌。随着陆运物流服务的不断延伸和扩展,他们将这种陆地配式送服务统称为"宅配便"。日本运输省还专门制定了"宅配便费用体系"。

四、物流外包业务流程

(一) 拟定外包战略

企业物流外包所推崇的理念是:如果我们在产业价值链的某一环节上不是世界上最好的,如果这不是我们的核心竞争优势,如果这种活动不至于把我们同客户分开,那我们应当把它外包给世界上最好的最专业的企业去做。也就是说,首先确定企业的核心竞争优势,并把企业内部的技能和资源集中在那些具有核心竞争优势的活动上;然后将剩余的其他企业活动外包给最好的最专业的企业。

在选择外包前要准确地列出将要外包的项目,公司可能需要供应商提供的服务包括仓储、运输、库存管理、提高附加值的功能(包装、贴标签、组装等)、信息支持(产品跟踪、电子支付、结算等),然后详细定出这些作业的参数。这些都是选择供应商时需要参考的标准。如果服务需求没有量化或不明确,则会导致供需双方理解出现偏差。

(二) 认真选择外包商

应该根据自己的目标需求对外包进行谨慎的选择,一般要从以下三个方面进行考虑。

(1) 外包成本。因为选择外包主要是为了节约成本,所以外包时要注意是否划算,成本是不是足够低。

(2) 外包方的速度。这是非常关键的一点,特别是对于快递物流。

(3) 外包方的服务质量。一方面是外包方要求的质量;另一方面是外包方的顾客所需要的服务质量。

成本、速度、质量哪个应该排在第一位,哪个应该排在第二位,不同的企业要求各不相同。统计数据表明,日本有 80%的企业物流外包,美国、欧洲只有 30%~50%外包。日本的外包是比较彻底的,日资企业对成本不是特别看中,它看中的是质量和速度;中国的企业,特别是中小型企业,往往比较注重成本,从而忽视质量和速度。所以,对不同企业来说,选择外包商的切入点是不一样的。

在选定合适的物流外包商以后,还需在以后的工作中定期对外包商进行考核,来监管物流外包商以便其更好地提供服务,满足要求。考核指标主要包括交货准时率、包装破损率、货物遗失率、信息反馈率、价格比等。

(三) 制定良好的规范与流程

签订有效的合同,详细列出责任、期望与解决问题的方法,确定具体的、具有可操作性的工作范围。工作范围即物流服务要求明细,它对服务的环节、作业的方式、作业的时间、服务费用等细节做出明确的规定,给物流公司一个作业说明书,并包含全部规范、流程与其他外包合同有效执行的必要信息。要注意可能发生的冲突点,规划出当冲突发生时双方处理的方案,发现并避免潜在的冲突。

(四) 建立共赢关系

企业与选择的物流伙伴是处于同一个供应链的战友,外包关系一旦确立,就意味着双方利益是捆绑在一起的,物流公司必须被看作企业的延伸,协助第三方物流服务供应商认识企业,彼此要进行有效的双向沟通。同时,也要建立考核评测指标和激励机制,通过良好的合作伙伴关系将使双方受益最大化,实现共赢。

一、填空题

1. 现代物流具有________、________、________、________、________等特征。
2. 电子商务的任何一笔交易,都包含着________、________、________。
3. 选择物流外包商应该从________、________、________三个方面考虑,进行审慎选择。
4. 电子商务物流模式的类别主要有________、________、________。

二、简答题

1. 现代物流与传统的商品存储有什么区别?
2. 在选择物流业务外包时要考虑哪些因素?
3. 简答电子商务与物流的关系。
4. 简答电子商务对物流配送的影响。

三、思考题

1. 企业如何正确选择物流外包业务?

2. 我国物流在哪些方面与电子商务的要求不相适应?

延伸阅读

立足大湾区,京东物流启用亚洲规模最大的一体化智能物流中心

2019年12月18日,京东物流全面投用亚洲规模最大的一体化智能物流中心——东莞亚洲一号。该中心建筑面积近50万平方米,单日订单处理能力可达到160万单,自动立体仓库可同时存储超过2000万件的中件商品。

一、分拣准确率达全球顶级水准,时效升级辐射1亿多人口

作为辐射粤港澳、制造能通全球的"世界工厂",东莞是京东物流业务布局的战略核心城市之一。早在2014年6月,京东物流就在东莞麻涌自建了第一个拥有全自动机器人设备的分拣中心。此次东莞亚洲一号全面启用,集自动入库、存货、打包、分拣、出库等全流程作业于一体,同时配备现代化生活配套设施,在世界电商一体化智能物流园区建设中具有重要示范意义。

据悉,东莞亚洲一号是目前已知的亚洲地区最大的一体化智能物流中心,面积近50万平方米,相当于两座鸟巢(国家体育场)的面积,其核心功能是处理中件及小件商品,单日订单处理能力可达到160万单,自动立体仓库可同时存储超过2000万件中件商品;同时,拥有78台"身高"22米的堆垛机,其大型交叉带分拣系统全长22千米,相当于港珠澳大桥跨海段桥梁的总长度;分拣机上的800多个分拣滑道将包裹分别分拣运送到全国各地的亚洲一号及分拣中心,准确率达到99.99%,代表了全球顶级的水准。

二、助力粤港澳发展,为世界级增长极提供高品质物流服务

东莞所在的粤港澳大湾区是中国大小家电、手机、笔记本、计算机、卫浴、马桶等商品最大的制造基地之一,也是中国经济发展最强劲、消费者购买力最强、电商市场最活跃的经济带之一,经济总量在全国占比达到12%,对高质量的物流服务有着强烈需求。刚刚召开的中央经济工作会议指出,要推进粤港澳大湾区的建设,打造世界级创新平台。

东莞亚洲一号的全面投用,让京东物流的智能基础设施建设与区域经济融合更加紧密,通过全链条、集约化、智能化的供应链服务,为大湾区企业降低成本增长效率和创新发展提供了助力。以处理中件商品为核心的东莞亚洲一号,将与处理小件商品的九龙亚洲一号、处理大件商品的黄埔亚洲一号组成智能仓群,每日处理大、中、小件单量可以达到近250万单。面向大湾区企业开放的同时,京东物流智能仓群、全供应链服务能力与当地的一小时交通网连成一体,让大湾区的商品流通更加顺畅,供应链服务更加高效,进一步助力社会物流成本降低,有效推动粤港澳大湾区的建设发展。

三、技术驱动弯道超车,5年25座亚洲一号塑造"世界标杆"

从2014年京东物流,上海亚洲一号落地到东莞亚洲一号全面投用,京东物流在全国范围内布局的亚洲一号智能物流园区达到25座,轻松处理亿级订单,不仅形成了亚洲电商物流领域规模最大的智能仓群，在世界范围内也成为智能物流发展的标杆。在亚洲一号等智能物流基础设施高效运转下，2019 年“618”和“双十一”期间京东物流智能仓处理单量均实现了 100%左右的同比增长，京东物流全国首个 5G 智能物流园区正是依托亚洲一号落地。

与此同时，亚洲一号的快速建设和产业聚集效应形成了令人瞩目的“亚一生态圈”，从解决就业问题到人才培养，从全国 90%区县 24 小时送达到链接全国数百个产业带，彰显了强大的辐射覆盖功能及产业带动效能。京东物流以北京、上海、广州、成都、武汉、沈阳、西安和杭州为中心形成的八大物流枢纽，在推动物流成本降低 50%上、流通效率提升 70%的基础上，促进了长三角、珠三角、京津冀等全国八大经济圈的供应链升级，“商品生产基地＋物流集散枢纽”为十余个城市创造了新的经济业态。

当前，中国物流成本占 GDP 比例仍高于发达国家，技术无疑成为在物流降本增效上实现弯道超车的核心驱动因素。25 座亚洲一号投用意味着京东物流用 5 年时间走过了发达国家企业 40 年的智能物流发展历程，一分钟内分拣机器人即可奔跑 200 千米，上架 2 万件商品，“亚一效应”成为中国物流基础设施智能化迭代引领世界的重要表现。

据悉，在未来两年，京东物流还将陆续投用近 20 座亚洲一号，实现全国核心城市全覆盖，以物流全环节的智能化推动技术创新应用，用物流枢纽集群化建设带动经济圈和城市群发展，驱动中国物流行业实现超越，打造智能物流的“世界标杆”。

资料来源：物流产品网转载资料汇编.

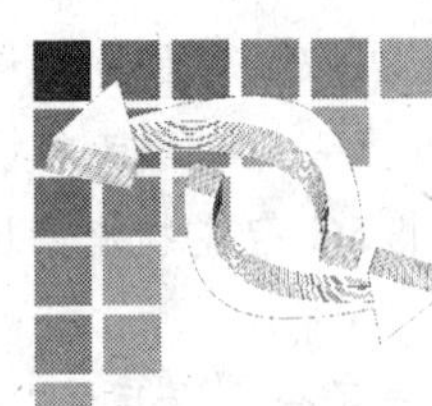

第九章

现代物流新业态

◆ 知识目标 ◆

（1）理解物流管理与供应链管理之间的关系。

（2）了解绿色物流、应急物流、回收物流、国际物流的内涵。

（3）熟悉当代物流发展动态和热点，掌握现代物流发展趋势和方向。

◆ 技能要求 ◆

（1）掌握供应链管理的主要方法。

（2）掌握几种典型行业中供应链的流程设计。

学习导航

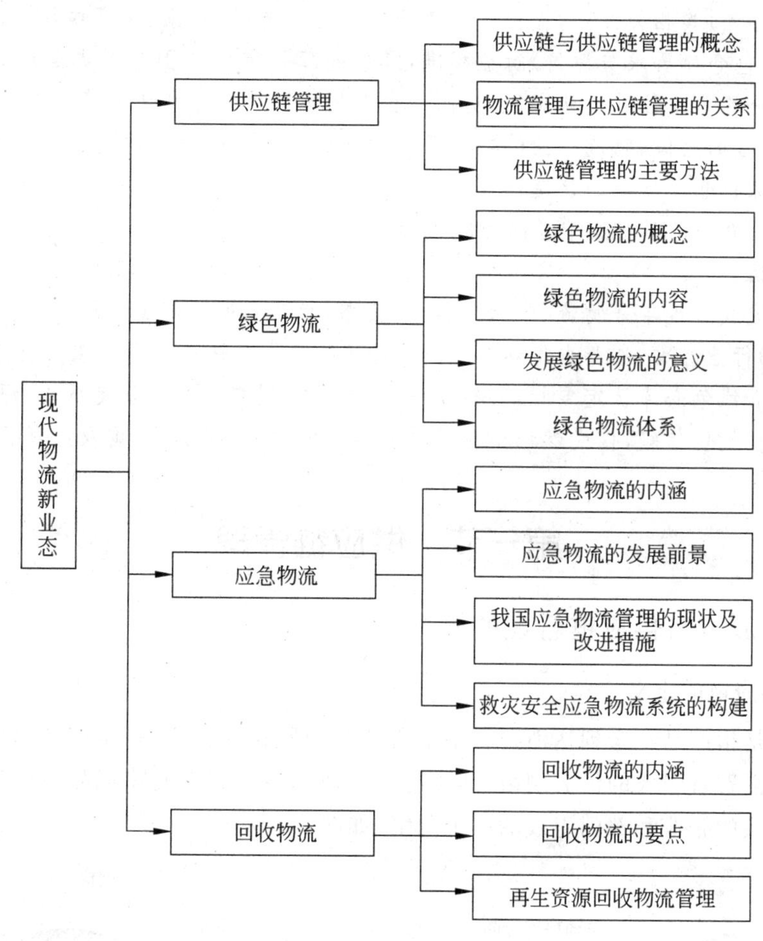

案例引导

中国绿色仓库认定

由中国仓储与配送协会、机械工业第六设计研究院有限公司、盖世理投资咨询(上海)有限公司、中国质量认证中心、普洛斯管理(中国)有限公司、上海宇培(集团)有限公司组织起草的《绿色仓库要求与评价》(SB/T 11164—2016)由商务部批准发布,于2017年5月1日起实施。

《绿色仓库要求与评价》分别从库区选址与规划、节地与土地利用、节能与能源利用、节水与水资源利用、节材与材料资源利用、环境六个方面将仓库划分为一星至三星三级,一星为低级,三星为高级。绿色仓库认证体系的建立对于仓储业的节能降耗、成本降低、可持续发展有着重要意义。

为贯彻实施《绿色仓库要求与评价》行业标准,中国仓储与配送协会根据《绿色仓库要求与评价》行业标准的规定和要求,联合业内相关组织和专家,依托地方行业协会共同开展中国绿色仓库认定，成立了由中国仓储与配送协会和全国相关行业组织的领导与相关专家组成的中国绿色仓库认定委员会，统一负责绿色仓库认定的组织领导工作；制定《绿色仓库认定办法》等相关方法，提出了绿色仓库认定的范围、对象、程序和具体内容。

根据《绿色仓库要求与评价》行业标准，绿色仓库认定的范围与对象是以相对独立运营的库区或仓库为单位进行认定的，对同一企业的不同库区分别认定等级；凡在中国境内注册、正在运营的仓储、物流企业(单位)及其库区(含具有营业资质的生产、流通库区)，均可自愿申请绿色仓库等级的认定。

资料来源：中国仓储与配送协会网站资料汇编.

引例分析

绿色物流成为近年来物流行业发展的新业态，绿色仓库认定工作严格执行《绿色仓库要求与评价》行业标准，按照自愿参与、公开、公正、公平的原则进行。在中国仓储与配送协会网站设立绿色仓库认定专栏，公布有关评价办法、授权地区性认定机构、评价结果，设立投诉电话和投诉信箱，接受参评企业及社会各界的监督、投诉、咨询及质疑。

第一节 供应链管理

一、供应链与供应链管理的概念

(一) 供应链的定义

供应链是指产品在未到达消费者手中所涉及的原材料供应商、生产商、批发商、零售商以及最终消费者组成的供需网络，即由物料获取、物料加工，并将成品送到用户手中这一过程所涉及的企业和部门组成的一个网络，如图 9-1 所示。

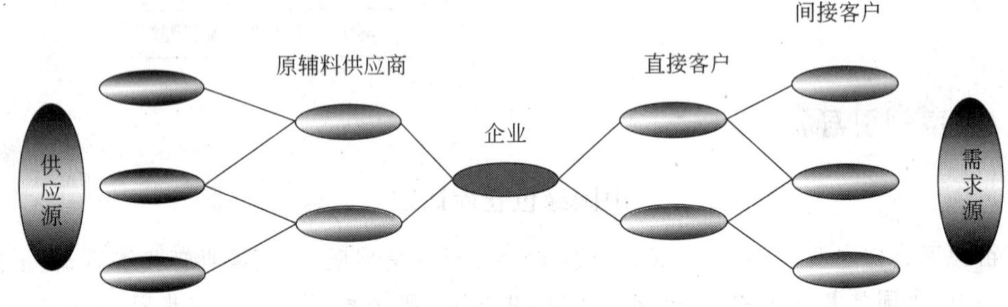

图 9-1 供应链的网络结构模型

供应链是围绕核心企业，通过对信息流、物流、资金流的控制，从采购原材料开始，到中间产品以及最终产品，最后由分销网络把产品送到消费者手中，将全过程涉及的供应商、制造商、分销商、零售商、最终连成一个整体性功能网链结构的模式。其特点如下。

(1) 供应链是一个企业组织结构模式。供应链企业是一个企业组织结构模式包含供应链上所有加盟的节点企业，从原材料的供应开始，经过供应链中不同企业的制造加工、组装、分销等过程直到最终用户。可以把供应链企业看作一个范围更广的企业组织结构模式。

(2) 供应链是一条增值链。供应链不仅是一条连接供应商到用户的物料链、信息链、资金链,也是一条增值链,物料在供应链上因加工、包装、运输等过程而增加其价值,给相关企业和顾客都带来了收益。

小贴士

供应链最早来源于彼得·德鲁克提出的"经济链",后经由迈克尔·波特发展成为"价值链",最终演变为"供应链"。

(3) 在供应链中供应商与客户互为伙伴。在这个网络中,每个贸易伙伴既是其客户的供应商,又是其供应商的客户,他们既向上游的贸易伙伴订购产品,又向下游的贸易伙伴供应产品。

典型的供应链中,厂商先进行原材料的采购,然后在一家或多家工厂进行产品的生产,把产成品运往仓库做暂时储存,最后把产品运往零售商或顾客。为了降低成本和提高服务水平,供应链必须考虑各环节的相互作用。

(二) 供应链管理的概念

1. 供应链管理的定义

首先,传统的企业组织中的采购、加工制造、销售等看似是一个整体,但缺乏系统性和综合性的企业运作模式,已无法适应新的制造模式的发展需要;其次,那种"大而全,小而全"的企业自我封闭的管理体制更无法适应网络化竞争的社会发展需要。因此,一种新的管理模式被提出来,即供应链管理。

小贴士

国家标准《物流术语》(GB/T 18354—2006)中对供应链管理的定义:利用计算机网络技术全面规划供应链中的商流、物流、信息流、资金流等,并进行计划、组织、协调与控制等。

我们可以从以下五个方面来理解供应链管理的定义。

(1) 考虑供应链中的每一方,主要是针对成本有影响和满足顾客需求等各方面的利益。

(2) 用系统的方法来进行供应管理,使系统总成本达到最小,其总成本主要包括运输成本、配送成本和库存成本等。

(3) 它是一种多层次的活动,既涉及企业高层战略层次的管理,也体现在企业具体的作业层面上。

(4) 它是一种集成的管理思想和方法,贯穿于供应链中,从供应商到最终用户的物流、信息流、资金流的计划和控制等各个管理职能,它把供应链上的各个企业作为一个不可分割的整体,使供应链上各个企业分担的采购、分销和销售职能成为一个协调发展的有机体。供应链管理流程如图 9-2 所示。

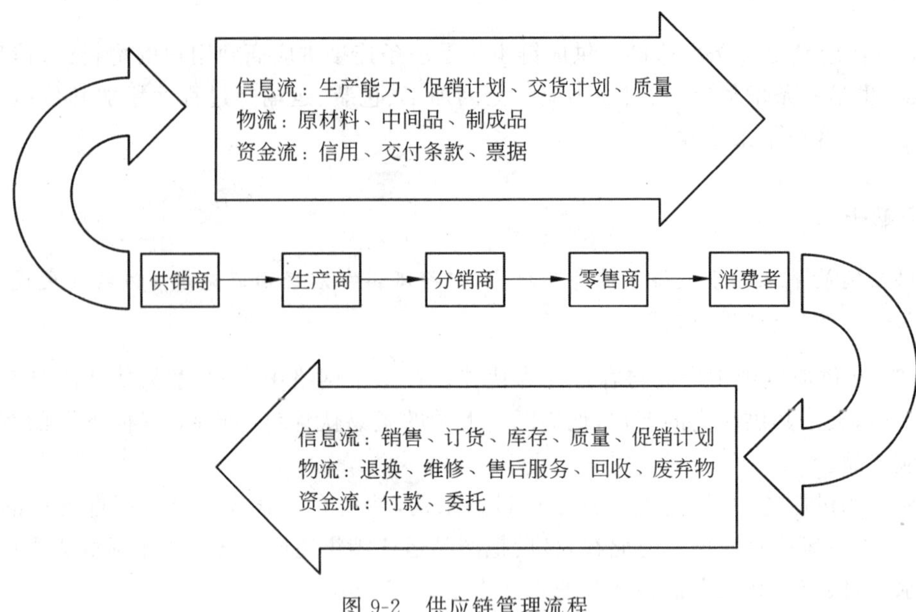

图 9-2 供应链管理流程

(5) 供应链系统的功能是将顾客所需的产品能够在正确的时间按照正确的数量和正确的质量送到正确的地点,并且使总成本达到最小。

2. 供应链管理产生的动因

供应链管理的产生和发展具有一定的背景及条件。

(1) 管理思想的发展、演变诱发了供应链管理理念。在 20 世纪 80 年代以前,管理理论的"大厦"一直建立在亚当·斯密分工理论的基础上,强调分工是传统管理模式的主要特征。20 世纪 90 年代以后,随着以高科技为主导的时代,经济增长的推动因素逐渐由劳动力、资本转为科技知识,世界经济全球化发展也越来越快,由此导致了人类社会实践的规模和范围越来越大,其复杂性也愈益提高。

现代企业的任何管理活动都要涉及大量的技术、经济以及政治、环境、社会心理和伦理等问题。许多问题是跨企业、跨国界的,它打破了传统分工的界限,管理的指导思想也从着重分工转为集成。这种管理哲学的改革,对供应链管理思想的产生起积极的促进作用。

(2) 经济全球化趋势加速了供应链管理的发展。由于全球化市场竞争越来越激烈,企业面临的风险也越来越大,仅靠自身力量难以取得竞争优势,只有将上下游企业联合起来,形成各种虚拟组织,才可以在市场竞争中处于领先地位。

(3) 供应链管理的产生是供应系统本身的需要。20 世纪 90 年代,随着各种自动化技术和信息技术在制造企业中的应用,制造生产率已到了相当高的程度,制造加工本身的技术手段对提高整个产品竞争力的影响开始变小。为了进一步挖掘降低产品成本和满足客户需要的潜力,人们开始将目光从企业内部生产过程的管理转向产品全生命周期中的供应环节和整个供应链系统。

一些企业通过有效的供应链管理大幅度地增加收益或降低成本。据宝洁公司透露,他们能够使其零售客在一定时期内节约数千万美元，其方法的实质就在于制造商与供应商紧密地合作，共同创造商业计划来消除整个供应链中浪费根源。

（4）供应链管理产生的动因还来自核心竞争力的理论发展。任何一个企业都不可能在各个方面都超越对手，因此企业应该将自己的主要精力集中于发展核心业务上，发挥自己的核心优势，而其他的非核心业务都可以外包给第三方，这样才可以最大限度地提高企业的获利能力。正是在这种观念的指导下，供应链上下游企业间的相互协作才变得犹为重要。

二、物流管理与供应链管理的关系

（一）物流管理与供应链管理的关系介绍

一般认为，供应链是物流、信息流、资金流三个流的统一体，那么物流很自然地就成为了供应链管理体系中的重要组成部分，在供应链管理中发挥着极为重要的作用。一般而言，供应链管理涉及制造问题和物流问题两个方面，而物流涉及的是企业的非制造领域的问题。

供应链管理与物流管理的关系体现在以下四点。

（1）供应链是物流发展到集团化阶段的产物。现代供应链管理使物流达到优化。企业追求整体系统的综合效果，而不是单一的、孤立的片面观点。

（2）物流管理贯穿于整个供应链。物流连接供应链的各个企业，是企业间合作的纽带，它从供方开始，沿着各个环节向需方移动。每一环节都存在“需方”与“供方”的对应关系，称为供应链。供应链是一条从供应商的供应商到用户的物流链。

（3）增值是两者的共同目标。作为一种战略概念，供应链的目的不仅是降低成本，更重要的是提供用户期望以外的增值服务，以产生和保持竞争优势，而增值也是物流管理所追求的目标。

（4）供应链管理是物流管理的最新理念。从1998年起，美国物流管理协会对物流管理的定义中加入了供应链的概念，将供应链管理看作物流管理的最新理念。

知识拓展

供应链管理在应用上主要涉及需求、计划、订单交付、供应、回流五个方面。其职能领域主要包括产品工程、产品技术保证、采购、生产控制、库存控制、仓储管理、分销管理等，辅助领域主要包括客户服务、制造、设计工程、会计核算、人力资源、市场营销等。

（二）物流管理在供应链管理中的重要地位

1. 物流管理在供应链管理中的重要地位所产生的原因

（1）物流管理是提升供应链管理的关键所在。面对全球竞争的加剧、客户要求的提升以及能否获得原材料的不可预测性，当今的企业被迫采取一系列新的生产过程并实施不同的制造战略。

同时，制造商也意识到提高整个供应链的管理，即要快速地交货以及缩短从产品订购到支付款项的周期,才是企业提高竞争力的最佳手段。“物流对制造企业的生产只是一种支持作用和辅助的功能部门”这种传统的观点应该改变了。

(2) 物流系统保证供应链的敏捷性与适应性。一方面,由于现代企业的生产方式转变,即从大批量生产转向精准化生产,这时的物流,包括采购与供应,都需要跟着转变运作方式,实行准时供应和准时采购;另一方面,顾客需求的瞬时化要求企业能以最快的速度把产品送到用户手中,以提高企业快速响应市场的能力。这一切都要求企业的物流系统具有和制造系统协调动作的能力,以提高供应链的敏捷性和适应性。

因此,物流管理不再是传统的保证生产过程连续性的问题,而是要在供应链管理中发挥重要作用。

2. 物流管理在供应链管理中的作用

物流管理在供应链管理中的作用如下。

(1) 创造用户价值,降低用户成本。

(2) 协调制造活动,提高企业敏捷性。

(3) 提供用户服务,塑造企业形象。

(4) 提供信息反馈,协调供需矛盾。

小贴士

只有建立敏捷、高效的供应链物流系统,才能达到提高企业竞争力的要求。供应链管理将成为21世纪企业的核心竞争力,而物流管理必将成为供应链管理核心竞争力的主要构成部分。

(三) 供应链管理环境下物流管理的特点

由于在供应链管理下物流环境发生了很大变化,因此供应链管理下的物流管理和传统的物流管理的理念、内容形式、技术手段、意义和方法等都发生了重大转变,有许多新的特点。

1. 总体观念

供应链物流是一个单向的、连续的过程,链中各环节并不是彼此分离的,而是通过信息、资金和物流的联系成为一个整体,供应链物流管理必须有这种总体的观念。

2. 全过程管理

供应链物流管理切忌只依赖部分环节的信息,部分环节的信息可能出现信息的局限或失真,信息可能只反映局部利益或者局部问题,可能导致计划失真和判断失误。

3. 协调利益

供应链中各个企业或组织必定会存在不同的利益冲突,从物流角度来看,不同链节上的利益观不同。在供应链物流管理中,必须通过利益协调和有效分配,形成统一的利益观。

4. 全新的管理方法

传统方法不能完全适应供应链物流管理,需要采取新的管理方法。例如,用整合的方法来代替企业管理的方法;用整合的方法代替接口的方法;用解除最薄弱链的方法寻求总体平衡；用简化供应链的方法来增强信息的有效性，防止信号的堆积及放大等。

5. 有效利用社会力量

供应链物流的管理虽然指明了从企业战略角度来管理全部的供应链，但并不是说都要由本企业去操作，利用社会力量操作也是可行的。现在通常的做法是，利用一个或多个第三方物流企业去运作物流，最终由第四方物流去整合总体的物流资源。

三、供应链管理的主要方法

（一）快速反应

1. 快速反应的概念

快速反应是指供应链成员企业之间建立战略合作伙伴关系，利用 EDI 等信息技术进行信息的交换与共享，用高频率小批量配送方式进行补货，以实现缩短交货周期，减少库存，提高顾客服务水平和企业竞争力为目的的一种供应链管理策略。

小贴士

快速反应系统最早由连锁零售商沃尔玛、凯马特等企业为主力开始推动，并逐步推广到整个纺织服装行业。美国的纺织服装行业在应用此系统后，产业结构趋于合理，产品的产销时间由原来的 125 天锐减至 30 天，大幅地缩短了产品在制造、分销、零售等供应链环节上的运转周期，使整体供应链的运营成本得以大幅降低，并大大提高了企业的竞争力。

2. 快速反应方法的实施

实施快速反应必须要求企业在五个方面进行准备或改造。

（1）企业需要改变传统经营意识。企业必须改变只依靠独自的力量来提高经营效率的传统经营意识，通过与供应链各方合作伙伴建立关系，充分利用各方资源来提高经营效率的现代经营意识，改变传统的经营方式，革新企业的经营意识和组织。

（2）企业要开发应用现代信息处理技术，如商品条码技术、电子订货系统、数据读取系统、EDI 系统、预先发货清单技术、电子资金支付系统、生产厂家管理的库存方式、连续库存补充方式等。

（3）企业要建立战略伙伴关系。与供应链相关方建立战略伙伴关系，合作的目标既要削减库存，又要避免缺货现象的发生，降低商品风险，避免大幅度降价的现象发生，减少作业人员和简化事务性作业等。

（4）企业能够与合作伙伴交流分享信息。要改变传统的做法，即对所有的信息保密，将销售、库存、生产及成本等信息与合作伙伴交流分享，并在此基础上，要求各方共同发现问题、分析问题和解决问题。

（5）企业采用即时制生产方式，要求供应方必须缩短生产周期和商品库存，进行多品种、少批量生产和多频度、小数量配送，降低零售商的库存量，提高顾客服务水平。在商品实际需要将要发生时采用即时制生产方式组织生产，减少供应商的库存量。

3. 实施快速反应方法的步骤

（1）条码和 EDI 技术的应用。零售商首先必须安装通用产品代码、POS 扫描和 EDI

等技术设备,以加快POS机收款的速度,获得更准确的销售数据并使信息沟通更加流畅。POS扫描用于数据输入和数据采集,即在收款检查时用光学方式阅读条码,然后将条码转换成对应的商品代码。

(2) 固定周期补货。快速反应要求供应商更快、更频繁地补充重新订购的商品,以保证店铺不缺货,从而提高销售额。通过对商品实施快速反应并保证这些商品能及时、高效地供应,零售商的商品周转速度越快,消费者可以选择越多的花色品种。

知识拓展

自动补货是指基本商品销售预测的自动化。自动补货的使用是基于过去和目前销售数据及其可能变化的软件进行定期预测,同时考虑目前的存货情况和其他一些因素,以确定订货量。自动补货是由零售商、批发商在仓库或店内进行的。

(3) 先进的补货联盟。建立先进的补货联盟是为了保证补货业务的流畅。零售商和消费品制造商联合起来检查销售数据,制订关于未来需求的计划和预测,在保证有货和减少缺货的情况下降低库存水平。还可以进一步由消费品制造商管理零售商的存货和补货,以加快库存周转速度,提高投资毛利率。投资毛利率是销售商品实际实现的毛利除以零售商的库存投资额。

(4) 零售空间管理。零售空间管理是指根据每个店铺的需求模式来规定其经营商品的花色品种和补货类型。一般来说,对于花色品种、数量、店内陈列及培训或激励售货员等决策,消费品制造商也可以参与制定。

(5) 联合产品开发。这一步的重点不再是一般商品和季节性产品,而是像服装等生命周期很短的产品。厂商和零售商联合开发新产品,其关系的密切度超过了购买与销售的业务关系,缩短了从新产品概念到新产品上市的时间,而且可以经常在店内对新产品进行试销。

(6) 快速反应的集成。通过重新设计业务流程,将前五步的工作和公司的整体业务集成起来,以支持公司的整体战略。快速反应前四步的实施,可以使零售商和消费品制造商重新设计产品补货、采购和销售业务的流程;前五步使配送中心得以改进,可以适应频繁的小批量运输,使配送业务更加流畅。

(二) 有效客户反应

1. 有效客户反应的概念

有效客户反应是指以满足顾客要求和最大限度降低物流过程费用为原则,能及时、准确地做出反应,使供应的物品或服务流程最佳化的一种供应链管理策略。

2. 有效客户反应的特征

(1) 管理意识的创新。

(2) 供应链整体的协调。

(3) 涉及范围广。

3. 有效客户反应的应用原则

(1) 以较少的成本,不断致力于向食品杂货供应链客户提供更优的产品、更高的质量、更好的分类、更好的库存服务以及更多的便利服务。

(2) 必须由相关的商业带头人启动。该商业带头人应决心通过代表共同利益的商业联盟取代旧式的贸易关系而达到获利的目的。

(3) 必须利用准确、实时的信息以支持有效的市场、生产及后勤决策。这些信息将以EDI的形式在贸易伙伴间自由流动,它将影响以计算机信息为基础的系统信息的有效利用。

(4) 产品必须随着不断增值的过程,从生产到包装,直至送到最终客户的手中,以确保客户能随时获得所需的产品。

(5) 必须建立共同的成果评价体系。该体系注重整个系统的有效性(通过降低成本与库存以及更好地利用资产,实现最优价值),清晰地标识出潜在回报,促进对回报的公平分享。

4. 有效客户反应的四大要素

(1) 有效的产品引进。有效的产品引进是指通过采集和分享供应链伙伴间实效性强且更加准确的购买数据,提高新产品的成功率。

(2) 有效的店铺分类组合。有效的店铺分类组合是指通过有效利用店铺的空间和店内布局,最大限度地提高商品的盈利能力,如建立空间管理系统、进行有效的商品品种管理等。

(3) 有效的促销。有效的促销是指通过简化分销商和供应商的贸易关系,以提高贸易和促销的系统效率,如可采取消费者广告(优惠券、货架上标明促销)、贸易促销(远期购买、转移购买)等方式。

(4) 有效的补货。有效的补货是指从生产到收款台,通过EDI和以需求为导向的自动连续补货以及计算机辅助订货等技术手段,使补货系统的时间和成本最小化,从而降低商品的售价。

第二节 绿色物流

一、绿色物流的概念

绿色物流通过充分利用物流资源,采用先进的物流技术合理规划和实施运输、储存、装卸、搬运、包装、流通加工、配送、信息处理等物流活动,降低物流对环境影响的过程。

知识拓展

国内有学者结合可持续发展原则和现代化物流的内涵,定义绿色物流是指以降低污染物排放、减少资源消耗为目标,通过先进的物流技术和面向环境管理的理念,进行物流系统的规划、控制、管理和实施的过程。

我国国家标准《物流术语》(GB/T 18354—2006)中对绿色物流或环境物流的定义是:在物流过程中抑制物流对环境造成危害的同时,实现对物流环境的净化,使物流资源得到最充分利用。

二、绿色物流的内容

绿色物流和一般物流系统不同,绿色物流所追求的是实现社会效益和企业效益的统一,首先是在“绿色”的前提下只追求企业的利益,而忽视物流企业利益的最大化。

(一) 物流的非绿色因素

1. 物流广泛影响环境

物流的影响不是“点”的影响,而是“面”的影响,它影响的特点是遍及全社会。而一般产业对环境的影响都局限于企业所在的环境地区,虽然可能造成局部的严重环境问题,但是也不会发生广泛而且全面影响环境的重大问题。

2. 物流多方面影响环境

物流对环境的影响包括噪声污染、废气污染、废液污染、废物污染、交通堵塞和资源浪费等。

3. 物流是消耗性的因素而不是增值性的因素

从国民经济总体来看,物流总量越大,国民经济的成本负担就越重,环境的负担就相继越重从而物流消耗的就越低。

因此,我们面临的历史责任是:在经济发展的同时,必须严格克服和遏制物流的非绿色因素,以减少物流消耗作切实为我们工作的指导方针。

(二) 绿色物流的内容

绿色物流的内容如下。

(1) 绿色物流就是指抑制和减少对环境的污染,以减少资源消耗为目标的物流活动。在生产过程中应减少废气、废物、废渣排放,减少和降低噪声、震动等不利影响。

(2) 充分有效地节约资源的物流活动。例如,降低能量消耗、降低包装材料消耗,对包装材料等资源进行梯级利用和回收再生产利用,延长物流设施、设备的生命周期,提高物流设施、提高设备效率以及其他资源节约等因素。

(3) 有利减少环节,会使物流过程短程化、合理化。例如,合理规划物流路线,使物流环节有效衔接,克服缩短物流距离。

(4) 有效防止和降低物流对象损失的物流活动,如物流对象机械损伤、变质、发霉、受潮、锈蚀、公差变化、破坏、浓度变化、纯度变化、鼠咬虫食损伤、包装损失、外观及色泽变化等损失。

(5) 不能出现安全事故的物流活动。

(6) 一些农产品和绿色产品的物流活动。例如,瓜果、蔬菜、水产品以及获得绿色称号的食品以及其他产品。

(7) 整个物流过程中保持生、鲜、活产品所需要的生存条件以及保鲜环境条件。

(8) 整个物流过程需要保持文明、干净卫生。

三、发展绿色物流的意义

（一）绿色物流是经济全球化和可持续发展的必然要求

众所周知，保护地球环境和大自然是世界各国人民义不容辞的责任，因此需人人保护。但是人类的生产经营和社会消费等又严重导致环境遭受污染，资源遭受破坏。而作为生产经营和消费中介的物流，针对地球环境的影响仍未受到应有的重视。

伴随世界大市场的变化和经济全球化的发展，物流的作用日益明显，绿色浪潮惠及的不仅是生产、营销和消费，而且因此全球物流的绿色化也作为可持续发展的必然要求被提上日程，这也是中国的兴起。

（二）绿色物流是最大限度地降低经营成本的必由之路

有专家分析认为，产品从投产到销出，制造加工时间仅仅占10％，其余90％的时间为储运、装卸、分装、二次加工、信息处理等一些主要的物流活动。

然而，绿色物流不仅重视一般物流的节约和降低成本，更重视的是绿色化和由此给人带来的节约节能、高效、少污染，这些作用在节省生产经营成本方面的意义是不可估量的。

（三）绿色物流有利于促进社会的和谐发展

绿色物流的建立有利于全面满足人们不断提高的物质文化需求，有利于促进社会和谐发展重要支柱。

作为生产和消费的中介，物流是满足人们物质文化需求的基本环节。而绿色物流则是伴随着人们生活需求的进一步提高，尤其是绿色消费的提出必将应运而生。

绿色的生产过程中、再好的绿色产品，如果没有绿色物流的支撑，就难以实现其最终的价值，绿色消费也就难以进行。同时，不断提高的物质文化生活也意味着生活的电子化、网络化和连锁化，电子商务、网上购物、连锁经营无不依赖于绿色物流的发展。可以这么说没有绿色物流，就没有人类休闲自在的生活空间。

（四）绿色物流有利于企业取得新的竞争优势

日益严峻的环境问题和日趋严厉的环保法规，促使企业为了持续发展，必须积极解决经济活动中的环境问题，改变危及企业生存和发展的生产方式，建立并完善绿色物流体系，通过绿色物流来追求高于竞争对手的竞争优势。实际上，良好的物流环境行为可以为企业树立良好的社会形象，带来更大的收益。

（五）绿色物流是适应国家法律法规要求的有效措施

随着社会的进步和经济的发展，世界上的资源日益紧缺。同时，由于生产所造成的环境污染进一步加剧，为了实现人口、资源与环境相协调的可持续发展，许多国际组织和国家相继制定出台了与环境保护相关的协议、法规与法律体系，我国也制定了《中华人民共和国环境保护法》等一系列法律法规。这些法律法规都要求产品的生产商必须对自己所生产的产品造成的污染负责，且采取相应的措施，否则将会受到严厉的法律制裁。

四、绿色物流体系

(一) 绿色交通运输

绿色交通运输是为了降低物流活动中的交通拥挤、污染等带来的损失,促进社会公平,节省建设维护费用,从而发展低污染的、有利于城市环境的多元化交通工具,来完成物流活动的交通运输系统,以及为最大限度地降低交通污染程度而采取的对交通源、交通量、交通流的规范体系。

知识拓展

绿色交通运输主要表现为减轻交通拥挤,降低环境污染,具体体现在以下四个方面。

(1) 减少高污染运输车辆的使用。

(2) 提倡使用清洁、干净的燃料和绿色交通工具。

(3) 加强交通管制,使道路设计合理化,减少堵塞。

(4) 降低噪声。

(二) 绿色仓储与保管

仓储与保管是物流活动中的一大构成要素,在物流活动中起着至关重要的作用。绿色仓储和保管是在储存环节为减少储存货物对周围环境的污染及人员的辐射侵蚀,同时避免储存物品在储存过程中的损耗而采取的科学合理的仓储保管策略系统。

在整个物流仓储保管过程中,要运用最先进的保质、保鲜技术,保障存货的数量和质量,在无货损的同时消除环境污染。尤其是要注意对有毒化学物品,放射性商品,易燃、易爆商品的泄漏和污染的防范。一般在储存环节应加强科学养护,采取现代化的储存保养技术,加强日常的检查与防护措施,使仓库设备和人员尽可能少受侵蚀。

(三) 绿色装卸搬运

绿色装卸搬运是为了尽可能减少装卸搬运环节产生的粉尘烟雾等污染物而采取的现代化的装卸搬运手段及措施。

(1) 在货物集散场地尽量减少泄漏和损坏,杜绝风尘、烟雾污染。严格使用防尘装置,制定最高标准。

(2) 清洗货车的废水要处理后再排出,并集中进行收集、处理和排放,加强现场的管理和监督。

(四) 绿色包装

1. 绿色包装的含义

绿色包装是指能够循环、再生利用或降解腐化,且在产品的整个生命周期中对人体及环境不造成公害的适度包装。简而言之,绿色包装是指节约资源、保护环境的包装。推行绿色包装的目标,就是要以最大限度地保护自然资源,形成最小数量的废弃物和最低限度的环境污染。

2. 绿色包装的途径

(1) 促进生产部门采用尽量简化以及由可降解材料制成的包装。

(2) 商品流通过程中尽量采用可重复使用的单元式包装,实现流通部门自身经营活动中的包装减少,主动地协助生产部门进行包装材料的回收及再利用工作。

(3) 对包装废弃物进行垃圾分类。

(4) 积极地开发新型包装材料。

(5) 节省包装资源,降低包装物成本,提高包装效率。

(五) 绿色流通加工

绿色流通加工是以环保为前提的无污染的流通加工方式。绿色流通加工的途径主要分为两个方面。

(1) 由消费者分散加工变为专业集中加工,以规模作业方式提高资源的利用效率,以减少环境污染。例如,餐饮服务业对食品的集中加工,减少了家庭分散烹调所造成的能源浪费及空气污染等。

(2) 集中处理消费品加工中产生的边角废料,以减少消费品分散加工所造成的废弃物对环境的污染。例如,流通部门对蔬菜的集中加工,减少了居民分散垃圾丢放及相应的环境治理问题。

第三节　应急物流

一、应急物流的内涵

(一) 应急物流的含义

应急物流是指为应对严重自然灾害、突发性公共卫生事件、公共安全事件及军事冲突等突发事件而对物资、人员、资金的需求进行紧急保障的一种特殊物流活动。应急物流与普通物流一样,由流体、载体、流向、流速、流量、流程等要素构成,具有空间效用、时间效用和形式效用。应急物流大多数情况下通过物流效率实现其物流效益,而普通物流既强调效率又强调效益,如表 9-1 所示。应急物流可以分为军事应急和非军事应急两种物流体系。

表 9-1　应急物流与普通物流的比较

要素	普通物流	应急物流
流体	一般物品,品种无所不包,物品来源单一	主要集中在救灾物资,第一类是救生类,第二类为生活类,第三类为医疗及药品类。物品的来源复杂,由政府提供、社会捐赠等
载体	固定的设施与场所	固定和机动的设施与场所共用
流向	按用户的需求,流向确定,可以充分安排	指向救援地,目标事先很难确定
流速	完成物流的时间比较稳定	完成物流时间的延长或缩短
流量	物流的数量稳定	特定品种流量的激增,其他物品通常减少
流程	基本上可按合理化的原则进行安排	由于设施损坏等原因,常使路程发生一定的改变

对应急物流的定义有很多种,在我国国家标准《物流术语》(GB/T 18354—2006)中,

对应急物流的定义是针对可能出现的突发事件已做好了预案,并在事件发生时能够迅速付诸实施的物流活动。

在我国的应急管理总体预案中,将突发事件划分为自然灾害、事故灾难、公共卫生事件和社会安全事件四大类,这四个类型事件相互之间都存在着交叉现象。具体来说,事故灾难事件同时也可以是社会安全事件,而一个公共卫生事件也完全可能是一次自然灾害带来的事件,如病毒传播、水灾后的瘟疫等。

(二)应急物流的特点

与普通物流进行比较分析,应急物流可以概括出以下四个方面的特点。

1. 突发性

由突发事件引起,最显著的特点是突然性和不可预知性。应急物流对时效性的要求是非常高的,必须在最短时间内,以最安全、最有效的方式把应急物资送往突发事件发生地。

2. 不确定性

应急物流的不确定性源自突发事件的不确定性。由于无法准确预测突发事件的持续时间、影响范围等,使得应急物资也具有不确定性。例如,2008年南方雪灾发生初期,政府对铁路、高速公路何时能恢复正常运行,滞留旅客的数量等都无法准确把握。

3. 非常规性

应急物流本着特事特办的原则,省去很多中间环节,使整个物流系统看上去十分紧凑,具有明显的非常规性。例如,2008年汶川地震发生后,中央迅速成立了应急指挥中心,确保救灾物资能及时、准确地送达目的地。

4. 弱经济性

应急物流一般只考虑物流的效率,甚至有时会成为纯粹的消耗行为。

(三)应急物流的性质

应急物流的"应急"二字本身带有一定的军事色彩,但应急物流并不能等同于军事物流。军事物流的指令性较强,尤其是在战争爆发时,始终把军事利益放在第一位。而应急物流系统则是应该以社会利益为主,服务对象是受灾地区的人民。

应急物流一般具有突发性、弱经济性、不确定性和非常规性等特点,多数情况下通过物流效率实现其物流效益;而普通物流既强调效率,又强调效益。目前中国的应急物流已具备自己独有的属性,其表现为政府高度重视,企业积极参与;军民携手合作,军队突击力强;平时有准备、预案演练到位等方面。

(四)应急物流产生的背景

尽管当今世界的科技高度发达,但突发性自然灾害、公共卫生事件等"天灾",决策失误、恐怖主义、地区性军事冲突等"人祸"仍时有发生,这些事件有的难以预测和预报,有的即使可以预报,但由于预报时间与发生时间相隔太短,应对的物资、人员、资金也难以实现其时间效应和空间效应。

从宏观的层面上看,从中国唐山大地震到美国"9·11"事件,从SARS、禽流感到新型冠状病毒感染的肺炎疫情,人们在突发事件面前表现出的被动局面均暴露出应急机制、法律法规、物资准备等多方面的不足。中国属于自然灾害高发国家，公共卫生设施、国家处突的经验等方面均存在着诸多亟待改进的地方，急需对应急物流的内涵、规律、机制、实现途径等方面进行研究，建立起完备的国家应急管理体系。

从微观层面上看，一方面，由于企业决策所需的信息不完备以及决策者的素质限制等，任何决策者都无法确保所有决策均正确无误；另一方面，因应急事件的发生而导致道路阻断等使货物在途时间延长、交货期延长，因信息传递错误而导致货到而不能及时提取等问题也会产生应急需求，企业同样迫切需要制定预案，对不可抗拒的和人为造成的紧急状况进行有效防范，将应对成本降到最低，从而建立起微观层面的应急管理体系。

二、应急物流的发展前景

自然灾害、公共卫生事件等给人类造成的重大打击，信息的不完备而导致决策者的失误，由国际环境复杂化而引起的供应链复杂化和冗长，为维护消费者权益而实行的召回政策等都促使物流体系中一个新的门类——应急物流的产生。

美国学者在这方面的研究起步较早。最初，应急物流是与军事物流联系在一起的，第二次世界大战结束后，美国许多学者研究了美国在战争中的后勤供给，并提出了自己的见解，如 Ruppenthal、Roland G、Gaviggia John、Max Hermansen 等。但在中国，真正引起学术界重视的是因为 2003 年 SARS 疫情的突袭。这次事故带来的巨大损失使我们意识到长期形成的物流定式和以单纯追求经济效益最大化为物流驱动力的物流模式不利于应急物流的实现，由此展开了对应急物流系统地研究。

事实上，应急物流在生活中随处可见。对国家而言，战时的后勤物资供应、2008 年的北京奥运会、2010 年的上海市博会等；对社会而言，每年的春运、旅游黄金周等；对企业而言，销售高峰期、决策者失误等也都会带来应急物流的需求，如四川百事可乐公司从元旦到春节约一个月的销售量占全年销售总量的 15%，是全年销售的最高峰。但是在理论研究上，由于应急物流发展的历史还很短，所以还没有一个统一的应急模式，而且由于世界发展的不确定性，突发性因素导致的以追求时间效益最大化和灾害损失最小化为目的的特种物流活动必将有所发展。

应急物流是在传统的物流体系受到突发事件的冲击后，因为需求突变而产生的储备不足、运输能力有限、原材料短缺等问题最终导致失稳的背景下产生的。从已有研究的基础上，应综合应急管理、危机管理、现代物流和供应链管理等学科知识，为构建全面的应急物流体系做出更进一步的探讨。

应完善应急物流的内涵；考察突发事件中的不确定性因素，建立应急物流风险分析模型；随着应急物资供应和配送的不确定性因素不断增多，复杂性程度不断加深，加强对应急物资的有效管理是研究的重点和难点；在保障应急物流“应急”需要的基础上，为防止资源地浪费，最大限度地降低社会成本，探索政府与市场有效的合作与协调机制，使应急物流系统凸显其灵活性；为确保抗灾的持续性和彻底性，在考虑构建应急物流体系时，要整合逆向物流，形成完整的应急物流供应链系统；针对公共领域的应急物流，由于其本身的一次性和临时性等特点，以及实践基础薄弱的现状，可以通过分析针对企业，特别是规模庞大的跨国公司的应急物流的实践模式，为其提供宝贵的经验。

应急物流从概念的提出至今,时间并不长,但因其对社会的重大意义,研究的广度和深度不断加大。国内外对应急物流的内涵、规律、保障机制、实现途径等方面都进行了深入的研究,但同时,针对突发事件发生时应急物流方案选择的问题却未见专门研究,而在突发事件发生时快速地从众多预案中选取一个最佳方案又是应急物流中的一个极其重要的方面。

知识拓展

应急物流方案选择过程

对应急物流预案选择工作仔细分析,可以将预案选择看作一个决策,其决策目标为选择最适宜的应急方案。影响决策的因素有两个:物流服务与物流成本。其中物流服务体现在三个方面,即准时性、安全性和缺损率;物流成本包括两部分,即经济成本和社会环境成本。这样,预案选择便是一个典型的多目标决策问题,于是可以应用解决多目标决策问题的典型方法——AHP(analytic hierarchy process,层次分析)法来完成方案选择工作。

三、我国应急物流管理的现状及改进措施

(一) 我国应急物流管理的现状

2003年SARS疫情、2008年汶川地震以及2020年新冠病毒肺炎疫情发生后,我国政府立即启动应急方案,政府均参与指挥社会各大系统投入抗震救灾、阻断疫情传播等工作,协调各个部门的相互运作,确保了救灾工作的顺利进行,但同时也暴露出我国应急物流的不足之处。

1. 应急物流预案体系不够完善且应急保障工作滞后

各级政府、部门都有应急预案,但互不衔接,职能交叉、应急空白区较多,未形成完善的应急预案体系。分散管理现状导致信息传递不畅,物资调度困难,应急保障成本较高,一些临时应急指挥机构成员缺乏应急保障的专业训练,指挥不当,工作效率受到一定影响。

2. 应急采购制度不健全且采购质量难以保证

由于应急采购活动的临时性、紧迫性和采购物资种类的不确定性,应急采购一般无法按正常采购程序实施,采购部门必须在短时间内进行筛选,做出决策,但往往由于信息不对称,很难制订出科学性的采购方案,在采购管理监督等方面存在一定的制度漏洞。

3. 救灾物资储备布局不合理且物资储备量少

国家级救灾物资储备仓库主要分布在中东部,难以对西部重大灾害实施快速响应,加之仓库数量较少,很难保证物资调运24小时到位的应急目标。同时,储备物资品种单一,多年来鲜有变化,仓库管理及物流设备比较落后,物资装卸搬运机械化水平较低。

4. 运输组织衔接不畅且运输成本较高

地方政府只了解本辖区内交通基础设施和运输工具的基本情况,与外部运输方式间缺乏应急演练,应急运输专业队伍数量较少,一旦出现应急物流需求,往往因为衔接不畅延误时机。各种应急物资的运输相互分割严重,造成人员和资金的严重浪费。

5. 配送环节物资供需信息传递渠道不通畅

配送环节物资供需信息传递渠道不通畅主要表现为多方管理、信息报送延迟或内容重复等。我国应急物资的很大一部分来自捐赠，由于信息传递不畅，社会捐助物资很容易出现种类、时间上的配送供需矛盾，往往在应急响应初期形成救援真空，而在后期需求饱和后，救援物资仍源源不断地配送。

6. 应急物流信息化程度较低

信息传递失真，缺乏统一的应急物流信息共享和发布平台，应急指挥机构无法准确掌握突发事件的详细资料及应急物流的运作情况，造成分析判断不准确。

（二）我国应急物流管理实施措施

1. 成立专业的应急物流指挥机构

在各种突发性自然灾害或突发事件的紧急状态下产生了应急物流需求，必然要求政府建立相应的指挥机构和运作系统，对各种国际、国内资源进行有效协调和调用，及时提出解决应急事件的措施或指示。各级政府必须根据各地实际情况，制定科学合理的应急预案并加以完善，建立一个常设的、专业的应急物流指挥中心，对应急物流的建设进行全面指导。

2. 建立准确可靠的信息情报管理系统

应急物流信息情报管理系统的建设工作是重中之重，应急指挥中心能否在突发性的自然灾害和公共事件中发挥应有的作用，全在于该系统的准确与可靠性。同时，应加强公共信息的共享与沟通，对所有的信息进行一元化管理，促进机构间的协作和信息沟通。

3. 运用先进科学技术和手段提高装备技术水平

我国很多地方还存在减灾装备和储备物资技术水平落后的局面，应急物流系统的建设应强调先进技术和手段的运用，大力提高抢险手段的机械化水平和隐患探测手段。提高重大风险的应变能力，加强对外交流，引进国外先进的科技和设备，提高防灾减灾工程建设水平。

4. 完善应急物流通道建设

在发生突发性灾害和公共卫生事件时期，建立地区间的、国家间的“紧急通道”机制，即建立并开通一条或者多条应急保障专用通道，有效地简化作业程序和提高运输速度，从而形成多维立体高效的运输网络，让应急物资、抢险救灾人员及时到达受灾地区，从而提高应急物流效率，极大限度地减少生命财产损失。

5. 全面提升应急物流运作能力

应急物流运作过程中，应在灾区附近或灾区内部建立应急物流配送中心，物资经由外部运入之后，经过配送中心必要的作业，然后运往各个需求点，这样可以优化整个应急供应链的流程。另外，通过对物资进行暂时储存分拣，还可以实现共同配送，防止道路过于拥堵，从而提高运送效率。

6. 加强应急物资储备体系建设

应合理增加仓储基地，结合外界自然环境对其布局进行合理化设置。应急物资的来源一般有国家储备、政府采购和社会捐赠，其中早期以国家储备为主，但许多基本生活物资和医疗卫生物资不适宜进行大规模的储备，故应急储备可采取实物储备和合同储备相结合的方式,避免紧缺物资大幅涨价。

7. 加强应急物流知识普及和预案演练

应在平时加强对民众应急物流知识的普及和宣传教育,让民众了解应急物流的重要性、基本知识和应急方法。尤其要加强应急预案演练工作,以使应急物流人员能够应对危机,明确职责,同时通过演练可以对应急预案进行查缺补漏,使其得到不断的丰富和完善。

应急预案可以分为企业预案和政府预案,企业预案由企业根据自身情况制定,由企业负责;政府预案由政府组织制定,由相应级别的政府负责。根据事故影响范围不同可以将预案分为现场预案和场外预案,现场预案又可以分为不同等级,如车间级、工厂级等;而场外预案按事故影响范围的不同,又可以分为区县级、地市级、省级、区域级和国家级。

四、救灾安全应急物流系统的构建

(一) 救灾安全应急物流系统的含义及构成要素

1. 救灾安全应急物流系统的含义

物流系统是指在一定的时间和空间里,由所需位移的物资、包装设备、装卸搬运机械、运输工具、仓储设施、人员和通信联系等若干相互制约的动态要素所构成的具有特定功能的有机整体。物流系统的组成要素主要包括流体、载体、流向、流速、流量、流程六个方面。救灾安全应急物流系统是指为了完成突发性的物流需求,由各个物流元素、物流环节、物流实体组成的相互联系、相互协调、相互作用的有机整体。

2. 救灾安全应急物流系统的构成要素

救灾安全应急物流系统的应急物流系统的基本构成要素主要包括应急物流组织机构子系统、应急物资子系统、应急物流设施设备子系统、应急物流专业人员子系统、应急物流信息管理子系统、应急物流理论技术子系统、应急物流政策法规子系统。这是构成救灾安全应急物流系统的基础要素,也是救灾安全应急物流系统建设的着力点。这些基础要素将会形成救灾安全应急物流运作所必需的基础环境和协调、评价、监督、竞争、激励、补偿等应急运作机制。有了良好的应急物流运作基础和运行机制,应急物流的主要功能才能得以实现。

(二) 救灾安全应急物流系统的设计原则

救灾安全应急物流系统的目标就是以最短的时间、尽可能以低的成本获得所需要的应急物资,以适当的运输工具把应急物资在适当的时间运送到适当的需求地,并以适当的方式分发到需求者手中。救灾安全应急物流系统运作流程如图 9-3 所示。

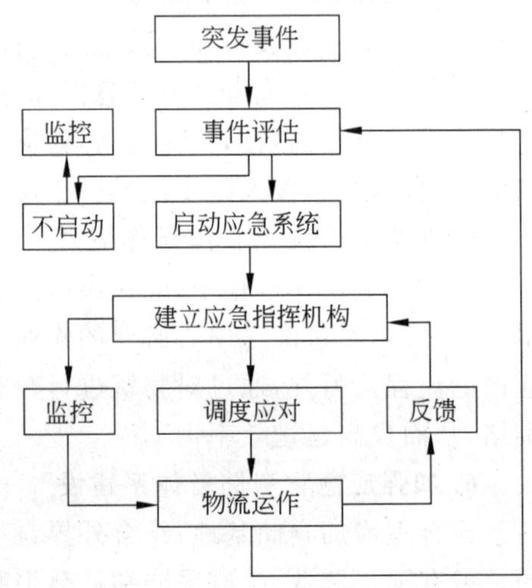

图 9-3 救灾安全应急物流系统运作流程

救灾安全应急物流的特点决定了救灾安全应急物流系统具有特殊的设计原则。

1. 救灾安全应急物流系统的事前防范与事后应急相结合

救灾安全应急物流需求的事后选择性决定了一个高效率的应急物资信息系统和应急运输工具信息系统应该成为救灾安全应急物流系统的组成部分。在突发事件爆发前，建立全国范围的以应急物资和应急运输工具为主题的大型信息系统或数据仓库，对于突发事件暴发后，救灾安全应急物流系统的高效运转具有重要意义。

2. 时间效率重于经济效益

应急物流的突发性、流量不均衡性和时间约束的紧迫性决定了在救灾安全应急物流系统的设计中，时间效率重于经济效益。救灾安全应急物流系统要对应急物资的采购机制、运送机制进行设计，对各种运载工具的运输能力、运输路径和运送方案进行比较，并给出满意的方案。

3. 市场机制与行政机制、法律机制并存

应急物流多是针对突发性的、灾难性的自然或社会公共危害而进行的物流活动，是整个社会公众或社会公众的一部分，所以在救灾安全应急物流系统的设计中不仅依靠市场机制，更要依靠行政机制和法律机制。

（三）救灾安全应急物流系统的运作流程

根据救灾安全应急物流系统构成要素和特性分析，可以将救灾安全应急物流系统设定为以下四个环节：应急物流协调指挥中心、物资供给端、物流中心以及物资需求端，各个环节间实现信息的双向传递，实时回馈信息，将物资供给者所提供的物资加工分类后配送到受灾区。

1. 应急物流指挥中心

建立救灾安全应急物流系统，首先必须是立即成立应急物流指挥中心，统筹指挥做好救援物资的筹集、运输、调度、配送等工作。应急物流指挥中心本身并不进行物资采购、储存、运输等具体的业务，它主要负责根据收集来的信息，对各加盟物流中心的物资采购、储备、运输等方面进行了指导工作，使整个应急体系高效有序地运转。

2. 物资供应端

企业物流的供应部门一般有固定的合作厂商、固定的上游原料供货商；应急物流则不同，除了备用的应急物资储备外，物资的供应端是多元且杂乱的。如果物资未加以整合分类就直接往灾区运送，将会造成物资的浪费，配送低效率与物资重复运送等问题均可能会产生。因此，如何对供应端进行统筹集结或直接指派是应急物资供应端管理中的一个重要课题。

3. 物流中心

物流中心的功能类似于普通物流的配送中心，主要是将供给端送来的物资在进行分拣、加工、包装等处理后分别送到各个需求点，减少了物资再度转运、装卸的人力与时间成本，提高应急物资从物流中心到灾区灾民手中的输送效率问题。

物流中心应该是一个功能强大、适应性强、反应灵敏的信息网络中心，它由众多的普通商业物流中心、企业加盟而成，可以根据灾情灵活抽调各加盟物流中心组成的一个保障体系，保障体系可大可小。如果遇上“非典”这种全国性的灾害，还可以将多个地区性的应急物流中心联网,组成一个区域性、全国性的应急物流体系,实施应急保障,从而使整个应急物流系统有序、高效、实时、精确。

4. 物资需求端

灾害发生时造成的混乱让信息流通不畅,在第一时间内也许无法得到需求详细的信息,因而必须通过事前的资料收集,针对灾害发生区的地理特性、人口分布、人口结构等相关特性进行分析,预测物资需求量。同时,随着救援活动的进行,物资需求端会逐渐恢复本身应有的机能,对应急物资需求的急迫性以及需求量会不断变化,应当及时进行信息反馈,关注需求的变化。

应急物流在我国尚属一个新兴概念,我国应急物流系统还很不完善,需要加强对应急物流系统的理论与实践研究,不断完善应急物流系统理论,积极地学习先进国家的经验,尽早建立高效、快速的应急物流系统。

拓展阅读

新型冠状病毒肺炎重大疫情给应急物流系统建设的启示

随着新型冠状病毒引起的重大疫情的不断加剧,湖北红十字会对捐赠物资的处理成为了广大群众关注的焦点,武汉九州通医药物流中心成功承接红十字会捐赠物资的管理已成为热议的新闻。实践是检验真理的唯一标准,这次疫情也给我国的应急物流建设,尤其是应急物流中心建设提供了难能可贵的启示。

应急物流的特点,一是急;二是乱。"急"好理解,时间就是生命,耽误一天,甚至耽误一个小时,都会造成巨大的生命财产损失。"乱"也好理解,有两个方面,一方面是地点无法预设、方向无法预设、规模无法预设、环境无法预设;另一方面是物资乱,品类多、数量小、需求及储存环境都难以预设。这给应急物流的建设、运营、管理均带来了很大的困难。本次新型冠状病毒肺炎疫情中红十字会接受物资就充分说明了这一点。

一、业务层面的需求

从业务上来说,首先是信息系统非常重要。物资接收部门(如红十字会、慈善总会或其他慈善机构)要有收集和发布物资需求的平台,第一时间收集灾区对物资的需求,包括品规、数量等,使得捐赠单位和个人有一个准确的方向,避免盲目。信息经过权威媒体发布后,会得到社会的广泛要求而且准确的响应。

此后就是组织物流,如何将物资从四面八方送达物流中心,一般情况下,该任务应由位于不同区域的多个配送中心承担。这与我们熟知的物流过程其实是一样的。从国家层面来说,还有一部分属于应急储备,这类物资如何统计、如何分配、如何送达灾区,也是非常重要的部分。货物被送达物流中心后,首先是清理、登记、组盘、入库。根据物资的不同,有多种业务流程,有的会通过直配直接送到需求部门(如医院);有的会有一定的储存时间,然后根据需求进行分拣和配送,其过程与普通的物流分拣配送是一致的。

最终用户(如医院)对物资的需求会形成订单。系统要有判断订单合理性的能力。因此,引入大数据和AI技术是必要的,应防止过度需求对正常需求产生的影响,物资分配要建立分配模型,而模型的建立需要有人工的干预。要知道,在灾难面前,物资永远是紧缺的,因此,逐步满足订单需求是一个重要的分配原则,在普通物流配送中心也经常应用这一原则。

在此过程中,信息系统一直扮演着非常重要的角色。数据的透明决定了决策的科学透明,这是信息系统建设的关键。本次武汉红十字会在处理捐赠物资时一开始非常被动,这与缺乏科学的管理是分不开的。这一教训不可谓不深刻。

二、管理和执行层面的需求

应急物流的特点是平时不急,战时紧急,这就给物流管理带来了很大挑战。如果平时不用,系统得不到有效维护,人员得不到锻炼,人员配置又不合理,真正到了要用的时候,根本无法解决问题。针对这一情况,结合中央军委提出的“平战结合”的物流建设理念,采用军民共建是一个比较好的解决方案。

物流中心的管理,第一是信息系统问题,第二是场地和设备问题,第三则是人力资源问题,三者缺一不可。而最难的是人力资源,由于需要培训和熟悉业务,很难在仓促间组建一支高效的队伍,必须依赖平时的组织和培训,以及反复地磨合,才能达到要求。这是应急物流系统所面临的巨大挑战。而采用军民结合方式的巨大优势是可以有效完成人力资源的整合。在平时,这支队伍可以执行公司日常的业务,但一旦转化为应急工况,所有的操作和管理都可以按部就班地进行。

具体操作上,以省、直辖市为单位采用军民结合的模式,由国家出资建设物流中心。平时租用给签约单位使用,一旦出现需求,则可以转为应急使用。人才的培养必须按照实际要求进行,应具备相应的技能,并处于第一线的工作状态。比较难以处理的是,一个物流中心在转换用途时,如何终止日常业务将是一个比较大的难题。

应急物流系统的管理要有其独特之处。无论采用自动化立体库系统还是传统的平面库,物流配送中心必须要有严格的货位管理功能。我们看到这次疫情中,由于货物太多,堆放杂乱,根本不知道有什么物资,有多少,更为糟糕的是即使知道有这个物资,也不知道在哪里。货位管理本来是物流管理中的一个最基础的问题,可是由于没有配套的系统作为支撑,结果导致一片混乱。

三、技术层面的需求

物流的精髓在于货物能够有序地收进来和及时地发出去,对应急物流更是如此。若是在平时,时间因素还不是如此紧迫;在非常时期,时间因素是排在第一位的。如何做到准时又准确,这就是技术层面要解决的重大问题。

(一) 系统的适应性

系统的概念很宽泛,不仅包括信息系统、整个供应链系统,还包括物流配送中心本身。物流系统的适应性是指当业务从日常模式切换到紧急模式时,系统是支持的,甚至是平滑过渡的。我们知道,紧急模式所面对的情况和日常情况有许多不同,如订单信息的来源不同、订单的准确性不同,但不能因为送货出现差异而拒收或订单不能满足需求而放弃,这些在日常情况下的处理原则应当做相应的改变。

(二) 仓库设备与设施的适应性

一个仓库的设计总会有一定的目标,完全通用的仓库几乎是不存在的。这就给大家带来了一个重大难题,仓库是否能够适应紧急状态下业务的要求?关于这一点,从目前来看,只能从以下三方面考虑。

(1) 标准化和模块化。标准化具体体现在仓库设计的几个方面,包括站台、停车场、建筑模数以及各种设备,如托盘、货架、提升机(电梯)、堆垛机、输送机、AGV等。首先最基础的是托盘的标准化。

(2) 柔性化。柔性化对于应急物流来说是必要的。柔性化的内容很多,对仓库来说,柔性化就是仓库适应外部业务变化的能力。它与刚性是对立的,从设备选型上看,选择适应强的设备会具有更高的柔性,如AGV、KIVA等,就是一种柔性很高的设备。应急物流还有一个特点,就是业务量的突增,这时,柔性设备的快速部署能力就会显示其巨大的优势。

(3) 自动化和无人化问题。很多人认为,应急物流系统的建设应该是低自动化的,因为自动化不安全、适应性差。诚然,这一思想有其合理的一部分,但笔者认为,自动化在提高响应时间、提高作业和存储效率、提高作业的准确性方面都是人力所无法比拟的,而系统的故障概率可以通过备份等多种手段降低到可以接受的程度。物流的未来是属于自动化和无人化的,我们不能因噎废食,自缚手脚。传统的作业方式尽管非常安全,但效率低是其致命的弱点,与应急物流的根本目标背道而驰。当然,其作为一种备份和辅助手段是必要的,因为的确不是每一项工作都适合于自动化作业。

资料来源:伍强科技网新闻中心资料汇编.

第四节 回收物流

一、回收物流的内涵

(一) 回收物流的含义

在生产和消费过程中的物质,由于变质、损坏或使用寿命结束而失去了使用价值,这些排放物一部分可回收并再生利用,称为再生资源,形成回收物流;另一部分在循环利用过程中基本或完全丧失了使用价值,形成无法再利用的最终排泄物,即废弃物,废弃物经过处理后,返回自然界,形成废弃物流。回收物流与废弃物流都属于逆向物流。

回收物流就是指不合格的物品的返修、退货以及周转使用的包装容器,从需方返回到供方所形成的物品实体流动。如果回收物品处理不当,往往会影响整个生产环境,甚至影响产品的质量,导致占用很大空间,造成浪费。回收逆向物流是指将最终顾客所持有的废旧物品回收到供应链上的各节点企业,它包括五种物资流:直接再售产品流、再加工产品流、再加工零部件流、报废产品流、报废零部件流。

(二) 回收物流的特点

回收物流的特点概括起来有以下四个方面。

1. 回收物流的种类繁多

回收物流涉及物资流通的各个行业和各个环节,并且每种行业都有其自身的物品项,每个环节都会产生不同形态、不同规格的废旧物、边角料等,这些是由企业类型的多样性、流通环节的复杂性、生产工序的差异性等因素决定的。

2. 回收物流的数量大

回收物流的数量大不仅体现在社会回收物料的总量上，许多物料单独处理的数量也非常庞大，这就决定了物料回收物流要消耗很大的物化劳动及活劳动，需要有一个庞大的物流系统来支撑。

3. 回收物流的运作粗放

由于回收物流的对象绝大部分是低价值甚至没有价值的物品，一般经过一次生产或消费之后，主要使用价值已耗尽，因此在纯度、精度、质量、外观等方面都很差，这就决定了采取粗放的物流方式来处理这些回收物料。

4. 回收物流的路线较短

除了极特殊的情况，回收物流都需要用远程物流来支持，大部分情况下回收物流路程都很短。物流费用承受能力低、数量大、主要使用价值已经实现等因素都决定了回收物流的就地利用性质，因而其物流路程不会太长。

（三）回收物流的原则

1. 事前防范重于事后处理原则

回收物流实施过程中的基本原则是事前防范重于事后处理，即"预防为主、防治结合"。因为对回收的各种物料进行处理往往会给企业带来许多额外的经济损失，这势必增加供应链的总物流成本，与物流管理的总目标相违背。

2. 绿色原则（5R原则）

绿色原则即将环境保护的思想观念融入企业物流管理过程中，这一思想即为5R（研究（research）、重复使用（reuse）、减量化（reduce）、再循环（recycle）、挽救（rescue））原则。

3. 效益原则

现代物流涉及了经济与生态环境两大系统，理所当然地成为经济效益与生态环境效益之间彼此联系的桥梁。

4. 信息化原则

回收物流具有较强的不确定性，但通过信息技术的应用（如使用条形码技术、GPS技术、EDI技术等），可以帮助企业大大提高回收物流系统的效率和效益。

5. 法制化原则

由于人们以往对回收物流的关注较少，因此市场自发产生的回收物流活动难免带有盲目性和无序化的特点，急需政府制定相应的法律法规来引导和约束它们。

小贴士

国外有关回收物流的法律主要有三个特征：较早开始、渐进深入、全面实施。

6. 社会化原则

从本质上来说，社会物流的发展是由社会生产的发展带动的，当企业物流管理达到一定水平时，对社会物流服务就会提出更高的数量和质量要求。企业回收物流的有效实施离不开社会物流的发展，更离不开公众的积极参与。

二、回收物流的要点

构建高效的回收物流系统,以便对回收物品进行科学合理的处理是回收物流管理的重要基础。回收物流系统的业务活动应包括对废品或过期产品的收集、预处理、再处理、产品再循环、产品再分配、废弃物的报废处理等过程。为保证回收系统的有效运作,尽可能地回收其中有价值的产品,有效地进行回收物流的管理是十分重要的。

(一) 加强废弃物的回收力度

据测算,目前我国可以回收而没有回收利用的再生资源价值达300亿~350亿元。每年约有500万吨左右的废钢铁、20多万吨废有色金属、1400万吨废纸及大量的废塑料、废玻璃等没有被回收利用。所以,要做好回收物流工作,首先要加大回收的数量和品种。

(二) 提高检验分拆技术

为充分利用废弃物,尽最大可能从其中回收有用的价值,提高检验分拆技术是十分重要的。

(三) 改进产品的设计以利于回收分拆

目前国外一些生产企业,为使产品回收分拆再利用的可能性增大,在产品设计过程中就考虑到产品拆解的容易程度,尽可能采用易于回收和有利于环境的原材料生产产品。

(四) 提高回收物流处置技术

回收物流处置技术问题已成为限制我国回收物流发展的瓶颈,只有开发出先进环保的回收技术,中国的回收物流才会有长足的进步。一般来说,回收物流处理技术可以简单概括为以下六种技术。

1. 原厂复用技术

原厂复用技术是指原厂家产生的废旧物品由原厂家回收后进行分类后重复使用的技术。钢铁厂的废旧钢铁回收再利用就是一个典型的例子。

2. 通用回收复用技术

通用回收复用技术就是将通用化、标准化的同类废旧产品统一回收,然后按照品种、规格、型号进行分类,达到复用标准后进行通用的技术。

3. 外厂代用复用技术

外厂代用复用技术是指将本厂过时性、生产转户及规格不符的废旧物品由外厂统一回收并且按降低规格、型号、等级分类或按代用品分类,然后由外厂验收、外厂复用的技术。

4. 加工改制复用技术

加工改制复用技术是指将需改制的废旧物品统一回收,然后按规格、尺寸、品种分类,经过拼接、验收后复用的技术。

5. 综合利用技术

综合利用技术是指将工业生产的边角余料、废旧纸、木材包装容器统一回收,采用综合利用技术进行处理,处理完毕后验收复用的技术。

6. 回炉复用技术

回炉复用技术是指将需回炉加工的破旧物品统一回收，然后由各专业生产厂进行再生产性的工艺加工，重新制造原物品后验收复用的技术。

三、再生资源回收物流管理

（一）再生资源回收物流的含义

在人类的生产、流通和消费过程中，必然会产生各种排放物（或称废料），其中可回收再生利用的部分称为再生资源，基本上或完全失去再利用价值的废料称为废弃物。当然，这二者之间的界限在现实生活中并非泾渭分明，由于科学技术的进步和生产工艺的改进，它们之间会相互转化。

我国《再生资源回收管理办法》中所称的再生资源，是指在社会生产和生活消费过程中产生的，已经失去原有全部或部分使用价值，经过回收、加工处理，能够使其重新获得使用价值的各种废弃物。再生资源回收利用包括再生资源的收购、挑选分拣、鉴别分类、打包压块、破碎、解体等初级加工，熔炼、分解、再制等深加工，以及再生资源的储存和运输等内容，这些也就形成了再生资源物流，是融商流、物流、信息流和资金流以及生产加工为一体的活动。

（二）组织再生资源回收物流的意义

随着工业化进程的迅速发展和世界人口的急剧增加，相对于人类的无限欲望而言，无论何种资源都是极为稀缺的，更何况工业化带来的环境污染和资源破坏使许多人类赖以生存的自然资源濒临枯竭的命运，这也使得组织再生资源回收物流具有重要意义。

1. 使社会资源量相对增加

资源总是有限的，回收利用再生资源相当于利用了社会资源的潜在资源，从而可以在一定程度上缓解资源的紧张状况。

2. 提高经济效益

回收利用再生资源比原始性开发资源具有更高的经济效益。钢材要经过采矿、炼铁、炼钢等复杂的过程方能成材，如果用废钢代替生铁炼钢，不仅可以节约找矿、采矿、炼铁等一系列生产所耗费的支出，而且冶炼的钢材质量比生铁原料质量要好。

3. 可以节约能源

用废钢铁炼钢比用铁矿石炼钢可节约用煤 75%，节约用水 40%，节约矿石消耗 95%；用 1 吨废纸可造新纸 800 千克，可节煤 500 千克，节电 500 千瓦。总之，利用再生资源既可以节约开采资源过程中的能源消耗，又可以节约资源生产过程中的能源消耗。

4. 减少资源废弃时对环境的破坏污染

“三废”污染对我国每年造成的经济损失超过 500 亿元。通过回收利用废旧物料，可以大大减少废旧物料对环境的破坏。据美国工业部门统计，利用废旧物料进行生产，可使一些生产造成的空气污染减少 60%～80%，水污染减少 70%以上。

5. 有利于加快工业化发展的步伐

组织再生资源回收物流，可以缩短产品的制造周期和生产提前期，为企业赢得竞争优势,也有利于加快工业化发展的步伐。例如,利用废钢铁炼钢,可以节约铁矿石、石灰石等材料的生产时间和运输时间,从而提高生产效率。

6. 带动地方经济的发展

再生资源产业是典型的劳动密集型产业,可提供大量就业机会,即使在发达国家,旧物拆卸和分类的部分工作也是由手工完成。我国"长三角"地区和"珠三角"地区有很多废物回收和拆解企业,这些企业不仅吸收了大量劳动力就业,也促进了地方经济的发展和社会稳定。

总之,发展再生资源产业,对于提高我国资源利用效率、实现节能降耗减排目标、减轻资源约束和环境污染压力,对于提供就业机会、带动地方经济发展、推进资源节约型和环境友好型社会的建设均产生了积极影响。

(三) 加强再生资源回收物流管理的措施

1. 加快法规和标准建设

再生资源回收管理涉及多个部门,行业管理基础较差,经营秩序混乱,迫切需要出台调控力度较强的法律法规,以加强行业管理。应借鉴发达国家的经验,着手制定绿色消费和资源循环再生利用等方面的法律法规;建立健全的各类再生资源回收制度,明确各类再生资源的回收主体,制定并充分利用再生资源的鼓励政策,在税收和投资等环节中对再生资源回收采取激励措施。

小贴士

消费者从一定程度上影响着制造企业在原料选择和生产方式中的取向,如果对消费者的购物意向能进行合理的引导,也是使我国回收物流趋于合理化的有效途径。为提高废弃物的回收活性,消费者还可采用正确的废弃物分类,一方面可增加资源的复生效率;另一方面也可以减少废弃物对于环境的污染。

2. 加强国际交流与合作

一方面要引进并吸收国外的新工艺、新技术、新设备,促进我国再生资源回收企业的技术进步,提高资源利用率;另一方面也要制定相关优惠措施,加大招商引资的力度,积极引导外商向再生资源行业投资,鼓励外商到中国投资建立再生资源加工处理中心。

3. 给予再生资源回收行业的政策扶持

目前我国对再生资源回收企业免征增值税的政策只能维持住企业的生存,不能解决行业的发展问题,应加大公共财政对再生资源回收利用的支持力度,并在信贷等方面给予必要的支持,支持一些经营好、符合上市条件的物资回收企业上市,为企业直接融资创造条件,对再生资源回收方面的示范项目优先安排技改投资,缓解开发的资金压力。

4. 规范再生资源回收加工网络体系

再生资源回收行业是具有社会公益性质的行业,其随着社会的不断发展而日趋重要,应当作为特殊行业来管理,并纳入国民经济发展纲要、城市建设整体规划和城市商业网点规划,按照方便、卫生、规范、有序和可持续发展的原则,建立城市回收网络体系。

5. 加强宣传教育

要加大对再生资源回收和利用重要性的宣传力度，将有关再生资源回收利用的知识列入中、小学教育课本，让循环经济在下一代的思想中根深蒂固；在大中专院校培养专业技术人才；加强对从业人员的培训，提高从业人员的素质；通过举办各种形式的宣传教育活动，来提高全社会节约资源、保护环境的意识。

6. 深入研究再生资源回收物流的发展方向

制定更加合理的再生资源回收物流的组织方法，发展再生资源的第三方物流，促进共同物流的发展。

一、填空题

1. 供应链管理环境下物流管理具备________、________、________、________、________的特点。

2. 供应链管理的主要方法有________和________。

3. 绿色物流体系的建立包括________、________、________、________和________五个方面。

4. 与普通物流进行比较分析，应急物流可以概括出________、________、________、________等几个方面的特点。

二、简答题

1. 简要说明供应链的内涵。

2. 企业实施快速反应必须要做好哪些准备？

3. 简述绿色物流包括的内容。

4. 简要描述报关的具体程序。

三、论述题

1. 论述物流管理与供应链管理的关系。

2. 结合某地区社会经济发展的实际，论述我国发展绿色物流的现实意义。

3. 结合实例论述应急物流系统的构建。

延伸阅读

长久物流应用物联网打造物流新业态

北京长久物流股份有限公司（以下简称长久物流）系吉林省长久实业集团有限公司核心子公司，总部设立在北京。公司涵盖汽车供应链中的整车物流、零部件物流、国际物流、多式联运及供应链金融业务，提供汽车行业专业的物流规划、运输、仓储、配送等相关服务。随着服务链条变长，物联网技术无处不在，物联网技术并不是孤立的，而是叠加机器学习和人工智能、机器视觉、实时计算、柔性自动化、区块链等技术形成物流行业的巨大商业价值的技术。长久物流深知在这个时代就要去适应它,否则必将淘汰。长久物流结合自身业务发展和行业经验,大胆创新,在创新中勇于实践,自主研发位置服务平台,加快物流要素全面连接,融合发展。

一、项目介绍

2018年长久物流结合业务需要,自主研发完成了位置服务平台,并成功上线运营,成为行业领先拥有位置服务平台的汽车物流公司。位置服务平台将AI与IoT结合,应用EDI、GPS、RFID、GIS、大数据等信息技术,采集多维物流运输在途数据,基于驾驶员、运输工具、道路三个维度和疲劳驾驶、超速、车道偏离等38个危险场景来进行智能风险预警,实现对物流运输过程中的异常识别和自动处理。

(1) 平台智能化自主决策。通过车载终端把温度传感器、GIS、识别卡等传感器数据汇聚,通过网络传回至平台后,系统进行数据分析,实现运输信息实时畅享,业务数字化实现物流运输全过程透明可追溯。平台以数据驱动决策与执行,基于全局优化的智能算法,调度整个物流系统中各参与方高效分工协作。

(2) 互联互通数据驱动。平台与各个业务系统对接,加强对信息数据的挖掘利用,充分发挥出各项信息资源和物资的作用,实现整个物流生态的"智慧"驱动,使货主可以预测订单晚发/晚到预警提醒。货主收到订单后,根据车辆实时位置监控、站点信息、车速、距离、历史数据等各个维度进行晚发/晚到风险计算,并及时提醒给管理人员进行干预,从业务交付的视角实现先知先觉。

(3) 深度协同高效执行。平台对外提供车辆共享服务,能将本单位的运力共享给需要的机构,反之机构能将车辆闲置运力共享出来。其功能包含共享出的车辆管理和收到共享车辆的管理。共享出车辆功能包含新增共享车辆、批量共享、共享机构和共享期限等。创新思维和先进技术的应用使物流过程变得智能,物流环节变得更加高效简单,减少了人员依赖。

(4) 标准化服务。平台支持交通部《道路运输车辆卫星定位系统终端通信协议及数据格式》国家标准《道路运输车辆卫星定位系统平台数据交换》(JT/T 809—2019)通信协议,可与第三方系统互联互通,享受平台的定位信息服务。

二、效益分析

(1) 经济效益分析。长久物流一直致力于物流运输信息化建设,加快企业信息化转型升级,实现科技转型,即向平台化企业转型、运营数字化转型,鼓励智慧物流创新发展。项目投入运行后,进行业务重组,去除烦琐多余的流程,有效地控制货物的流向;将减少安全事故发生率40%,企业收入有望提高5%~20%,空驶情况也将逐步得到改善。未来随着平台运行稳定以及系统进一步优化完善,公司的销售收入会逐年递增,进而利润也将大幅增长。

(2) 社会效益分析。项目平台通过ADAS智能硬件识别前向碰撞、车道偏离、车距过近、行人碰撞等不安全因素并对驾驶员进行提醒,利用DSM智能硬件及AI模式判断,能够及时识别驾驶员的不安全驾驶行为,并及时提醒管理人员进行干预和处理,保障了整个货运运输安全,有效降低了物流成本。平台将货物、驾驶员以及车辆驾驶情况等信息高效地结合起来，可提高运输效率，降低货物损耗，清楚了解运输过程中的一切情况，极大地降低安全事故的发生，对于物流运输安全具有非常重要的意义，进而推动汽车产业持续快速稳定健康发展。

三、汽车物流信息化建设的未来

未来长久物流将技术与场景深度融合，让物流自动化系统更柔性和更智能。区域链技术的应用将落地，与业务相关的上下游企业建立联盟链，物流信息、账户账务、用户信用等方向的区块链进行尝试。另外，将AI技术与各业务系统结合，进行数据整体分析，在原有基础上进行更高层次的决策分析，如智能线路规划、客户增长或流失率分析决策体系、航运高峰预警等，实现物流系统的状态感知、实时分析、精准执行，进一步达到自主决策和学习提升，实现拥有智慧操控能力的现代物流体系。

资料来源：中国物流与采购联合会网站资料汇编.

参考文献

[1] 张嘉生.国际货运代理业务中的法律风险防范[M].北京:法律出版社,2008.

[2] 高映."十二五"时期我国保税区的功能定位和拓展[J].港口经济,2010(12).

[3] 穆海平.企业物流成本分析及控制措施研究[J].价值工程,2011,22(3).

[4] 刘文歌.国际货物运输代理[M].北京:清华大学出版社,2012.

[5] 舒文.物流仓储与配送管理[M].成都:西南交通大学出版社,2013.

[6] 陆佳平.包装标准化和质量法规[M].北京:印刷工业出版社,2013.

[7] 彭影.现代物流综合实训教程[M].成都:西南交通大学出版社,2014.

[8] 王金妍.物流运输管理实务[M].北京:清华大学出版社,2014.

[9] 郑称德.供应链物流管理[M].南京:南京大学出版社,2014.

[10] 凌海生.国际物流单证操作实务[M].武汉:武汉大学出版社,2014.

[11] 杨霞芳.国际物流管理[M].2 版.上海:同济大学出版社,2015.

[12] 周兴建.现代物流管理概论[M].北京:中国纺织出版社,2016.

[13] 刘华.物流管理基础[M].北京:清华大学出版社,2016.

[14] 彭宏勤,杨淑娟.综合交通发展与多式联运组织[M].北京:人民交通出版社,2016.

[15] 李晓晖.应急物流规划与调度研究[M].北京:经济科学出版社,2016.

[16] 李洁,翟树芹.进出口报关实务[M].广州:华南理工大学出版社,2016.

[17] 贾平.现代物流管理[M].北京:清华大学出版社,2017.

[18] 张良卫.国际物流实务[M].3 版.北京:电子工业出版社,2017.

[19] 李学工.冷链物流管理[M].北京:清华大学出版社,2017.

[20] 王欣兰.现代物流管理概论[M].北京:北京交通大学出版社,2018.

[21] 郑俊田.物流管理概论[M].北京:中国海关出版社,2018.

[22] 文丹枫.智慧供应链[M].北京:电子工业出版社,2019.

[23] 张良卫.国际物流学[M].北京:机械工业出版社,2019.

[24] 白世贞.冷链物流[M].北京:中国人民大学出版社,2019.

[25] 田振中.国际物流与货运代理[M].2 版.北京:清华大学出版社,2019.

[26] 王强.现代物流管理概论[M].北京:水利水电出版社,2019.